사회복지 용어사전

Social Welfare Dictionary

서 강 훈

창지사

머 리 말

우리나라 사회복지는 지금까지 주로 현상학적인 관점으로 해석하고 분석하는 데 그쳐왔다.

사회복지 용어사전은 사회복지에 대한 기본적 지식은 물론 사회복지의 전문지식과 사고를 향상시킬 수 있는 책이라 생각된다.

현재 사용하고 있는 대부분의 사회복지 용어사전은 외국의 용어와 사례를 사용하고 있는 데 반해, 본서는 우리나라 현실에 맞게 용어를 재해석하여 정리하였다. 따라서 본서는 사회복지를 전공하는 교수와 대학원생 및 대학생, 비전공자뿐만 아니라 사회복지기관에서 근무하는 실무자에게 꼭 필요하며, 사회복지에 대한 폭넓은 이해와 지식을 함양하는 데 많은 도움이 될 것이다.

사회복지만 생각하며 준비해온 사회복지 용어사전이 창지사를 통하여 세상에 빛을 보게 되어 매우 기쁘게 생각한다. 그러나 본서에 대한 만족보다는 많은 아쉬움이 남음과 동시에 앞으로 사회복지 관련 용어들에 대한 논의와 정리가 계속 되어야 함을 절감하면서 독자제현(讀者諸賢)의 질정(叱正)을 바란다.

마지막으로 이 사회복지 용어사전이 만들어지기까지 옆에서 마음 속 깊이 힘이 되어 준 나의 아내 홍선애와 이젠 훌쩍 커서 나의 친구가 되어 준 아들 정민이, 가르치지 않아도 모든 것을 잘하는 가성비 갑인 딸 민경이, 나의 영원한 스승이자 학문에 밑천이 되어 주신 어머니 박순임 여사, 항상 긍정의 마인드로 사람들을 즐겁게 해주신 장인, 어머니란 단어가 더 잘 어울릴 만큼 다정하신 장모님께도 고마움을 전한다. 그리고 항상 조언과 격려를 해주신 동료 교수님들에게도 감사의 마음을 전한다.

마지막으로, 사회복지 용어사전이 출판될 수 있도록 도움을 준 창지사의 김기섭 사장님과 임직원 여러분께 감사를 드린다.

2019. 5

서석골 연구실에서

서강훈

차 례

용어차례

ㄷ

ㄹ

ㅂ

ㅅ

ㅇ

ㅈ

ㅌ

ㅍ

ㅎ

가격차별price discrimination 동일한 상품을 구입자에 따라 다른 가격으로 판매하는 것.

가격통제price controls 정부가 경제를 안정시키기 위해 상품이나 생산요소의 가격을 조절하는 일.

가계대출household loans 기업 활동이 아닌 개인의 생활과 관련된 대출. 일반 가정의 대출금을 의미하며 신용대출, 담보대출 등이 있다.

가계도genogram 가계도는 가족을 사정하는 데 널리 사용되어 왔으며, 여러 세대를 살펴볼 수 있다는 장점을 가지고 있다. 특히 가계도는 주요한 사건, 가족구성원의 출생과 상실, 의사소통과 관계유형, 그리고 직업 등 가족에 관한 연대기적 청사진을 보여준다(Kirst-Ashman & Hull, Jr., 1999). 적어도 3세대 이상에 걸친 가족관계를 묘사한 가족치료(family therapy)에서 사용되는 도표로서 결혼을 표시하는 수평선을 비롯하여, 여성을 원으로 표시하고 남성을 사각형으로 표시하여 활동한다. 수직선은 결혼선에서 아동을 나타내는 다른 원과 사각형까지 그려진다. 이 도표는 사망, 이혼 및 재혼 등과 같은 중대한 사건을 표시하고 재발한 행동양식을 나타내기 위한 다른 기호 또는 문자해설을 포함하고 있다.

가석방parole 불필요한 형집행기간을 단축해 수형자의 사회복귀를 돕고, 사회복귀를 위해 수형자가 자발적으로 노력하도록 한다는 점에서 특별예방사상을 실현하기 위한 제도이다. 1800년 오스트레일리아에서 유형수에게 섬 안에 있는 조건으로 허가장을 주고 석방하는 관행에서 유래하여 현재 대부분의 국가에서 채택하고 있다. 우리나라 형법도 제72조 이하에서 이에 관한 규정을 두고 있다.
징역 또는 금고의 집행 중에 있는 자가 일정 형기를 경과한 후 행상이 양호하여 개전의 정이 현저하고, 벌금 등의 금액을 완납할 것 등의 요건이 구비되면, 가석방 심사위원회의 청구에 의해 법무부장관이 가석방 처분을 할 수 있다. 가석방 중 금고 이상의 형을 선고받아 판결이 확정된 때에는 가석방 처분의 효력을 잃는다.

가설hypothesis 어떤 사실의 원인을 설명하거나 어떤 이론체계를 연역하기 위해서 가정적으로 설정한 것을 가설(hypothesis)이라 한다. 즉, 검증되지 않은 2개 이상의 변수 간의 관계를 검증 가능한 형태로 서술해 놓은 문장이다. 많은 경우 선정된 문제가 너무 일반적이거나 추상적이어서 이를 구체화할 필요가 있는데, 이러한 구체화는 가설을 통해서 이루어진다. 즉, 가설은 연구주제를 조사 가능하게 구체적으로 세분한 것으로 문제에 대한 잠정적인 해답이다.

가정건강서비스home health services 환자의 집에서 환자를 위한 의료, 간호, 사후보호를 제공하는 프로그램. 이런 서비스의 대부분은 제3부문 지불(third-party payment)을 받아 유료 건강보호 또는 사설 간호서비스 보호 등으로 제공된다. 환자의 가정에서도 공공서비스를 이용할 수 있다. 이것은 입원 또는 요양원 보호보다 환자에게 더 안락하고 경제적인 체계를 제공하기도 한다.

가정방문home visits 사회사업에서 전문적인 사회서비스를 제공하기 위해 클라이언트의 가정을 방문하는 행위. 가정방문은 우애방문자(friendly visitors)가 활동하던 시대 이래로 사회사업의 한 부분이 되어 왔고 많이 행해지고 있다. 어떤 사회복지사는 클라이언트가 장애가 있거나, 기관으로 올 수 없을 때 또는 조력과정이 클라이언트에게 익숙한 환경에서 행할 필요가 있을 때 효과적이다.

가정보호home care 가정 내에 있는 클라이언트에게 건강, 신체 수발 및 사회적 서비스를 제공하는 것.

가정폭력family violence 가정폭력이란 동거관계인 배우자 또는 내연관계의 사람이나 부모, 자식, 형제 또는 친척 등 가족 간에 행해지는 폭력을 말한다. DV(Domestic Violence)라고도 한다.

가족family 가족은 대체로 혈연이나 입양, 결혼 등으로 관계되어 같이 생활하는 사람들의 집단(공동체) 또는 구성원을 말한다. 집단을 말할 때는 가정이라고도 하며, 구성원을 말할 때는 가솔이라고도 한다.

가족계획family planning 출산에 대한 의도적이고 자발적인 의사결정을 말하며, 가족계획을 실천하는 부부는 경제적 여건, 생활목적, 출산과정, 산아제한(birth control)을 고려하여 자녀의 수를 제한하여 낳는다.

가족규칙family rules 가족 내에서 반복된 행동을 규제하는 상호기대를 말하는 가족치료(family therapy)의 용어. 예컨대 어떤 가족은 구성원이 애정을 겉으로 표출해서는 안 된다는 상호기대를 가질 수도 있고, 또 다른 가족은 모든 불화에는 체벌을 가한다고 위협하거나 실제로 체벌하는 규범을 지닌 경우도 있을 것이다.

가족력family history 환자의 가족이나 친척 또는 같이 사는 사람들의 의학적 내력.

가족복지family welfare 가족복지는 목적 면에서 국민 생활권의 기본이념에 입각하여 가족의 행복을 유지시키고자 하는 것이며, 주체 면에서 가족을 포함한 사회구성원 전체가 되며, 대상 면에서 가족구성원 개개인을 포함한 '한 단위로서의 가족 전체'가 되며, 수단 면에서 제도적, 정책적, 기술적 서비스 등 조직적인 제반 활동이 되며, 범위 면에서 사회복지의 한 분야가 되고 있음을 알 수 있다.

가족수당family allowance 미국을 제외한 많은 나라에서 지급하는 인구학적(demogrant) 형태의 급여. 이는 재정적인 욕구에 상관없이 모든 유자격 가족이 일정한 돈을 할당받는다. 가족수당은 각 나라의 사회정책 목적에 따라서 여러 가지 방식이 있다. 이 중에는 아동이 많으면 돈을 더 주는 것, 미리 정한 아동 수를 넘을 때는 지급액이 줄어드는 것, 일정한 소득액을 초과한 가족은 가족수당을 다시 세금으로 내는 것 등이 있다.

가족신화family myths 사실이나 역사의 왜곡에 기초하여, 가족구성원이 공유하는 신념을 말하는 가족치료(family therapy) 용어. 이러한 신념은 가족구성원이 상호작용하는 방식에 영향을 주고 가족의 일체감과 안정성을 보장하는 가족규칙(family rules)을 강화하는 데 기여한다(예: 어떤 가족은 남자식구가 여자식구보다 덜 독단적이라는 시각을 믿고 이야기할 것이다). 가족구성원은 이러한 이데올로기가 불명확하다는 것을 알지라도, 현재의 가족구조를 보존하기 위해서 그것들을 문제 삼지 않고 허용한다.

가족정책family policy 현재의 가족생활 양식에 영향을 주거나 변화를 주려고 의도한 국가적 원리와 계획된 절차. 한 나라의 모든 사회정책(예: 소득 유지, 주택, 교육, 방위정책 등)은 가족에 영향을 준다. 그런데 일반적으로 '가족정책'이란 낱말은 출산율, 가족 크기, 일하는 부모를 위한 아동보호, 노인보호, 양연보호 프로그램, 가족수당(family allowance)과 같이 가족을 위한 소득 유지 프로그램에 보다 더 초점을 맞춘다. 한 국가의 가족정책은 명시적이거나 함축적일 수 있다.

가족치료family therapy 가족치료는 결혼 및 가족치료, 가족체계치료, 가족상담이라고도 하며, 긍정적인 변화와 발전을 도모하기 위해 친밀한 관계에서 가족 및 부부와 함께하는 정신요법의 한 분야이다. 가족치료는 외부 대상 세계에서 경계를 변화시킴으로써 개인의 증상을 경감시키려고 시도한다. 누가 누구로부터 어떤 정보를 받는지를 탐색하고 변화시킨다. 또한 가족구성원 간의 상호 작용 시스템 측면에서 가족구조를 논의하고 바꿈으로써 내적인 관계를 변화시킨다. 따라서 심리적 건강의 중요한 요소로서 가족관계를 강조한다.

가치 있는 빈민worthy poor 「엘리자베스 빈민법」에서는 노동 능력이 없는 빈민들을 가치 있는 빈민이라 보고 있다. 즉, 도움을 받을 만한 가치가 있는 빈민 아동, 장애인, 노약자들로서 구빈원 또는 자선원에 수용하여 제한된 보호를 받도록 하거나, 원외구조의 보호가 비용이 덜 들 것으로 판단되면 현 거주지에 음식, 의복, 연료 등의 현물급여를 제공하였다.

가학성 성격장애sadistic personality disorder 가학적 성격장애는 타인을 공개적으로 멸시하고, 잔인하고, 공격적인 특성이 폭넓게 나타난다. 가학성을 발휘하는 대상은 가족일 수도 있고 직장의 부하일 수도 있다. 그러나 자기보다 지위나 권위가 높은 사람에게는 가학성을 나타내지 않는다. 타인의 권리나 감정을 배려하는 능력이 절대적으로 부족하다. 다른 사람 혹은 동물이 신체적으로나 심리적으로 괴로움을 당하는 것에 대해서 동정심보다는 쾌감을 느낀다.

가학성애sadistic 상대방에게 고통을 가함으로써 쾌락을 얻는 성격.

가학피학성애sadomasochism 한 개인 또는 부부 사이에 내재하는 처벌적인 행동 또는 자아 파멸적인 행동. 예를 들면, 가학피학성의 관계에서 파트너 중 한 사람은 상대방에게 계속 고통을 가하고, 고통의 대상자(또는 피해자)는 그 관계를 계속 유지시킬 뿐만 아니라 가해자가 더 심한 고통을 가하도록 조장하기도 한다.

간접비indirect cost 매매상품 또는 서비스와 직접 관련되지 않고 기업경영 시 발생되는 간접비용을 '간접비'라고 한다. 근로자 임금이나 생산재원가 등은 직접 원가에 포함되며 전기료, 보험료, 복리비용 등은 간접비용에 해당된다.

간접질문questions indirect 클라이언트가 대답을 하는 데 심리적 압박과 충격을 덜 받도록 해주며, 응답을 원하지 않을 경우 이를 허용해주는 유연성 있는 질문방법.

갈등conflict 집단 혹은 공동체에서 두 개 혹은 그 이상의 모임이 반대되거나 상호 배타적인 목표를 성취하기 위해 노력하는 것. 칡과 등

나무가 서로 얽히는 것과 같이, 개인이나 집단 사이에 목표나 이해관계가 달라 서로 적대시하거나 불화를 일으키는 상태. 예를 들면 노사 간의 갈등, 고부 간의 갈등, 세대 간의 갈등 등이 있다.

갈등관리conflict management 조직의 발전단계에서 갈등을 해결하는 절차. 여기에서는 조직구성원이 상호관계 성격을 규정하고, 의사소통의 장벽을 제거하며 상호 의존적인 곳을 규정하고, 문제와 자원을 확인하며, 특별한 문제를 해결하기 위해 함께 노력하도록 도움을 받는다.

갈등이론conflict theories 사회는 서로 다른 이해관계를 추구하는 개인과 집단으로 구성되어 있으며, 이들이 서로 대립과 경쟁, 갈등과 변화의 관계에 있다고 주장하는 이론.

감정이입empathy 감정이입은 수용과 매우 밀접한 관계가 있다. 감정이입은 타인이 경험한 것을 이해하기 위하여 타인의 감정과 생각에 자신을 투사시키는 능력이다. 감정이입은 동정심이나 통찰과는 다른 개념이다. 그것은 사회복지사가 클라이언트의 상황에 동정하면서도 그들의 정서적 상태를 경험하도록 놓아두는 것을 말한다.

강박장애obsessive-compulsive disorder 강박장애는 불안장애의 일종으로, 자신의 의지와는 상관없이 특정한 사고나 행동을 떨쳐버리고 싶은데도 시도 때도 없이 반복적으로 하게 되는 상태를 말한다. 강박장애는 강박적 행동과 강박적 사고로 구분되며, 강박적 사고가 불안이나 고통을 일으키는 것이라면, 강박적 행동은 그것을 중화시키는 기능을 말한다. 강박적인 생각이나 행동을 할 때는 떨쳐버리거나 중단하고 싶지만 그렇게 할 수 없기 때문에 불편함을 느끼고 고통스러워하기도 한다. 강박사고나 강박행동 중 한 가지 증상만이 나타나는 경우도 있으나 두 가지 모두 나타나는 경우도 있다.

강화reinforcement 조건형성 학습에서 자극과 반응의 결부를 촉진하는 수단, 또는 그 수단으로써 결부가 촉진되는 작용. 만약 강화제가 행동에 따라 주어지면, 그 행동을 반복하게 될 가능성이 높아진다는 것이다.

개방입양open adoption 입양이 진행되기 이전이나 진행되는 동안, 그리고 그 이후 입양된 사람의 생활에 이르기까지 낳아준 부모와 입양부모 사이에 정보가 교환되고 접촉이 이루어지는 것. 개방의 정도는 매우 다양하여 이름, 신상명세, 건강기록 등을 교환할 수도 있고, 대면하거나 지속적인 만남을 가질 수도 있다. 이러한 절차의 궁극적인 장점과 단점에 대해서는 상당한 논쟁이 있다.

개방체계open system 조직을 체계의 관점에서 분석하되 내부 문제만이 아니라 외부환경과 관련시켜 그들 사이의 상호관계를 밝히는 이론. 1950년대 중반부터 1960년대는 현대적 조직이론의 실질적인 기틀을 만들어 놓은 시대라 할 수 있다. 이때부터 조직에 대한 연구는 조직을 체계(system, 체계이론)의 관점에서 분석하였을 뿐만 아니라 조직의 내부 문제에만 국한시키지 않고 조직을 둘러싸고 있는 외부 환경까지 모두 연구 대상으로 하여, 조직 내부의 상호관계는 물론 조직과 환경 간의 상호관계를 규명하기 시작하였다. 다시 말해서, 조직을 하나의 체계로서 파악하되 조직 내 요소 간의 상호관계에만 국한된 폐쇄체계(closed system)로 보지 않고, 거시적인 입장에서 그것이 외부 환경과 어떻게 적절히 적응하는가 하는 개방체계로 파악한 것이다. 개방체계이론은 기존의 폐쇄체계이론, 즉 고전적 조직이론이나 신고전적 조직이론(인간관계론)과는 달리 다음과 같은 특징을 갖는다. 첫째, 개방체계이론은 조직과 환경의 관계를 중요시한다. 폐쇄체계 이론은 조직을 마치 기계와 같은 것으로 보고 내부 요소 간의 관계에만 중요성을 두고 외부 환경과는 관련이 없는 것으로 보는 입장이다. 그러나 개방체제이론에서는 조직을 생물학적 유기체에 비유하여 조직 내부의 요소들은 물론 그것을 둘러싸고 있는 환경과 관련하여 서로 교호작용을 갖는 것으로 파악한다. 둘째, 개방체계이론은 환류의 기능을 강조한다. 즉, 조직에는 투입, 전환, 산출의 과정이 있고, 또 이러한 과정이 계속 되풀이되게 하는 환류(feed-back)의 기능이 있음을 강조한다. 조직체계에서 환류가 없다면 이는 개방체계라 할 수 없다. 셋째, 개방체계이론에 의하면 조직은 환경에 적응하며 언제나 안정 상태를 유지하려는 항상성(homeostasis)을 갖는다는 것이다. 즉, 에너지 투입과 체계로부터의 산출은 계속하면서 언제나 균형을 유지하려는 속성이 있다. 넷째, 개방체계이론은 등종국성(equifinality)을 주장한다. 개방체계에서는 일정한 출발조건이나 유일한 최선의 방법에 의해서가 아니라 출발점이나 발전해가는 경로는 달라도 궁극적으로 만족할 만한 동일의 최종상태에 도달할 수 있는 융통성을 갖는다.

개방형 질문open-ended questions 개방형 질문은 클라이언트가 자신의 방법으로 광범위한 표현을 할 수 있도록 하여 다양한 정보가 필요할 때 유용하다. 예를 들어 "기분이 나쁘셨나요?"는 폐쇄형 질문이고 "기분이 어떠하셨어요?"는 개방형 질문이다. 폐쇄형 질문은 "예", "아니요"로 대답할 수 있는 질문으로, 화제를 규정하고 클라이언트의 단순한 대답이나 제한된 반응을 유도한다.

개별사회사업individualization service 사회사업 실천에서 행해지는 고유한 전문적 방법의 하나이다. 개별사회사업, 개별처우, 개별지도 등으로 번역하여 사용하기도 한다. 사회복지기관과 시설에서 개인이나 가족이 사회생활에서 직면하는 문제의 해결을 개별적으로 원조하는 데 사용하고 있으며 적용분야는 광범위하다. 가정 케이스워크 등으로 불릴 정도로 각기 특유한 측면을 갖고 있다. 케이스워크는 종래에 카운슬링이나 치료에 중점을 두는 개인연금 치료적 기능이 강조되면서 한정된 느낌도 있지만, 최근에는 매개적, 의뢰적, 대변적 기능도 중요시되고 또 자문 등의 기능이 포함되면서 각각의 기능에 대한 의의와 특성을 충분히 이해하고 상호 연관시키면서 전개할 필요가 대두되었다.

개별화individualization 각 사람은 각기 다른 생활의 경험과 각기 다른 외적·내적 동기를 가진 존재로서 구별되고자 하는 욕구를 가지고 있다. 개별화란 클라이언트 개개인의 독특한 자질을 알고 이해하는 일이며, 보다 나은 적응을 위한 원조에 있어서 개개인마다 상이한 원리나 방법을 활용하는 것이다.

개업사회사업private practice 사회사업의 비임상 분야에서 자영 전문인이 영리를 목적으로 사회봉사를 제공하는 행위를 말한다. 영리행위라는 용어는 개인업이 통상 임상분야에 적용한다는 점을 제외하고는 본질적으로 개업사회사업과 같은 의미이다. 영리 행위를 하는 사회사업가는 전형적으로 개인 상담역, 특별 이익단체의 조직책 및 특정 단체의 관리인 자격으로 자신의 시설과 전문기술을 제공한다. 이들 중 일부는 특별한 사회봉사와 함께 신체적 도움을 필요로 하는 사람들을 위해 영리 목적의 사설 기관을 개발하기도 한다.

개입intervention 집단, 사건, 기획 활동 또는 개인의 내적 갈등 사이에 개입하는 것. 사회사업에서 개입이란 의사의 '치료'라는 말과 유사하다. 많은 사회복지사들은 개입이 치료를 포함하고, 또한 사회복지사들이 문제를 해결하거나 예방하기 위해 또는 사회 개선을 위한 목표를 달성하기 위해 사용하는 다른 활동도 포함하기 때문에 개입활동을 선호한다.

개정 빈민법the revised Civil Service Act 「개정 빈민법」은 「개정 구민법」, 「신빈민법」, 「신구빈법」이라고도 한다. 「빈민법」 개정의 1차적 목적은 기반 비용 감소에 있고 이를 위해서 왕립구빈법 조사위원회가 설치되었다. 1832년에 발족된 왕립위원회의 2년간에 걸친 조사 결과를 토대로 1834년 「개정 빈민법」이 제정되었다. 왕립구빈법 조사위원회 조사 보고서의 주요 내용으로는 6가지가 있다. 「스핀햄랜드법」에 의한 임금보조제도를 철폐한다. 노동할 수 있는 자는 모두 작업장에 배치한다. 병자나 노인, 허약자 및 아동을 거느린 과부에게만 원외 구제를 허용한다. 여러 교구의 구호 행정을 「구빈법」 조합으로 통합한다. 구호 수준은 그 지역 사회에서 노동으로 생활하는 자의 최하위 임금보다 높지 않아야 한다. 구빈 행정을 통제하는 중앙 기구를 설치한다.
「개정 빈민법」의 기본 원칙 중 전국 균일 처우의 원칙은 전국적 통일의 원칙이라고도 한다. 「빈민법」의 운영을 보다 효율적으로 의회의 감독하에 두기 위해서 채용된 원칙이다. 중앙정부에 구빈 정책을 지도하고 각종 규칙의 실시를 감독할 중앙 통제 기관을 설치한다. 작업장 수용의 원칙은 작업장 활용의 원칙이라고도 한다. 열등 처우의 원칙을 실현하기 위해서 제창된 것으로 원내 구제의 원칙이나 원외 구제 금지의 원칙이라고도 할 수 있다. 노동 능력자 및 가족에 대한 구제는 작업장 내에 한정시킨다.

개혁자reformer 제도적 구조나 인간행위를 변화시키고자 노력하는 사회행동가(social activist).

객관적 빈곤선objective poverty line 절대적 빈곤은 인간이나 가족의 생계에 있어 가장 필요로 하는 재화나 용역의 수준, 즉 신체적 건강과 노동능력을 유지하는 데 필요한 기본 생계비를 기준으로 삼아 빈곤 여부를 가리는 것이다. 절대빈곤층을 정할 때 가장 많이 사용하는 방법은 제도적 정의인데, 이는 정부의 결정이 어떤 기준이나 방법에 의하든지 간에 합리적이고 합법적인 과정을 통해 결정되었다고 보는 방법이다. 또 객관적 정의는 인간의 생존에 필요한 기본적 수요를 객관적 기준으로 삼고, 이 기준을 충족시키기 위한 비용에서 최저생계비 수준 이하를 절대 빈곤선으로 결정하는 방법이다. 최저생활을 어떻게 정의하는가가 절대빈곤 개념의 기본이 된다. 최저생활은 기본수요를 추정함으로써 정의될 수 있는데, 이를 스트리텐(Streeten)과 뷔르키(Burki)는 첫째, 최저수준의 생존의 수요, 둘째, 계속적 생존의 수요, 셋째, 생산적 생존의 수요, 넷째, 사회에서의 상대적, 경제적 위치 및 사회참여 등도 포함시켜 기본수요 측정을 할 수 있다. 빈곤선에 대한 또 다른 객관적 정의는 전물량방식이다. 이는 기본수요라 생각되는 생필품을 품목별로 수량화하고, 이를 다시 금액으로 환산하여 최저생계비를 추계하는 방식이다.

거부rejection 어떤 사물이나 어떤 사람을 인정, 승인, 인지하는 것을 거부하는 것. 한 개인이 그의 생각과 요구 또는 존재가 다른 사람에게 받아들여지지 않을 때 이러한 거부를 경험하게 된다. 자존심과 자신감이 약한 클라이언트는 자신이 쓸모없는 존재로 취급당하거나, 즉시 무시당하거나 자신이 원하는 것을 얻지 못할 때 이 거부를 경험한다는 것을 사회복지사는 종종 발견한다.

거트만척도Gertman scale 척도분석법, 척도도식법, 스캘로그램법이라고도 불린다. 거트만 척도는 누적척도의 원리를 가지고 어떤 태도나 특성이 실제로 단일한 차원을 가지고 있는지의 여부를 확인하려는 목적으로 개발된 기법이다.

건강health 세계보건기구(WHO)의 헌장에는 "건강이란 질병이 없거나 허약하지 않은 것만 말하는 것이 아니라 신체적, 정신적, 사회적으로 완선히 안녕한 상태에 놓여 있는 것"이라고 정의하고 있다. 사람은 인종, 종교, 정치, 경제, 사회의 상태 여하를 불문하고 고도의 건강을 누릴 권리가 있다는 것을 명시한 것이다.

건강보험health insurance 건강보험제도는 질병이나 부상으로 인해 발생한 고액의 진료비가 가계에 과도한 부담이 되는 것을 방지하기 위해 마련된 사회보장제도이다. 국민이 평소에 낸 보험료를 기금으로 운영하면서 국민이 의료시설을 이용할 때 보험급여를 지급해 국민 상호간 위험을 분담하도록 한다. 질병, 부상에 대한 예방, 진단, 치료, 재활과 출산·사망 및 건강증진 등에서 의료서비스가 안정적으로 제공되도록 하여 국민보건을 향상시키는 데 목적이 있다

격리segregation 사회 법률적 규제 또는 또래 집단의 압력, 개인의 선택 등이 결부되어 하나의 집단을 별거시키는 것을 말한다.

결손가정broken home 부모의 한쪽 또는 양쪽이 죽거나 이혼 등으로 인해 따로 살아서 미성년인 자녀를 제대로 돌보지 못하는 가정. 결손가족이라고도 한다.

결혼왜곡marital skew 남편이나 부인이 서로 지배하고 관계를 통제하려 하고, 건전하거나 비건전한 관계를 유지하는 데 있어서 서로 우위에 서서 리드하려는 것을 가리키는 가족치료(family therapy) 용어.

경계선borderline 두 범주 사이에 위치한 어떤 현상을 설명하는 용어. 사회복지사와 정신건강 직원은 흔히 비공식적으로 이 용어를 정신병과 비정신병 혹은 정상과 정신병의 분할선 근처에 있는 사람들을 가리키는 데 사용한다. 경계선 성격장애(borderline personality disorder)와 혼동해서는 안 된다.

경계선 성격장애borderline personality disorder 대인관계, 자기상(self-image), 감정 등이 매우 불안정한 것이 특징으로, 남들로부터 버림받지 않으려고 처절하게 노력하며, 강렬하지만 불안정한 대인관계와 자기상에 대한 분명한 개념이 없고, 만성적으로 공허감과 분노감을 경험하고 매우 충동적 행동, 자해적 행동, 자살을 시도한다.

경제불황depression economic 산업 활동이 상당 기간 동안 저하되고, 실업률이 높으며, 구매력이 크게 감소되는 사회경제적 상태. 스태그플레이션(stagflation)과 일시적 경기침체(recession).

경찰사회사업police social work 경찰서, 법정 그리고 교도소 내에서 피해자, 범죄자 그리고 그들의 가족에게 여러 가지 사회서비스를 제공하는 전문적인 사회사업. 이 분야의 사회복지사는 직업에서 스트레스를 받는 경찰관 또는 그들의 가족을 상담하며, 때때로 경찰들을 위한 옹호자, 홍보자 그리고 경찰과 여러 지역사회 집단들을 중재(mediation)하는 역할을 한다. 주요한 활동은 경찰을 불러야 하는 지역 내의 문제를 해결하는 데 도움을 주는 것이다. 경찰사회복지사는 시민, 전문 사회복지사뿐만 아니라 경찰 등으로 구성된다.

경청hearing 상대의 말을 듣기만 하는 것이 아니라, 상대방이 전달하고자 하는 말의 내용은 물론이며, 그 내면에 깔려 있는 동기나 정서에 귀를 기울여 듣고 이해된 바를 상대방에게 피드백(feedback)하여 주는 것을 말한다. 이러한 효과적인 커뮤니케이션은 중요한 기법 중의 하나이다.

계약contract 계약은 서면계약과 구두계약, 암묵적 계약이 있다. 서면계약은 계약을 공식적으로 서면화하여 구체적 목표와 누가, 무엇을, 언제 할 것인지의 내용을 명확히 기재한다.

계절적 실업seasonal unemployment 어떤 산업의 생산이 계절적으로 변동하기 때문에 일어나는 단기적 실업. 산출량에 영향을 미치는 두 개의 중요한 계절적 요인은 기후와 양식의 변화이다. 이러한 계절적 실업은 생산뿐 아니라 수요면의 사정에 따라 발생하게 된다.

고령사회advanced age society 65세 이상의 인구가 총인구 중 차지하는 비율이 7% 이상인 사회를 고령화 사회(aging society), 14% 이상을 고령사회(aged society), 21% 이상을 후기 고령사회(post-aged society) 혹은 초고령사회라고 한다.
고령이란 용어에 대한 정의는 보편적으로 일정한 것은 아니다. 한국의 「고령자 고용촉진법 시행령」에서는 55세 이상을 고령자, 50~54세를 준고령자로 규정하고 있으나 UN은 65세 이상의 인구가 총인구에서 차지하는 비율이 7% 이상일 때 고령화 사회라고 보고 있다. 인구의 고령화 요인은 출생률의 저하와 사망률의 저하에 있다. 평균수명이 긴 나라가 선진국이고 평화롭고 안정된 사회를 상징하는 의미에서

장수(長壽)는 인간의 소망이기도 하지만, 반면 고령에 따르는 질병, 빈곤, 고독, 무직업 등에 대응하는 사회경제적 대책이 고령화 사회의 당면 과제이다.

고령화 지수aging index 유소년층 인구(0~14세)에 대한 노년층 인구(65세 이상)의 비율로서 인구의 노령화 정도를 나타내는 지표. 노령화 지수가 높아진다는 것은 장래에 생산 연령에 유입되는 인구에 비하여 부양해야 할 노년 인구가 상대적으로 많아진다는 것을 의미한다.

고립isolation 타인과 분리되어 멀어진 상태. 심리적으로는 타인에 대한 반감이나 접촉공포를 말함. 정신역학(psychodynamic) 이론에서는 기억이 한때 가지고 있었던 감정에서 멀어지는 방어기제(defense mechanism)라고 표현한다. 예를 들면, 클라이언트는 아동 학대를 당하고 있을 때는 두려워했을지 모르지만, 20년 후에 사회복지사에게 그 사건이 관련되면 그것에 대해 무관심한 태도를 보이는 것이다.

고아원orphanage 고아를 거두어 기르는 사회사업 기관. 부모가 없거나 가난한 아동을 위한 거주지설을 의미하는 용어.

고용employment 돈과 노동력의 교환으로 일하는 상태.

고용계약서indenture 근로자와 사용자 사이에 서로 일정한 조건을 이행할 것을 약정하는 계약서. 근로자는 근로를 제공하고 사용자는 그 노동에 대하여 보수를 치른다.

고용보험employmen insurance 근로자가 실직한 경우에 생활안정을 위하여 일정기간 동안 급여를 지급하는 실업급여 사업과 함께 구직자에 대한 직업능력 개발·향상 및 적극적인 취업알선을 통한 재취업 촉진과 실업 예방을 위하여 고용안정사업 및 직업능력 개발사업 등의 실시를 목적으로 하는 사회보험. 원래 전통적인 실업보험제도는 실직된 근로자의 생활안정을 위하여 실업급여를 지급하는 소극적 노동시장 정책으로 도입되었으나, 고용보험제도는 실직근로자의 생활안정과 함께 고용촉진 및 실업예방을 목적으로 하는 적극적 노동시장정책으로 전환하여 다양한 보험사업을 실시하고 있다.

고용정책employment policy 한 국가 또는 기관이 실제적 또는 잠재적으로 노동인구(work force)를 다루는 방법에 관한 원리, 지침, 목표와 규정. 고용정책의 양상에는 고용과 해고규칙 및 절차, 급료와 급여 구조, 직업의 안정과 건강 시설, 더 많은 일자리의 창출을 자극하는 경제적 계획 등이 있다.

고용훈련 프로그램(ET 프로그램)employment training programs 공적 부조 수혜자들에게 일자리를 구해주고 업무를 수행하도록 훈련시킴으로써 경제적으로 자립할 수 있도록 도와주고, 시장성 있는 기술을 배우도록 하는 것으로 여러 주에서 시행되는 고용훈련 프로그램. 고용훈련 프로그램이 있는 주에서, 수혜자의 자녀들은 부모가 훈련을 받고 있는 동안에 보건서비스와 탁아서비스를 받는다.

고의적 자산 축소spending down 특정자산 조사에 의한 사회보험급여의 자격을 얻기 위해 전체 자산이나 수입(소득)을 감소시키려는 개인의 의도적인 노력. 예를 들면, 은행에 많은 돈을 넣어둔 사람이 의료보호에서 적격자가 되기 위해서 그 돈을 처분한다.

고정자산fixed assets 즉시 현금화될 수 없는 땅, 건물, 재산과 같은 조직이나 사회기관의 자산. 고정자산에서 현금, 직원의 전문성, 기관의 명성 또는 신용은 제외된다.

고착fixation 어떤 사람이 현재 여건에 대해 부적절한 행동, 사고를 유지하거나 부적절한 정서적 반응에 집착하는 것. 정신역학(psychodynamic) 이론에서는 정신성적(psychosexual)의 한 단계에서 성격발달이 부분적으로 또는 완전히 멈춰버리는 것을 말한다.

공공복지public welfare 공동으로 사회생활을 영위하는 사회구성원 전체를 위한 공존공영의 이익을 말한다. 현대국가의 이념적 지표이며 다의적 개념이다. 우리나라 「헌법」 제23조 제2항과 제37조 제2항에는 헌법 규범의 근거로서 '공공복리'를 직접 규정하고 있다. 여기에서 공공복리는 모든 국민이 존엄과 자유를 누리면서 생존하기 위한 필요조건을 유지하거나 창출하는 데 기여하는 모든 것으로 이해된다. 오늘날 공공복리는 사회국가적 공공복리로 이해되며, 공동체의 이익과 개개인의 사적 이익이 정당하게 실현될 수 있도록 규범 정립을 하여야 한다.

공공부조public assistance 빈곤계층의 기본적 생활욕구 해결을 위해 소득보장, 의료보호, 교육, 주택 등 기타 서비스를 제공하기 위한 국가의 책임하에 무기여급부를 제공하는 제도이다. 우리나라의 「사회보장기본법」 제3조 제3호에 의하면, "공공부조라 함은 국가 및 지방자치단체의 책임하에 생활 유지능력이 없거나 생활이 어려운 국민의 최저생활을 보장하고 자립을 지원하는 제도를 의미한다."라고 정의하고 있다. 공공부조의 특징으로는 다음의 네 가지 요소를 들 수 있다. 첫째, 국가나 공공단체가 주체이다. 둘째, 재원은 일반조세로 조달된다. 셋째, 무능력자, 빈곤자 등에 대해 무기여급여가 지급된다. 넷째, 신청이나 요구 및 자산 조사 등을 통해 해당자가 결정된다.

공공주택public housing 정부가 예산이나 국민주택기금을 지원해 건설하는 공공주택 가운데 일정 기간 임대한 후 입주자에게 분양해주는 전용면적 18평 이하의 소형주택이다. 1992년부터 시행하고 있으며 공급 후 5년간 임대하다가 분양해준다는 점에서는 기존의 장기임대주택과 비슷한 성격이지만 분양 시 공급 가격을 미리 결정해주는 것이 다르다. 이는 차후 분양가를 둘러싸고 입주자와의 분쟁을 막기 위해 채택된 것. 또 분양 대상자의 부담을 덜어주기 위해 20년간에 걸쳐 분양금을 상환토록 하고 있다. 저소득 청약예금 가입자가 입주대상이다. 재원부담은 정부재정 30%, 주택기금 20%, 입수자 30% 수순이다.

공동면접joint interview 한 명 이상의 면접자와 단독 피회견자가 만나는 면접(interview) 형식의 변형으로 첫째, 사회복지사나 다른 전문가가 클라이언트와 관련된 타인, 예를 들면 교사, 지도상담자, 반 친구 같은 사람과 함께 회동한다. 둘째, 사회복지사가 서로 전혀 관계가 없을 수도 있는 몇 명의 다른 클라이언트를 동시에 만난다. 셋째 클라이언트가 동시에 둘 이상의 사회복지사와 만난다.

공동모금회Community Chest 1994년 지방자치단체의 잘못된 성금 모금과 사용을 막기 위하여 공무원의 모금행위 금지와 성금의 용도를 불우·이웃사업에 한정하는 내용의 조례가 제정되고 「사회복지 공동모금회법」이 개정됨에 따라 1998년 11월 중앙과 전국 16개 시·도 지회의 통합 모금단체로 설립되었으며, 보건복지부장관의 지도·감독을 받는다. 주요 활동은 사회복지 공동모금, 공동모금 재원의 배분, 운용, 관리, 사회복지 공동모금에 관한 조사, 연구, 홍보 및 교육훈련, 사회복지 공동모금과 관련된 국제교류 및 협력증진, 다른 기부금품 모집자와의 협력 등이다. 모금액은 전국의 사회복지시설과 사업체의 지원신청을 받아 배분하는데, 배분의 투명성과 효율성을 높이기 위해, 경제계, 언론계, 종교계, 노동계 및 사회단체 등 각계 전문가로 구성된 이사회와 위원회의 심사를 거쳐 배분한다. 배분은 자유주제 공모형태의 신청사업과 주요한 주제에 대한 공모형태의 기획사업, 기부자의 목적과 의도에 맞게 지원하는 지정기탁사업, 긴급지원사업, 기금사업으로 나누어진다. 배분신청 자격은 사회복지법인, 비영리법인·단체 또는 개인이 운영하는 사회복지시설이다.

공동생활가정group home 공동생활가정이란 지역사회 내 소수의 아동, 장애인, 노인, 사회적 취약계층이 일정한 경제적 부담을 지면서 일반가정과 같은 가정을 이루어 공동생활하는 유사가정 시설로, 보다 정상적인 가정환경 속에서 자립적인 생활기술을 키우는 데 목적을 둔다. 미국과 같은 선진국에서는 정신지체인이나 중증장애인을 위해 설립된 거주지(시설) 중에서 가장 인기 있고 보편화되어 있으며, 우리나라에서도 1992년 10월부터 실시하기 시작하였으나, 거주지 마련이 우선적으로 전제되어야 하는 경제적인 문제로 인해, 소수의 기관에서만이 프로그램을 실시하고 있다.

공동치료conjoint therapy 치료자나 치료자 팀이 정기적으로 회원들과 만나면서 가족을 치료하는 개입 형태. 남편과 아내가 한 단위로서 치료되거나 부부 치료자 혹은 치료팀과 함께 면담하는 개입 형태.

공리주의utilitarianism 19세기 중반 영국에서 나타난 사회사상으로 가치 판단의 기준을 효용과 행복의 증진에 두어 '최대 다수의 최대 행복' 실현을 윤리적 행위의 목적으로 보았다. 공리주의는 공리성(utility)을 가치 판단의 기준으로 하는 사상이다. 즉, 어떤 행위의 옳고 그름은 그 행위가 인간의 이익과 행복을 늘리는 데 얼마나 기여하는가 하는 유용성과 결과에 따라 결정된다고 보는 것이다. 넓은 의미에서 공리주의는 효용·행복 등의 쾌락에 최대의 가치를 두는 철학·사상적 경향을 통칭한다.

공무원연금법the Civil Service Pension Act 1960년 1월 1일 공무원과 그 가족의 생활안정과 복리향상에 기여하기 위해 제정되었다. 공무원의 퇴직 또는 사망과 공무로 인한 부상, 질병, 폐질 등의 경우에 지급하는 급여에 관한 법률. 급여는 단기급여(보험급여, 휴업급여, 재해급여)와 장기급여(퇴직급여, 장해급여, 유족급여)로 구분하였고, 이 법의 원활한 운영을 위하여 공무원의 기여금 및 국고나 지방단체의 부담금 납부 의무 등을 규정하고 있다. 또 급여에 관한 결정, 기여금의 징수 등 이 법에 관한 이의가 있을 때에는 공무원연금급여 심사위원회에 심사를 청구할 수 있다.

공유주택shared housing 경제적 이유나 기타 이유로 집이 필요한 노인들이 만나서 한 주택에서 같이 생활하는 유형.

공인accreditation 어떠한 조직(교육시설, 사회기관, 보호시설과 같은)이 분명한 기준들을 충족시킨다는 검증과 승인. 예를 들면, 미국사회사업학교는 사회사업교육협의회(Council on Social Work Education, CSWE)에 의해 주기적으로 평가받고, 그 학교가 CSWE의 기준을 만족시키면 신용을 인정받는 것이다.

공장법the Factory Acts 영국 산업혁명 초기 섬유류 공장의 어린이 및 연소자의 노동시간을 규제하고 노동조건을 개선하기 위해 제정된 일련의 입법을 가리킨다. 이 입법은 공장생산의 부작용에서 노동자들을 보호함으로써 산업화에 따른 사회적 비용을 줄이려는 의도에서 비롯되었다. 산업혁명을 주도한 면업 분야의 방적공장들은 처음에는 수력을 이용할 수 있는 산간지방에 세워졌고, 부족한 노동력을 지방 교구의 어린 도제들로 충원했다. 그 후 산업도시에 증기력 공장이 집중된 후에도 오랫동안 공장 노동력은 몰락한 소생산자와 이농민의 가족과 어린 자녀들이 주류를 이루었다. 이들은 초기 공장의 장시간 노동과 열악한 노동조건의 직접적인 희생자였다.

19세기 초 공업지대의 실태가 일반인에게 알려지면서 인도적인 의사, 복음주의 운동가, 개명된 공장주 등이 공장 규제의 필요성을 주장했으며, 이에 힘입어 1802년, 1819년, 1831년에 면직공장 아동의 장시간 노동을 금지하고 신체를 보호하는 내용의 「공장법」이 제정되었다. 그러나 이들 입법은 구체적인 시행 및 감독 규정을 갖추지 않았기 때문에 별다른 효과가 없었다.

1830년대에 토리 개혁가와 국교회 복음주의자들을 중심으로 '10시간 노동운동'이 전개되면서 「공장법」은 새로운 전기를 맞는다. 1833년 「공장법」은 어린이 고용연령 제한, 공장 아동에 대한 교육, 노동시간 단축 등 여러 보호규정을 마련하였고, 나아가 중앙 감사의 기능을 갖는 감독관제를 도입했다. 1844년 「공장법」은 18세 미만 연소자와 여성 노동자까지 보호대상을 넓히고, 공장 사고를 줄이기 위해 산업안전에 관련된 여러 규정을 보완하였다. 1847년 「공장법」은 연소자 및 부녀자의 10.5시간 노동을 일반화함으로써 실질적인 노동시간 단축을 이끌어냈다.

1830년대 이후 제정된 「공장법」은 대체로 아동의 고용연령 제한, 노동시간 단축, 교육기회 제공, 감독관제 시행, 위법 공장주에 대한 벌금 등 체계적인 내용을 갖추었다는 점에서 이전의 「공장법」과 차이가 있다. 19세기 중엽 이후 영국에서는 수차례의 개정을 통해 다른 산업 분야와 중소 공장까지 「공장법」의 적용 범위를 넓히게 되었고, 이와 비슷한 법률은 프랑스, 독일 등지에서도 도입되었다. 초기 「공장법」은 본질적으로는 개별 자본의 무제한적인 노동력 소비과정에서 노동력을 보호하려는 국가와 개별 자본의 타협의 산물이지만, 그 과정에서 여러 사회 세력의 이해관계가 작용했다. 즉, 토리 개혁가와 복음주의자들이 주도한 시간 단축 운동이 큰 영향을 주었고, 이 밖에 행정개혁에 관심을 둔 벤담주의적 관료층, 중소 공장과 경쟁에서 우위를 차지하려 한 대공장주, 그리고 노동자들의 노동운동 등도 입법의 중요한 토양이 되었다.

공중보건public health 질병을 예방하고, 생명을 연장하고, 건강을 증진시키는 것을 목적으로 하는 프로그램, 정책, 건강보호 요원으로 구성된 체계. 이러한 목적을 달성하기 위해 다양한 노력이 이루어지는데 위생설비 점검, 전염성 질병 통제, 보건위생에 대한 대민교육, 조기진단 및 질병예방을 위한 의료 및 간호 서비스 조직의 운영, 건강보호시설의 개발과 이들 시설의 이용방법 등과 같은 공중보건 조치를 통해 이루어진다.

공포장애phobic disorder 공포장애란 불안장애의 한 유형으로 예상치 못한 특정한 상황이나 활동, 대상에 대해서 공포심을 느껴 높은 강도의 두려움과 불쾌감으로 인해 그 상황을 회피하려는 것을 말한다. 자신이 느끼는 공포가 불합리하고 그 공포가 자신에게 위협적이지 않다는 것을 알면서도 공포심을 느끼면 발작과 같은 다양한 증상을 동반하여 스스로 제어하기 어려운 상황에 처한다. 증상으로는 숨이 가빠지고 오한, 발열, 경련, 어지러움, 두근거림, 구역질 등이 나타난다.

공포증phobia 강박 관념의 하나. 항상 공포·불안을 느끼면서 자기 통제를 하지 못하는 병적 증상.

- 특정공포증(specific phobia): 특정한 대상(뱀, 개, 거미), 상황(높은 곳, 폭풍)에 대한 공포
- 광장공포증(agora phobia): 특정한 장소(쇼핑센터, 극장, 엘리베이터, 지하철 등)에 대한 공포
- 사회공포증(social phobia): 다른 사람 앞에서 어떤 일을 해야 할 때 심한 공포감을 느낌

공황장애panic disorder 갑작스럽게 엄습하는 강렬한 불안과 공포를 주된 증상으로 하는 장애. 심장이 빠르고 강하게 뛰며 진땀이 나고 손발이 떨리고 질식할 것처럼 어지럽고 구토가 나며 죽거나 미칠 것 같은 강렬한 공포와 공황 발작을 반복적으로 경험한다.

과잉보상overcompensation 실제 혹은 상상 속의 결손을 메우기 위한 개인의 지독한 노력으로 그것이 무의식(unconscious) 중에 생길 때 정신분석 이론가들은 그것을 하나의 방어기제(defense mechanism)로 간주한다.

과잉보호overprotectiveness 부모나 대리 부모가 심리적 혹은 신체적으로 해가 있다고 생각되는 상황을 피하게 하려고 지나치게 아이들을 보호하려는 경향을 말함. 그 결과 종종 이런 아이들은 독립적인 인간이 되는 것을 충분히 배우지 못하게 되는 것을 볼 수 있다. 이러한 과잉보호는 부부 사이 혹은 다른 가족구성원 사이에서 발생할 수 있다.

과정 기록process recording 과정 기록은 사회복지사와 클라이언트가 면담하는 동안 일어난 모든 것을 대화 형태 그대로 기록하는 것이다.

이러한 기록은 교육 및 지도·감독 시에 매우 유용하게 사용되지만 시간과 비용이 많이 소모된다는 한계를 가지고 있다. 과정 기록은 사회복지사와 클라이언트의 상담 전개 과정을 시간적 흐름에 따라 기술하는 방식으로 클라이언트가 말한 내용, 행동한 것, 사회복지사가 말한 내용과 느낌을 포함한다. 즉, 기록의 정리 방식이 연극의 대본과도 유사하다.

과정으로서의 퇴직process 퇴직 준비, 퇴직 결정, 퇴직 사건, 밀월 단계, 인정 단계, 재지향 단계, 종결 단계 등의 단계적 절차를 의미하는 퇴직의 하위 개념.

과제중심모델task-oriented model 과제중심 혹은 과업중심모델이라고 불린다. 과제중심모델은 특정 이론에 근거하기보다는 다양한 이론을 통합하고 사회복지사의 임상실험과 실천적 경험에 의해서 구성된 모델이다. 과제중심모델은 1970년대 미국 시카고대학교에서 진행한 프로젝트의 결과로서 제시되었는데 그 프로젝트의 목표는 다음과 같다(Epstein, 1992). ① 효율적으로 학습할 수 있는 전문 원조기술의 개발, ② 직접적 실천의 효과성 증진, ③ 실천을 평가하는 능력을 증진할 수 있는 모델의 개발.

1. 주요공헌자

- 1972년 시카고대학교의 리드(William Reid)와 엡스타인(Laura Epstein)에 의해 소개된 이론이자 실천모델.
- 시카고대학교의 펄먼(Perlman)이 개발한 문제해결중심의 방법론에 행동주의이론과 스터트(Studt)의 과업·과제에 대한 개념을 접목함.

2. 이론적 배경

- 사회복지사가 효율적으로 학습할 수 있고 직접적 실천의 효과성 및 효율성을 증진할 수 있는 모델로 개발됨.
- 클라이언트가 자신에게 주어진 행동적 과업을 통하여 스스로 문제를 해결할 수 있도록 도와주는 사회복지의 대표적인 실천방법.
- 인지행동이론, 행동수정기법, 체계이론 등을 통합하여 계획적으로 구조화된 치료 과정과 단기 치료를 강조하는 사회복지 실천방법으로 확산됨.
- 과제중심모델은 제한된 표적문제에 초점을 두는 계획된 단기 치료로서 효율적인 사회복지 실천방법 중 하나로 인식되어 왔으며, 실천의 효과성을 검증하는 객관적인 실천방법으로 여겨짐.
- 특정이론보다는 실천 경험과 행동적 과업을 강조하기 때문에 가족치료나 인지치료와 같은 다양한 이론을 융통성 있게 통합할 수 있으며, 아동, 청소년, 노인 등 사회복지의 다양한 영역에서 적극적으로 활용됨.

3. 특징

1) 단기개입

- 약 2~3개월 동안 8회기에서 12회기 전후로 이루어지는 단기개입.
- 이 모델이 형성된 1960년대 후반에는 정신분석이론에 기반한 장기적 심리치료에 대한 비판적 인식이 제기되면서 장기 치료와 단기 치료의 효과를 비교하는 실험연구들이 수행되었음. 그 결과, 심리치료는 초반기에 효과가 극대화되며, 단기치료도

그 효과가 장기간 지속된다는 결과가 제시됨(대부분의 클라이언트들이 8회기 이내에 상당한 진전을 보였다는 연구결과에 근거를 두고 있음)(Howrad et al., 1986, Reid & Epstein, 1972).

• 보험료 지급이 제한되는 경우가 많은 미국의료보험체계의 영향.

2) 구조화된 접근

• 다른 어떤 모델보다도 더 잘 구조화되어 있음.

• 시작하기, 문제 규명하기, 계약하기, 실행, 종결의 5단계로 구성됨.

3) 클라이언트의 자기결정권에 대한 존중

• 클라이언트의 자기결정권(self-determination)을 실제로 적용할 수 있는 구체적인 실천방안을 제시함.

• 표적문제는 사회복지사에 의해 진단되는 것이 아니라, 클라이언트가 스스로 인식하고 수용해서 변화하기를 원하는 문제로 규정함.

• 표적문제(target problem)란? 클라이언트가 자신의 문제로 인식하고 이를 경감 혹은 해결하기를 원하며, 사회복지사도 전문적 판단에 의해 인정한 문제를 의미함(Epstein, 1992).

• 클라이언트와 사회복지사 간의 계약을 통해 개입 방향 및 개입 과정을 명백히 함.

• 과제 설정, 실행, 평가 과정에서 클라이언트가 주체적으로 참여함.

4) 클라이언트의 환경에 대한 개입

- 클라이언트의 문제를 사회심리적인 관점과 현재 상황의 맥락(context)에서 이해하므로 문제의 원인을 상황변화에 따른 대처 기능의 일시적 결함으로 해석함.
- 개입의 전 과정에서 클라이언트가 지닌 자원에 대해 탐색하고 활성화하는 방안을 강조함.
- 클라이언트의 공식적, 비공식적 환경에 적극적으로 개입함.

5) 개입의 책무성에 대한 강조

- 개입의 전 과정을 객관적으로 기록함.
- 진행 사항을 회기별로 모니터함.
- 개입 과정에 대한 클라이언트의 평가와 사회복지사의 자기 평가를 중시함.

4. 실천

- 과제중심모델은 5단계로 구조화되어 있으며 각 단계별 실천 내용은 다음과 같다.

1) 시작하기(starting up)

- 클라이언트가 자발적으로 개입을 요청한 경우에는 바로 다음 단계(1단계)로 진행함.
- 클라이언트가 타기관에서 의뢰된 경우, 의뢰 사유, 의뢰 기관이 제시하는 클라이언트의 문제와 개입의 목표, 클라이언트 자신이 제시하는 문제 및 목표를 탐색하여 이 둘 간에 차이가 있을 경우, 협상을 통해 이를 조정함.

2) 제계: 문제 규명하기(problem identification)

- 표적문제(target problem) 설정.

- 표적문제의 설정에 있어서 사회복지사는 클라이언트의 관심과 사회복지사 자신의 전문적 판단을 최대한 반영할 수 있는 방향으로 협의해야 함.
- 표적문제 설정은 구체적으로 해야 함.
- 표적문제는 우선순위에 따라 최대 3개까지로 제한함(단기개입이기 때문에).

3) **제2단계: 계약하기**(contracting)

- 계약이란 문제 해결 방향에 대한 클라이언트와 사회복지사의 동의로서 서면 혹은 구두로 이루어짐.
- 계약에는 표적문제, 개입의 목표, 과제, 개입 기간, 면접 시간 및 장소, 기타 다른 참여자 등이 포함될 수 있음.

4) **제3단계: 실행**(implementation)

- 실제로 과제(task)를 수행하는 단계임.
- 과제(task)란 표적문제를 감소시키고 치료 목표를 달성하기 위해서 클라이언트가 수행해야 하는 구체적인 행동으로 사회복지사가 클라이언트에게 일방적으로 부여하는 숙제와는 다른 것으로 사회복지사도 클라이언트의 과제 수행을 지원하는 활동을 함. 과제는 실천 가능하고 측정 가능함.
- 현실적인 상황을 고려하여 구체적으로 설정해야 함.

예) 부부 의사 소통을 향상하기 위한 과제로 1주일에 3일간 저녁식사 후에 30분간 부부가 대화할 것!

- 사회복지사는 회기마다 클라이언트가 수행한 과제의 내용을 점검하여 과제 수행 과정에서 나타나는 장애물이나 예상치 못했던 상황에 따라 과제를 수정하고 보완해 나가야 함.

- 클라이언트가 과제를 문제 상황에 직접 적용해 보면서 자신의 문제를 해결해 나가게 되므로 클라이언트와 사회복지사가 직접 만나는 면접 시간 외에 클라이언트가 과제를 수행하는 일상적인 생활도 치료의 연장으로 봄.

5) **제4단계: 종결**(termination)

- 개입 목표가 달성되면 종결이 이루어지는데 계획적인 단기 개입 모델이므로 가급적 초기 단계의 계약에서 명시된 종결 시기에 종결이 이루어지도록 함.
- 개입 과정에서 성취된 것에 대해 점검하고 종결 후 계획을 수립하는데 필요에 따라 개입을 연장하거나 사후 지도를 하기도 함.
- 사회복지사는 클라이언트에게 개입에 대한 feedback을 요청하고 사회복지사 자신의 활동에 대해 평가함.
- 평가 도구: 기술평가척도(skill assessment scale) 등이 있음.

관계망network 친구, 선후배, 동료 등 지인들과의 관계망을 구축해 주고 이들의 정보관리를 도와주는 서비스를 말한다. 즉 인터넷상에서 다른 사람과 친구 또는 사회적 관계를 맺는 서비스이다. 소셜 네트워크 서비스는 1995년 PC 통신 기반 채팅 위주의 커뮤니티로부터 출발해 발전했다. 이후 PC 통신에서 월드와이드웹(WWW)으로 진화하면서 이 같은 소셜 네트워크 환경 역시 크게 변화했다.

관계망 형성networking 클라이언트와 그 관계자들, 즉 가족이나 친구, 동료 간에 사회적 결연을 확대시키고 발전시키기 위해 관계를 형성하는 것으로, 관계망 안에는 클라이언트의 목적을 달성하는 데 도움이 되는 효과적인 사람들이 있을 수 있다. 이 용어는 전문가가 사회체계를 통한 행위를 촉진하기 위해 다른 전문가와 함께 이루어 내는 관계를 지칭하여 사용하는 말이다.

관료제이론bureaucracy theory 베버(Max Weber)에 의해 처음으로 체계적으로 연구되고 분석된 이론으로, 고도로 전문화된 지식을 바탕으로 합법적이고 합리적인 규칙과 최대한의 효율성을 목적으로 한 조직구조의 독특한 체계이다.

1. 특성

- 인간의 개성보다 공적인 지위에 기반을 둔 위계적인 권위 구조
- 지위에 따른 권위를 규정하는 규칙 체계
- 명확하고 고도로 전문화된 업무 분업
- 비인간적인 인간관계
- 기술적 자격(실적이나 기술)에 기반을 둔 신분 보장과 유급 직원에 의한 관료 충원

베버는 행정의 관료화가 완전히 성취되는 것이 사회체계 내에서 자원과 권력을 동원하는 가장 효율적인 도구라고 보았으며, 관료제의 속성은 현대사회의 특성을 반영한 합법적이고 합리적인 규칙과 최대한의 효율성에서 찾을 수 있다고 했다.

2. 사회복지 조직에서의 관료제이론

- 사회복지 조직에 관료제를 적용시킬 경우 발생하는 법칙과 규제에 대한 과도한 의존, 서비스 전달과정에서 조직 구성원과 클라이언트 간의 비인간적인 관계, 서비스 제공 과정의 융통성 결여, 성원들을 비인격적으로 평가하려는 문제 등에 대한 비판이 제

기 되고 있다.

- 관료제는 틀에 박힌 듯한 업무를 수행하는 데 효과적이고 합리적인 모형이지만, 사회복지 조직에서는 복합적이고 다양한 욕구를 지닌 클라이언트를 대상으로 개별화된 서비스를 제공하므로 획일적이고 일률적인 업무를 강조하는 관료제이론이 적절하지 않을 수 있다.
- 사회복지조직에서는 일련의 규칙과 법규보다는 전문직의 규범에 따라 행동한다.
- 사회복지 조직의 관료제화는 서비스의 합리화·효율성의 증대, 개선된 서비스 기술 등을 가져다 주었지만 서비스 대상자들을 소외시키는 결과도 가져왔다. 따라서 둘 사이에 적절한 균형이 중요하다.

관료화bureaucratization 사회기관과 조직이 엄격히 규정된 규칙과 의사소통 통로에 따르도록 더 집중화된 통제와 강요된 복종으로 나아가려는 경향.

관선 변호인public defender 법원이 직권으로 피고인의 이익을 위하여 선임하는 변호인으로, 사선 변호인과 대립되는 개념.

관습법customary law 사회생활상에서 무의식적으로 반복되어 나타나는 행동양식인 관습을 바탕으로 형성되는 법이다. 제정법이 정비됨에 따라 관습법의 역할은 줄어들었다고 할 수 있으나, 그래도 관습법은 불문법주의 국가에서는 물론이고 성문법주의 국가에서도 여전히 의의가 크다.

관음증voyeurism 옷을 벗고 있거나 성행위를 하는 사람을 반복적으로 보는 특징이 있는 정신성적 장애(psychosexual disorder). 일반적으로 엿보기(peeping tomism)로 알려진 이러한 행동은 관음증이 있는 사람들이 성적 흥분을 일으키는 좋은 자원이 된다. 보통 때에 다른 사람을 보거나 관찰하는 것을 즐기는 사람은 종종 비공식적으로 관음증이 있는 사람으로 언급된다.

교도소prison 징역, 금고, 구류 등 자유형의 선고를 받고 형기 중에 있는 자를 수용하여 행형과 교정 처우를 시행하는 장소.
교도소는 본래 기능인 수형자에 대한 구금과 교정 처우 외에 부수적인 기능으로서 미결수용자를 수용하는 거실, 즉 미결수용자 거실을 두어 형사피의자·피고인으로 수사 또는 재판의 대상이 된 자를 수용·처우하며, 사형집행을 하는 교정시설이다. 교정시설의 또 다른 축인 구치소는 형사피의자나 피고인을 구금하여 재판이 종결되기 전까지 수용하는 시설이므로 이 점에서 교도소는 구치소와는 구별되는 개념이다. 다만, 구치소에도 기결인 수형자가 일부 수용되어, 시설 운영에 필요한 작업을 수행하기도 하다.
한국은 교정주의 이념을 철저히 구현하고자 1961년 행형법을 고쳐 종래의 형무소를 교도소로 명칭을 바꿨으며, 종전의 형무관이라는 명칭도 교도관으로 바꿨다. 일반적으로 행형학상 교도소는 피수용자의 연령을 기준으로 소년교도소와 성인교도소, 피수용자의 성별에 따라 남성교도소와 여성교도소, 피수용자의 신분에 따라 민간교도소와 군교도소, 경비의 경중에 따라 중경비교도소와 경경비교도소, 그리고 기능의 전문성을 기준으로 영농교도소, 특수직업전문교도소, 의료교도소(나병 등의 치료)와 인격장애자 치료교도소 등으로 구분한다.
한국에서는 교도소를 법무부장관 소속하에 설치·운용하며 법무부에는 주관국으로 교정국이 있다. 각 교도소는 소장 1인(큰 교도소에는 부소장도 있음) 아래 수 개의 과를 둔다. 과의 명칭은 총무과, 보안관리과, 작업훈련과, 교화교육과, 보건의료과, 복지지원과 등이다. 교도소에 근무하는 교정직 공무원은 교정부이사관, 교정감, 교정관, 교감, 교위, 교사·교도 등의 계급으로 나뉜다.

이 밖에도 특수직으로 의무관과 기술직 등이 있고 잡급직도 있다. 「형의 집행 및 수용자의 처우에 관한 법률」(약칭 형집행법)에 따라 수형자의 교정교화와 건전한 사회복귀를 도모하기 위하여 법무부 산하의 국가시설로서 교도소와 소년교도소를 두고, 교도소에는 19세 이상의 수형자를, 소년교도소에는 19세 미만의 수형자를 수용하고, 미결수는 구치소에 수용한다.

한국에는 안양, 여주, 의정부, 영등포, 춘천, 원주, 강릉, 대구, 청송 제1, 청송 제2, 청송 제3, 부산, 마산, 포항, 진주, 안동, 김천, 경주, 대전, 청주, 공주, 홍성, 광주, 전주, 순천, 목포, 군산, 제주, 장흥 등지에 29개 교도소가 있고, 청송과 화성에 직업훈련교도소 각각 1개, 천안에 개방교도소 1개와 소년교도소 1개, 청주에 여자교도소 1개가 있다. 이 밖에 구치소 10개소(서울, 수원, 성동, 인천, 영등포, 부산, 대구, 울산, 통영, 충주), 지소 4개소(평택, 서산, 천안, 논산) 등 총 48개의 교정기관이 운영되고 있다.

교량직업bridge job 이전에 종사하던 직업에서 은퇴한 후 완전히 은퇴하기 이전에 새롭게 갖게 되는 직업으로, 일반적으로 이전 종사 직종에 비해 지식과 기술, 임금수준이 낮고 노동환경이 열악한 직업이 대부분이다.

구빈법poor law 중세의 빈민구제는 교회, 수도원, 장원(莊園), 길드 등에서 하였으나, 16세기 엔클로저법(法)과 물가상승의 영향으로 거지와 부랑자가 늘어나고 수도원이 해산되었기 때문에 교구(敎區)가 구빈사업을 책임지게 되었다. 그리하여 구빈세(救貧稅)가 과해지고 구빈위원회도 설치되었는데, 이들 제도가 1601년 「구빈법」으로 통합되었다. 1662년 「정주법(定住法)」에서는 떠돌이 빈민을 출생지로 돌려보내도록 규정하였으며, 1723년에는 빈민을 구빈원(救貧院)에 수용하여 일을 시키고, 거부하는 자는 구제하지 않아도 된다고 하였다. 1782년 원외구조(院外救助)가 인정되었고, 1795년 스피남란드제도에서는 일정 임금 이하의 사람에게는 구빈세에서 생활보조금을 주기로 하였으나, 1834년 개성법에서는 원외구조가 전폐되었다. 그 후 구빈사업은 차차 주(州)와 국가기관으로 이관되었고, 20세기에 와서는 사회보장제도가 발달하여, 1946년 「국민보험법」 및 1948년 「국민부조법」이 제정됨으로써 「구빈법」에 갈음하는 새로운 복지제도가 완성되었다.

구빈원almshouse 생활 능력이 없거나 가난한 사람들을 수용하여 구호하는 공적·사적인 시설. 20세기 이전에 널리 유행한 원내구호(indoor relief) 형태의 빈민을 위한 시설. 박애주의자들이 기금을 모아 설립한 이 보호소는 빈곤 가족이나 개인에게 피난처를 제공하였다. 최근 수십 년이 지나면서 구빈원은 원외구호(outdoor relief) 프로그램으로 바뀌었고, 이 프로그램으로 빈민들은 자신의 집에 머물면서 돈, 재화, 서비스 등을 제공받는다.

구음장애articulation disorder 마비성 조음장애라고도 한다. 중추성 혹은 말초성 신경마비로 나타나는 운동마비성 발음장애를 말하며, 뇌간(brain stem)과 이와 인접한 핵(nucleus) 또는 섬유로(fiber tract)의 질환이나 외상으로 구화 근육의 운동부전으로 발생한다. 들은 것을 잘 이해하고 단어 선택도 잘하고 문법적으로 어렵지 않게 배열한다. 그러나 단어나 소리를 적절한 강세나 크기를 조절하여 정확하게 표현하는 데 어려움이 있다. 유형으로는 이오나성 발음장애, 경련성 발음장애, 실조성 발음장애, 저운동성 발음장애, 과운동성 발음장애, 혼합형 발음장애가 있다.

구타battery 물리력 혹은 상해를 포함하는 비합법적인 학대의 한 형태.

국가유공자 예우 등에 관한 법률the Act on the Preservation of the National Antiquities 국가를 위해 공헌하거나 희생한 사람의 통칭. 국가유공자와 유족에게는 국가가 생활안전과 복지향상을 위해 공헌과 희생의 정도에 따라 연금, 생활조정 수당, 간호 수당, 보철구(補綴具) 수당 및 사망일시금 등을 지급한다. 또한 국가유공자와 유족 등이 건전한 사회인으로 자립할 수 있도록 학자금 지급 등의 교육 보호, 취업 알선 등의 취업 보호, 의료비 보조 등의 의료 보호 및 양로·양육 보호와 자립 및 생활안정을 위한 농토·주택 구입 자금의 대부, 생활안정자금의 대부 등을 하고 있다.

국가중심이론state center theory 국가중심이론은 사회복지 정책의 산출이 여러 집단의 요구를 반영한 것이 아니라 독립된 위치에 있는 정부 관료제 등 국가가 문제를 인식하고 대안을 찾는 일련의 정책 과정으로 보는 이론으로, 스카치폴 등이 대표적인 학자이다. 전술한 이익 집단 이론이 국가의 조정 역할을 중시하는 입장인 반면, 이 이론은 국가의 리더 역할을 강조한다.

국가중심이론은 사회적 의제와 정책 대안이 높은 수준으로 변동됨에 따라 이익 집단, 시민단체 등의 역할은 약화되고 상대적으로 정부 등의 국가 역할이 중요해졌다고 전제하면서, 사회복지 정책의 형성 과정에 있어서도 이익 집단 등 특정 집단의 요구를 반영하지 않고 정부가 주체적으로 사회복지에 대한 문제를 인식하고 적극적으로 대안을 탐색하여 정책을 산출시키는 노력 과정으로 보는 것이다. 실제로 스카치폴은 이에 대한 근거를 제시했는데, 1930년대 미국의 루스벨트 정부가 뉴딜정책의 일환으로 추진한 「농업조정법」과 「전국산업부흥법」 등이 그것이다. 전자는 정책을 수행할 수 있는 정책수단이 기존의 연합정부 내에 존재했기 때문에 성공한 반면, 후자는 기업 자율 규세의 필요성을 제대로 인식하고 이에 우호적인 국가 행정 조직이 존재하지 않았기 때문에 실패했다. 다만 이 이론은 현대사회의 패러다임인 다원주의(Darwinism)체제를 부정하는 이론으로 해석된다. 즉 이익집단, 시민단체 등의 참여는 시민들의 선호에 대한 정부의 반응성을 높이는 기제가 될 뿐만 아니라 시민들에게 민주주의 유지에 필요한 자질 및 태도를 함양시킨다고 할 수 있다. 다시 말해서 이들의 참여를 통해 사회복지정책의 형성 과정에 대해 보다 많은 것을 알게 되며, 문제 해결과 목표 달성을 위한 기술을 터득할 수 있다는 점을 고려할 때 국가중심이론은 이를 간과하고 있는 것이다.

국민기초생활보장제도National Basic Livelihood Security Act 1999년 9월 7일 제정되고, 2000년 10월 1일 시행된 빈곤층 대상 공공부조제도의 공식 명칭. 공공부조제도란 개별 가구의 소득이 국가가 정한 일정 기준선에 미달인 빈곤층을 대상으로 생계, 의료, 주거, 교육 등 기초적인 생활을 영위할 수 있도록 현금 또는 현물을 지원하는 복지제도를 지칭한다.

국민기초생활보장제도는 1997년 말 외환위기로 인해 실업과 빈곤문제가 심각했던 상황에서, 빈곤층의 인간다운 삶을 보장하기 위해 시민단체들의 청원과 여야 국회의원들의 공동발의로 1999년 9월 7일 제정되었다. 이 제도는 빈곤층에 대한 소득보장을 '사회권'의 하나로 규정하였으며, 근로능력 유무와 무관하게 모든 빈곤층에게 소득보장을 하도록 규정하였으며, 자활사업을 통해 근로연계복지(workfare)를 실시하고 있다는 점에서 한국 사회보장제도에서 매우 상징적인 의미를 갖고 있다.

국민보건서비스national health service 국민에게 무상의 포괄적인 의료서비스를 보장해주는 국민보건서비스(the national health service, NHS)를 시행하고 있음에도 질병으로 인한 소득의 중단에 대처하기 위한 현금급여(건강보험) 프로그램을 별도로 운용하고 있다.

국제사회사업international social work 전 세계에 걸쳐서 사회사업을 실천하는 것을 말하며, 모든 사람의 복지 욕구를 충족시키는 데 도움이 되는 사회사업 지식, 가치, 기술의 사용을 말한다. 실제로 모든 나라에는 사회복지 사업의 몇 가지 면을 책임지고 있는 국내 부서와 이러한 부서의 기능을 수행하는 요원이 있다. 국제사회사업 기구들은 복지욕구는 충족되어야 한다는 확신을 갖도록 사회복지사를 교육시켜야 한다는 것을 강조한다. 또한 국가 간에 지식이나 효과적인 방법 등을 교환하려는 노력도 강조한다. 국제사회사업에서 활동하고 있는 기구에는 유니세프(UNICEF), 미주기구, 국제노동기구, 국제사회보장연맹과 유네스코(UNESCO)가 있다. 적십자사(Red Cross)와 기독교청년회(YMCA), 기독교여자청년회(YWCA), 국제아동복지연합, 국제가톨릭자선회 등이 포함된다. 국제사회사업의 주요 토론장(포럼)은 국제사회복지협회

(International Council on Social Welfare, ICSW)는 자발적 기구이다.

군대사회사업military social work 현역군인과 가족을 위해 개입하는 전문 사회사업. 미국 육군 및 공군에는 사회복지사 장교들이 주로 이 서비스를 수행하고 있다. 또한 민간 전문 사회복지사들도 육군, 해군, 공군 등에 서비스를 제공한다. 군대 사회복지사들은 정서적으로 문제를 지닌 군인이나 그 가족을 치료하거나 평가해주며, 사회 자원을 발견하고 개발해 주고, 군인들 간의 의사소통과 군인들과 다른 지역에 사는 친지들과의 의사소통을 원활하게 해 준다.

군복무 크레딧제도military service credit system 군복무 크레딧이란 군복무와 같이 사회적으로 가치 있는 행위에 대해 연금 가입기간을 추가로 인정하여 노령연금을 받을 수 있는 기회를 확대하거나 노령연금 수령액을 높이는 제도이다. 군복무 크레딧의 도입으로, 현역병 또는 공익근무요원으로 6개월 이상 복무한 가입자가 노령연금 수급권을 취득하는 경우 보험료를 납부하지 않아도 6월의 가입기간을 인정하도록 개선한 제도이다. 이때 해당 기간의 소득은 연금 수급 직전 3년간의 가입자 전체의 평균소득 월액 평균액(A값, '07년 1,618,914원)의 1/2로 한다. 다만, 이러한 혜택은 2008년 1월 1일 이후 최초로 「병역법」에 따른 병역의무를 수행한 자부터 적용하고 있다.
군복무 크레딧의 도입으로 매년 약 20만 명이 혜택을 볼 것으로 예상되며, 소요되는 재원은 전부 국고에서 지원하게 된다. 국민연금 가입은 군복무 크레딧 인정 여부에 관계없이 가입 대상이 되면 취득신고를 해야 하며, 연금급여는 가입기간이 길수록 유리하므로 조속한 시일 내에 신고해야 한다.

권력 집단power group 사회적 신분이나 지위를 이용하여 지역사회의 어떤 결정에 영향력을 발휘하거나 여러 가지 자원을 손쉽게 얻을 수 있는 구성원들. 권력집단의 구성원으로는 정치 지도자, 금융 및 산업계의 중역, 성직자 또는 지방의 유지 등을 들 수 있다.

권리rights 특정의 생활 이익을 누리기 위해서 법에 의하여 부여된 힘. 권리라는 말은 법적인 개념으로서만 쓰이는 것이 아니라, 윤리적 기타 여러 가지 뜻으로 쓰인다. 법은 사람에게 특정한 행동을 허용하기도 하고, 금지하기도 하는데 이처럼 법에 의하여 허용된 법적 힘이 곧 권리이다. 법과 권리는 법 생활을 다른 관점으로부터 파악한 것으로, 보는 관점에 따라서 법이라고 부르기도 하고 권리라고 부르기도 한다. 일반적으로 권리가 있으면 이에 대응하는 의무가 있는 것처럼 법률관계는 대체로 권리와 의무관계라고 할 수 있다. 현대사회에 있어서의 법질서는 결국 이러한 권리와 의무관계를 상세하게 조직화한 체계인데, 이것을 사회에 속하는 개개인의 주체 측에서 보면 권리·의무이고 사회 측에서 보면 법인 것이다. 결국 권리는 법에 의하여 부여되는 것이기 때문에 법 이전에 존재할 수 없으며 기본적 인권은 천부의 것이라고 주장하기도 하지만, 이것 역시 민주주의 국가의 기초가 되는 것으로서 국가가 인정한 것에 지나지 않는다. 권리·의무관계는 권리의 면으로부터 파악할 수도 있고 의무의 면으로부터 파악할 수도 있으나, 근대법은 개인의 자유를 그 이념으로 삼는 만큼, 법률관계를 권리의 면으로부터 파악하고 법체계도 이것을 권리의 체계로 구성하고 있다. 이러한 태도를 '권리본위'라고 한다. 한편, 성질상 권리와 비슷하면서 권리와 구별해야 할 용어들이 있다. 첫째는 권능(權能)인데, 이는 권리의 내용을 이루는 개개의 힘을 의미한다. 물건을 사용하는 권능, 수익하는 권능, 처분하는 권능 등이 그 예로 소유권이라고 하는 통일적인 권리로부터의 개별적 권능이다. 둘째는 권한(權限)이다. 공법상 또는 사법상의 법인 또는 단체의 기관이나 개인의 대리인이 법률상 또는 계약에 의하여 할 수 있는 일의 범위를 뜻한다. 공무원의 권한, 법인의 권한, 대리인의 대리권 등이다. 셋째는 권원(權原)인데, 어떤 법률상 또는 사실적 행위를 하는 것을 법률상 정당하게 하는 원인을 말한다. 타인의 토지에 물건을 부속시키는 권원은 지상권(地上權)과 임차권(賃借權)이다. 권리는 여러 가지 기준에 따라서 분류할 수 있겠으나, 권리를 부여하는 근거인 법이 공법이냐 사법이냐에 따라서 공권과 사권으로 나눌 수 있다. 공권이란 공법상의 권리, 즉 공법관계에서 인정되는 권리이다. 주체가 국가나 공공단체인 경우를 국가적 공권이라고 하고, 국민 개개인인 경우를 개인적 공권이라고 한다.

국가적 공권은 내용에 따라 명령을 내리는 하명권, 신체나 재산에 상제력을 행사하는 강제권, 법률관계를 설정, 변경, 소멸하게 하는 형성권 등으로 나누어진다. 개인적 공권은 국민 개인이 공법관계에서 국가에 대하여 가지는 권리로서 참정권, 수익권, 자유권 등이 있다. 우리나라 헌법은 이들 개인적 공권을 보장하고 있으며 그 밖에 생활권적 기본권(생존권)으로 인간다운 생활을 할 권리, 교육을 받을 권리, 근로의 권리, 근로자의 단결권·단체교섭권 및 단체행동권을 보장하며, 끝으로 환경권 즉, 깨끗한 환경에서 생활할 권리를 보장하고 있다. 사권은 사법상의 권리로서 개인 상호 간에 인정되는 권리인데, 관점에 따라서 여러 가지로 나눌 수 있다. 우선 내용이 무엇이냐에 따라 인격권, 신분권, 재산권으로 나눌 수 있다. 인격권은 개인의 인격에서 따로 떼어낼 수 없는 권리로서, 생명, 신체, 자유, 명예 등에 대한 권리이다. 이러한 인격권은 대체로 다른 사람의 침해를 배제하거나 손해배상을 주장하는 것으로 나타난다. 신분권이란 가족법상의 일정한 신분적 지위에서 발생하는 권리로서 친족권·상속권이 그것이다. 친자관계로부터 나오는 부모의 자녀에 대한 친권(親權), 부부 사이의 동거 청구권, 후견인의 후견권, 친족 상호 간의 부양 청구권 따위는 친족권의 예이다. 신분권은 대체로 의무적 성격이 강하며, 일정한 신분적 지위에 부속된 것이기 때문에 양도할 수 없고, 거래의 대상이 될 수도 없다. 이와는 달리 재산권은 경제적 이익을 내용으로 하는 권리로서 거래의 대상이 된다. 실제로 일상생활에 있어서 권리라고 하면 대부분이 재산권을 말한다. 재산권의 분류도 학자에 따라 차이가 많지만, 크게 지배권과 형성권으로 나눌 수 있다. 지배권은 어떤 재화 또는 사람에 대하여 지배할 수 있는 권리인데, 이는 미치는 범위 여하에 따라서 절대권과 상대권으로 나눈다. 절대권은 객체에 대하여 배타적 지배를 하고 다른 모든 사람의 침해를 물리치는 권리이다. 절대권의 가장 대표적이고 가장 완전한 예가 소유권으로 소유자는 자신이 갖고자 하는 목적물에 대하여 직접 자유로이 지배를 할 수 있으며, 모든 사람의 침해는 배제된다. 다른 사람이 물건을 침해하는 경우에는 소유자에게 침해를 물리치기 위한 물권적 청구권이 생긴다. 한편, 절대권에는 권리자가 권리의 객체에 대하여 스스로 지배하는 것이 아니고, 지배가 오로지 모든 사람에게 특정(特定)한 행위를 금지하는 것뿐인 경우도 있는데, 예를 들어 토지에 일정한 높이 이상의 건물을 짓지 못하게 하는 권리가 그러한 예이다. 이것을 소극적 지배권이라고 한다. 절대권은 객체에 따라서 사람을 객체로 하는 것과 재화를 객체로 하는 것으로 나뉜다. 사람을 객체로 하는 절대권은 인격권과 같이 권리자 자신을 객체로 하는 것과 부부 사이의 권리, 친권자의 자녀에 대한 권리, 후견인의 피후견인에 대한 권리와 같은 다른 사람을 객체로 하는 것으로 나눌 수 있으며, 또 채무자를 객체로 하는 채권도 그 예이다. 재화를 객체로 하는 절대권으로는 물권과 같이 물건을 객체로 하는 것과 무체물을 객체로 하는 무체재산권이 있다. 물권의 가장 대표적인 것이 소유권이지만, 그 밖에 지상권, 지역권, 전세권과 같은 용익물권과 유치권, 질권, 저당권과 같은 담보물권 및 점유권이 있다. 무체재산권으로는 저작권·특허권, 실용신안권, 상표권, 장권 등이 있다. 상대권은 특정인이 권리자에 대하여 일정한 행위를 할 의무를 지는 지배권이다. 이 경우 권리자는 특정인에 대해서만 자기 권리를 주장할 수 있다. 상대권의 가장 중요한 것은 채권이다. 채무자가 어떤 재화에 관하여 일정한 행위를 할 의무를 지는 경우 채권자는 이 재화에 대하여 직접적인 지배를 하는 것이 아니고, 다만 채무자의 행위를 통하여 간접적인 지배를 할 뿐이다. 따라서 채권자는 거래목적물에 대하여 권리를 가지는 것은 아니고, 다만 채무자에 대하여 목적물에 대한 권리의 이전을 요구할 수 있을 뿐이다. 채권은 채무자에 대해서만 주장할 수 있는 상대적인 권리이므로 오로지 채무자에 의해서만 침해될 수 있고 제삼자에 의해서는 침해될 수 없다는 것이 일반적인 견해이다. 절대권은 배타성이 있고 그 효력이 모든 사람에게 미치므로, 그에 대한 권리가 있다는 것을 공시(公示)하는 방법을 갖추는 것이 요청된다(물권공시의 원칙). 채권에 관하여는 일반적으로 이러한 공시방법이 요구되지 않지만, 예외적으로 채권이 등기와 같은 공시방법을 갖춤으로써 물권과 마찬가지로 제삼자에 대한 대항력을 가지게 되는 경우가 있다(채권의 물권화). 부동산임차권이 등기함으로써 제삼자에 대한 대항력을 가지는 것이 그 예이다.

권위authority 권위는 권한과 유사한 개념으로, 정당한 권력(legitimate

power)을 의미한다. 여기서 권력이란 타인을 움직일 수 있는 능력을 의미하며, 정당성이란 권력의 행사를 종속자가 수락한다는 것을 뜻한다. 이러한 심리적 수락을 바너드(C. I. Barnard)는 무관심권(zone of indifference)이란 개념으로 표현했으며, 사이먼(H. A. Simon)은 수용권(zone of acceptance)이라는 개념으로 표현했다. 일반적으로 권위의 근원(sources)으로는 전문성, 정당성, 보상, 처벌, 정보, 존경, 선호 등이 지적되고 있다.

권한부여empowerment 권한부여란 누군가에게 권한을 주는 것, 혹은 힘을 부여하는 것, 능력을 주는 것이다. 또한 개인과 사회환경 등의 복합적인 원인으로 권리, 기회, 자원을 박탈당하거나 상실한 경우에 이를 회복시켜 주는 노력이다. 지역사회 조직(community organization)과 사회행동 사회사업에서 한 집단 및 지역사회로 하여금 정치적 영향력 또는 적법한 법적 권위를 달성하도록 도와주는 과정이다.

권한부여 모델empowerment model 권한부여 모델은 1970년대 이후 사회복지에서 일반체계이론과 생태학이론을 활용하게 되면서 나타난 일반사회복지 실천에서 오랫동안 존재해 왔던 강점 중심의 실천 모델이라고 할 수 있다.

권한부여 모델은 클라이언트를 문제 중심이 아니라 강점 중심으로 봄으로써 클라이언트의 잠재력 및 자원을 인정하고 클라이언트가 건강한 삶을 결정할 수 있도록 권한 혹은 힘을 부여하고자 하는 것이다. 따라서 이 모델에서 클라이언트와 사회복지사는 동반자 관계에서 문제해결 과정에 함께 참여하는 협력자이다.

권한부여이론 및 접근에서는 권한부여를 힘이나 자기결정을 구하는 사람들 스스로에 의해서만 개시되고 유지되는 반성적 활동 과정으로 규정하면서 타인들은 이러한 과정을 단지 도와줄 수 있는 존재로서만 간주하고 있다. 따라서 권한부여 모델의 개념은 다양한 클라이언트 집단과의 사회복지실천에서의 개입 및 전략, 중요한 기술, 또는 클라이언트를 돕는 일련의 과정으로 정의되고 있다.

권한부여 접근법은 개인이 지니는 고통을 사회경제적 지위, 성역할, 연령, 성정체성, 육체 혹은 정신적 기능 등의 차별성에 근거한 외부적 억압에서 비롯되는 것으로 이해하고자 하며 이러한 차별성으로 인한 장벽들에 개인이 직면하도록 하는 데 원조의 초점을 둔다. 이러한 점에서 이 접근법은 개인의 잠재력 발현과 관련한 개인의 변화와 함께 정치, 사회적 측면에서의 변화를 추구하는 이중 초점적 특징을 지닌다. 개인 차원의 권한부여를 정치, 사회적 수준과 연계시키기 위해서는 광범위한 이론 및 기술의 종합이 필요하며, 이를 위해 권한부여 접근은 다양한 관점을 포괄하는 개념적 틀을 제공한다. 그중에서도 특히 게르만(Germain)의 생태계적 관점은 모든 생명체와 무생물체의 상호 의존성 및 관계의 상호 교류적 본질을 이해하도록 함으로써 개인과 개인을 둘러싼 사회 구조 간의 연결을 가능하도록 도왔다. 개인과 환경 간의 조화가 이루어질 때 개인은 힘의 근간이 되는 잠재력을 발전시킬 수 있으나, 빈곤하고 사회적 억압을 받는 사람들은 이러한 조화를 이룰 기회를 거의 가지지 못하면서 잠재력 또한 억눌리게 된다. 이러한 상황을 변화시키기 위해 사람들은 억압의 근원 세력을 검토하고 거론하면서 이에 직면하고 비슷한 상황에 놓인 사람들과 함께 연합하면서 도전해야 할 것이며, 이 과정을 원조하는 것이 권한부여 접근의 핵심이다. 권한부여 과정은 사회복지사가 클라이언트(개인, 가족, 집단 또는 지역사회)의 개인적, 대인적, 사회경제적 및 정치적 강점을 증가시켜 그들의 환경을 개선하는 방향으로 이끌기 위하여 그들에게 관여하는 것이다.
사회복지실천에서 권한부여는 환경, 클라이언트 그리고 집합적 행동과 이들을 연결하는 중재구조를 중심으로 이해할 수 있다. 이들 각 체계 간의 연결은 사회복지사에 의해 이루어지며, 사회복지사는 각 체계를 중재하고 조정하는 역할과 권한부여 체계를 연결시키고 통합을 추진하는 역할을 수행할 수 있다.

귀속적 욕구imputed desire 귀속적 욕구는 욕구의 규범적 정의이다. 급여 자격 요건은 경제시장의 제도적 장치에 의해 충족되지 않는 공통된 욕구를 가진 사람들의 범주나 집단에 속하느냐 여부에 따라 결정된다는 개념으로, 욕구의 규범적 준거에 기반을 둔 범주적 할당에 기초하고 있다. 전체 국민 같은 광범위한 사람들에게 있다고 여겨지기도 하고, 아동, 빈곤집단 등 한정된 집단에 존재한다고 여겨지기도 한다. 성격은 보편적 복지에 가까워 사회적 잘못을 강조하며, 사회권을 가장 크게 반영하며 제도적인 개념이다. 귀속적 욕구는 기여를 하지 않는다고 정의한다. 물론 국민의 조세로 하지만 이는 이러한 수당을 받기 위하여 납세를 한다고 보진 않기 때문에 무기여에 의하여 급여가 이루어진다고 본다. 구체적인 제도로는 사회수당, 헤드스타트와 같은 조기교육, WIC 등이 여기에 속한다. 우리나라에서는 무상보육이나 무상급식이 여기에 가깝다. 욕구의 존재 여부를 아주 기본적인 인구학적 요건만을 가지고 급여를 행할 근거가 되는 것이 귀속적 욕구라 할 수 있다. 어떤 계층에 속한다는 사실만으로 급여의 대상이 되는 것이다. 아동이기 때문에 아동수당을 지급하는 것처럼 가장 광범위한 귀속적 욕구로는 단순히 시민권이나 국적 보유 여부로 급여를 행하여지는 것이다. 대표적인 것으로는 영국의 NHS가 있다.

귀화naturalization 한 나라의 시민이 되거나 국적을 공식으로 취득하는 것.

규범norms 어떤 문화나 집단, 단체, 사회가 집단적으로 소유하고 있는 공식, 비공식 행위나 기대 척도.

그레이 마켓 입양gray market adoption 합법적인 사회기관 및 법정시설 이외의 부양아동 입양. 이러한 입양은 종종 의사, 변호사 또는 입양을 하려는 부부와 자녀를 어쩔 수 없이 단념하려는 부모를 개인적으로 알고 있는 다른 전문가가 주선한다. 이들 주선은 그것이 체계적인 평가 및 합법화된 입양 과정에서의 지속적인 가정 조사를 거의 포함하고 있지 않기 때문에 문제가 된다. 하지만 많은 관할구역 내에서 그 실제는 불법입양(black market adoption)의 경우와 같은 엄연한 불법은 아니다.

근로복지관리공단Korea Workers' Compensation and Welfare Service 「산업재해보상보험법」에 따라 근로자의 업무상 재해에 대해 신속하고 공정한 보상과 재해근로자의 재활 및 사회복귀 촉진을 위한 보험시설의 설치·운영, 그리고 재해 예방, 기타 근로자의 복지 증진을 위한 사업 시행을 목적으로 설립된 고용노동부 산하 준정부기관.

1976년 「근로복지공사법」이 공포(법률 제2913호)되어 1977년 6월 근로복지공단의 전신인 근로복지공사의 설립 등기가 완료되었다. 이후 근로복지공사는 1978년 장성병원, 1979년 산업재활원과 창원병원을 인수, 운영하였다. 1983년 중앙병원과 동해병원, 1984년 진폐연구소, 1985년 반월병원, 순천병원, 안산재활훈련원, 1987년 재활훈련센터, 1988년 정선병원, 1989년 직업병연구소를 각각 설치하였나. 1982년 12월과 1991년 1월에 「근로복지공사법」이 개정되어 자본금이 2,000억 원으로 증대되었다. 1995년 5월 「산업재해보상보험법」에 따라 기존의 근로복지공사를 인수하여 근로복지공단이 새롭게 설립되었다.

근친상간incest 근친상간은 가족이나 가까운 친척들 사이의 성관계 및 이에 준하는 성적 행위를 말한다(단, 유전적 관계가 없는 부부 사이의 성관계는 제외된다). 이는 세계의 대부분의 문화권에서 터부시되고 있으나, 그 범위와 정도는 문화에 따라 다르다. 어떤 문화권에서는 핏줄에 따른 유전적 관계가 있는 이들 사이의 관계만을 금하나, 다른 문화권에서는 입양이나 부모의 결혼 등을 통해 한가족이 된 이들 사이의 관계도 금지한다.

금단withdrawal 괴로움을 준다고 인정되는 다른 사람이나 상황으로부터 자신을 신체적으로나 정신적으로 떼어놓는 것.

금단증상withdrawal symptoms 중독되거나 습관화된 특정 약물이나 알코올의 사용을 중단한 사람의 신체적·정서적 반응.

급식 및 식이장애feeding and eating disorder 유아나 아동이 음식을 먹는 행동에 있어서 문제를 나타내는 경우.

① 이식증(pica): 먹으면 안 되는 것(종이, 천, 흙, 머리카락 등)을 습관적으로 먹음.

② 반추장애(rumination disorder): 음식물을 반복적으로 되씹거나 토해내는 행동을 나타냄.

③ 급식장애(feeding disorder): 지속적으로 먹지 않아 심각한 체중 저하가 나타남.

급여benefits 현금이나 현물을 구입할 수 있는 증표의 형태로 지급하는 현금급여와 서비스나 재화와 같은 현물급여. 현물급여는 식료품, 농산물, 주택, 개별상담, 증서(무료식권) 등을 포함한다. 공무원, 근로자 등의 봉급, 수당, 연금 기타 근무에 대한 대가를 말한다. 급여가 일정한 근무에 대한 대가라는 의미에서 고용자가 피고용자에게 지급하는 대금까지 포함하여 쓰이기도 한다.

긍정적 강화positive reinforcement 반응에 따라 자극을 줌으로써 기대했던 행동이나 반응을 강화시키는 것. 강화제는 원하는 물건이나 칭찬 등을 비롯한 반응을 더욱 강화시킬 수 있는 여러 자극이 될 수 있다.

기금endowment 개인 또는 기관(예: 사회운동, 사회복지기관)을 위하여 설립된 돈이나 재산으로 구성된 자본. 어떤 특별한 목적을 달성하기 위하여 쓰일 수입.

기금조성funding 어떤 기간에 어떤 조직의 프로그램을 수행하기 위해서 사용될 돈 중 할당된 일정량.

기능 손상functional impairment 일시적이거나 영구적인 신체적·정신적 손상으로 인해 어떤 기대나 책임을 충족시키지 못하는 개인의 무능력. 이 용어는 일부 사회복지사에 의해서 개인이 단지 부분적으로만 장애가 있고 정상적으로 기대된 모든 기능을 수행하지는 못하더라도 대부분을 효과적으로 수행하는 상황을 언급하는 말이다. 또한 이 용어는 어떤 사람이 어떤 치명적인 기능을 통제하는 능력이 결여된 경우에도 사용된다.

기능주의functionalism 유기체와의 비유에 기초한 이론이다. 사회는 적대적 환경에 직면하여 평형상태를 유지하도록 결속되어 있는 자기 유지적인 체제이다. 다양한 사회과정은 사회의 존속을 보장하기 위하여 체계의 욕구를 만족시킴에 있어서 함께 유연하게 조화되어야 한다. 기능주의의 기본적 문제는 "어떻게 사회는 그 요구를 충족시키는가?"이다. 각 과정, 제도, 관행은 사회적 요구를 충족시키고, 그리하여 사회의 구조나 평형상태를 유지하도록 돕는 것으로 간주한다. 기본적으로 기능주의적 설명은 문제가 되는 행동을 규명하는 것에서 출발하였다. 고립되어 있는 것으로 보이는 행동은 아무런 의미가 없는 것으로 나타난다. 따라서 이러한 행동은 더 넓은 사회적 맥락 속에 위치하게 되고 어떤 사회적 요구를 만족시키는 것으로 간주한다. 기능을 확인하는 것은 행동에 대해 설명을 하는 것이다. 예를 들어, 호피(Hopi) 인디언의 기우제 춤은 그것이 비를 만들지는 않기 때문에 의미가 없는 것으로 보여진다. 그러나 그것은 사람들을 함께 모이게 하고 집단에 대한 그들의 신념을 재확인시킨다. 따라서 기우제 춤은 사회가 가뭄에 대처하는 것을 돕도록 하는 사회적 유대를 증진시키는 기능을 한다. 어떤 기능주의자의 설명은 한 걸음 더 나아가 기능적 선결요건을 규명하고자 한다. 그것은 사회가 존속하는 데 있어서 반드시 충족되어야 할 요구들이다. 이것의 가장 잘 알려진 목록은 파슨스(Parsons)의 적응, 목표달성, 통합, 잠재적 유형유지이다. 기능주의자들은 체제 내의 변동을 환경의 변화에 대한 반응으로 설명한다. 체제는 환경에 적응하여 살아남기 위해 변화를 강요당한다. 종종 이러한 변화는 기능적 분화의 형태를 취한다. 즉, 하나의 구조적 요인은 원래의 단일한 요소보다 더 효과적으로 더 전문화된 기능을 수행할 두 개의 새로운 요소로 나누어진다. 하나의 비판은 기능주의가 목적론적이라는 것이다. 그것은 원인(기능)을 결과(체제의 욕구를 만족시키고 체제의 안정성에 기여하는 것)에 의해 설명한다. 이것이 대체로 타당성 있는 반대이기는 하나, 기능주의자들은 그것이 체제의 안정성에 대한 부분적인 설명이라고 그들의 주장을 뒤바꾸기도 한다. 모든 제도가 기능적일 때 각각의 제도는 모든 다른 제도를 통해 진행되는 체제의 부분으로서 유지된다. 이것은 목적론적이 아니다. 그러나 사회 내의 모든 부분은 다른 부분을 지지하고 있다는 것을 가정한다. 이러한 기능적 통합성에 대한 공식이 모든 사회학자들에게 받아들여지고 있지는 않다. 기능주의는 사회에 대해 지나치게 통합적이고 조화로운 관점을 제공한다. 그것은 다른 집단을 희생하여 한 집단의 이익을 증진시키기 위해 자신의 권력을 사용하는 것을 무시하는 경향이 있다. 머튼(Merton)은 『사회이론과 사회구조』(1949)에서 기본적인 가정을 완화시킴으로써 기능주의를 더 유연하게 만들었다. 사회적 관행은 기능적일 수도 혹은 역기능적(사회구조를 지탱하지 못함)일 수도 있다. 또한 어떤 특정의 기능을 위한 몇 가지 기능적 대안이 있을 수도 있다. 이러한 유연성에 대한 의미는 기능주의가 유용한 이론적 접근이 되지 못한다는 사실이다. 어떤 것이 기능적인가 그렇지 않은가는 분석한 후에야 알 수 있다. 더욱이 역기능에 대한 어떤 기능적인 설명도 할 수가 없으며, 역기능을 인정한다는 것은 기본적인 기능주의적 접근을 훼손하는 것이다. 그러나 기능주의는 사회학자들이 사회적 관행을 그것의 주변의 맥락으로부터 분리시키는 경우 항상 유혹이 될 수 있다. 어떤 행동을 그것이 발생하는 전체 체제와의 관계에서 보아야 한다는 것은 사회에 대한 기능주의의 주요한 공헌이다.

기독교여성청년회YWCA 기독교여자청년회(Young Women's Christian Association)는 세계적인 조직을 가진 기독교 민간단체이다. 흔히

YWCA라고 부른다. 19세기에 설립되어 세계에서 가장 오래된 대형 여성 단체로 남아 있다. 명칭이 비슷하여 혼동되기 쉬운 기독교청년회(YMCA)와는 완전히 별도의 독립적인 단체이다.

기독교청년회YMCA 기독교청년연합회(Young Men's Christian Association) YMCA는 구한말 개화파 청년들과 미국 선교사들이 주축이 돼 1903년 10월 28일 설립한 '황성 기독교 청년회'가 모태다. 초창기부터 YMCA의 멤버들은 근대적 사회개혁 의식에 고취되어 있었기 때문에 직업교육, 농촌운동, 기독교 민권운동에 정열을 쏟았다. YMCA는 체육활동에도 노력을 기울여 1905년 야구를 처음으로 보급했다. 이어 농구(1907년), 스케이트(1908년) 등을 우리나에 도입했다. 1912년부터 일제가 '105인 사건' 등으로 탄압을 시작했지만 1919년 2.8 독립선언과 3.1 운동을 선도했고 1922년부터 물산장려운동, 농촌강습 소개소운동 등으로 자립경제운동을 펼치고 YWCA 및 보이스카우트, 신간회 등의 단체도 지원·창설했다. 현재 서울 YMCA는 회원 5만 명에 지회 15곳, 상근 직원 250명에 달하는 조직으로 성장했다.

기록recording 사회사업에서 클라이언트, 문제, 예측(진단), 개입 계획, 치료의 진전 사항, 클라이언트의 상황에 영향을 주고 있는 사회적·경제적 및 건강상의 요인들, 그리고 종결이나 다른 기관 의뢰를 위한 절차 등에 관한 정보를 기록하고 서류를 보존하는 과정. 기관의 요구사항, 사회복지사의 스타일, 개입의 형태에 따라 기록에는 여러 가지 형태가 있다. 기록의 종류로는 서술적 요약체 기록(narrative summary), 심리·사회적 사정기록(psychosocial assessment), 행동사정기록(behavioral assessment), 문제중심기록(problem-oriented record, POR), 소프기록방법(SOAP charting method) 등이 있다.

기원가족family of origin 혈통이나 유전적 유사성으로 묶인 친척집단.

기초노령연금basic age pension 노인의 안정된 노후생활을 돕기 위해 1988년에 국민연금제도가 시행되었지만, 제도가 시행된 지 오래되지 않아 국민연금에 가입하지 못한 노인이 많고, 가입을 하였더라도 기간이 짧아 충분한 연금을 받지 못한 노인이 많아 이 제도를 도입하였다. 즉, 노인의 편안한 노후생활을 돕고 연금 혜택을 공평하게 나누기 위하여 기초노령연금을 주는 것이다. 또한, 지금의 청년과 미래세대는 더 많이, 오래 국민연금에 가입할 수 있어 앞으로 더 많은 국민연금과 기초연금을 합하여 안정적인 연금 혜택을 누리게 된다. 그리고 국민연금 제도가 성숙함에 따라 자동으로 기초연금이 조정되므로 미래의 재정부담도 줄어들게 된다. 현재의 심각한 노인빈곤문제를 해결하면서, 미래세대의 부담을 덜고 노후에 안정된 혜택을 누릴 수 있도록 기초노령연금 제도를 도입하게 되었다.

기회비용opportunity costs 어떤 재화의 여러 가지 종류의 용도 중 어느 한 가지만을 선택한 경우, 나머지 포기한 용도에서 얻을 수 있는 이익의 평가액.

기획planning 어떤 대상에 대해 대상의 변화를 가져올 목적을 확인하고, 그 목적을 성취하는 데에 가장 적합한 행동을 설계하는 것을 의미한다. 이에 대해 계획(plan)은 기획을 통해 산출된 결과를 의미하며, 사업계획(program)과 단위사업계획(project)은 계획의 하위 개념으로 볼 수 있다.

긴급지원법Emergency Support Act [시행 2016. 12. 2.] [법률 제14319호, 2016. 12. 2., 일부개정] 제1조(목적) "이 법은 생계곤란 등의 위기상황

에 처하여 도움이 필요한 사람을 신속하게 지원함으로써 이들이 위기상황에서 벗어나 건강하고 인간다운 생활을 하게 함을 목적으로 한다."
[전문개정 2009. 5. 28.] 제2조(정의) 이 법에서 '위기상황'이란 본인 또는 본인과 생계 및 주거를 같이 하고 있는 가구구성원이 다음 각 호의 어느 하나에 해당하는 사유로 인하여 생계유지 등이 어렵게 된 것을 말한다. 〈개정 2010. 1. 18., 2012. 10. 22., 2014. 12. 30.〉

1. 주소득자(主所得者)가 사망, 가출, 행방불명, 구금시설에 수용되는 등의 사유로 소득을 상실한 경우
2. 중한 질병 또는 부상을 당한 경우
3. 가구구성원으로부터 방임(放任) 또는 유기(遺棄)되거나 학대 등을 당한 경우
4. 가정폭력을 당하여 가구구성원과 함께 원만한 가정생활을 하기 곤란하거나 가구구성원으로부터 성폭력을 당한 경우
5. 화재 등으로 인하여 거주하는 주택 또는 건물에서 생활하기 곤란하게 된 경우
6. 보건복지부령으로 정하는 기준에 따라 지방자치단체의 조례로 정한 사유가 발생한 경우
7. 그 밖에 보건복지부장관이 정하여 고시하는 사유가 발생한 경우

길버트 법 Gilbert Act 길버트(Thomas Gilbert)가 제안하여 통과된 법안으로서 작업장에서의 빈민의 비참한 생활과 착취를 개선할 목적으로 제정되어 새로운 인도주의적 구빈제도라고 평가된다.
빈민들이 노동으로 구빈 비용을 충당하기 위해 빈민공장이 등장했다. 빈민공장은 부랑자 억제와 이윤 획득, 두 가지 목적의 작업장으로 활용하려고 했고, 모든 교구가 작업장을 설립할 수 있다는 법안이 생겼

지만, 영세한 교구는 작업장을 운영할 능력이 없었다.

길버트법은 많은 교구들이 연합하여 작업장을 설립하도록 허용하고, 교구연합은 유급 사무원을 채용했는데, 이들은 사회사업가의 모태가 되었다. 이 법은 노동능력이 있는 빈민과 실업자에게 일자리 또는 구제가 제공되었고(원외구호의 허용), 구호물품과 금품도 제공되었다. 노동능력 빈민에 대한 노동제공, 노동무능빈민에 대한 현금급여, 나태한 자에 대한 교정을 원칙으로 한 엘리자베스 빈민법의 커다란 변화를 의미한다. 길버트 의원에 의해 주도된 이 법은 새로운 인도주의적 구빈제도라고 평가받고 있다.

나-전달법I-message 솔직한 자기 의사 표현, 상대방이 나를 명확하게 이해할 수 있게 해 주는 기술로서, 효과적인 조력 관계는 인지적인 수준을 넘어 정의적인 수준에서 의사소통을 촉진시켜 준다. 나-전달법은 비단 부정적인 감정 표현뿐만이 아니라 긍정적인 감정을 전달하는 데에도 효과적인 방법이다. 나-전달법은 상대방을 비난하지 않고 문제가 되는 상대방의 행동과 행동의 결과를 구체적이고 객관적으로 기술함으로써 그 행동이 나에게 미친 영향을 구체적으로 상대방에게 전달하는 표현법이다. 상대방의 행동이 문제가 되어 나 자신의 감정이 불쾌해질 경우, 우리는 대부분 너를 주어로 사용하여(You-message), 문제해결을 시도하려고 한다. 이때 상대방을 비난하는 입장에서 말하는 것을 '너-전달법'(You-message)이라고 한다.
이럴 경우 문제가 해결되기보다는 오히려 문제를 악화시킬 수 있다. 너-메시지는 의사소통에서 걸림돌이 되는 대표적인 방법이다. 그러나 나-전달법을 사용하여, 나의 마음을 상대방에게 전달하게 되면 문제해결뿐만 아니라 두 사람의 관계도 진일보하게 된다.

낙인labeling 관찰된 특질과 행위 유형에 근거해서 한 사람(개인)이나 한 사람의 문제에 이름을 붙이는 것. 어떤 사회복지사는 낙인을[예:

수동-공격(passive-aggressive)과 같은 정신과적 진단용어] 사람들에 대한 상투적이며 개별화(individualization)와는 거리가 먼 욕설 또는 일반화의 한 형태로 본다. 다른 사회복지사는 그것을 길고 자세한 설명 없이 개인의 문제에 대한 연구와 의사소통을 촉진시키는 데 필요한 것으로 여긴다.

낙태abortion 자연분만기 전에 자궁에서 발육 중인 태아를 인공적으로 제거하는 일. 의사의 지시에 따른 적법한 것도 여기에 포함되나, 대개 좁은 의미로 불법적인 임신중절만을 뜻한다. 이것은 임신부 스스로 행하는 것이든 타의에 의하여 시행되는 것이든 간에 모두 해당된다.

남근기phallic stage 프로이트의 소아성욕 발달단계에서 항문기와 잠재기 사이에 있는 시기. 정신분석학상의 용어로, 성기기라고도 한다. 대개 3~5세의 시기를 말하며 남녀의 구별이 없다. 남자 아이는 성기에 관심을 가지게 되고, 배뇨 때 외에도 성기에서 쾌감을 얻으려고 하며, 성기를 스스로 자극하기도 한다(성기를 만지거나 자위행위를 한다). 또 남녀 성기의 다른 점에 대하여 관심을 가지게 되며, 아이를 어떻게 낳는가를 질문하기도 한다(성적 호기심). 이 무렵의 남자 아이들은 여성도 이전에는 페니스가 있었는데 무엇인가 원인이 있어서 페니스가 잘렸다는 생각을 하게 되고, 자기도 자주 성기를 만지면 그것이 잘릴 것이라는 공포감을 갖게 된다(거세공포). 여자 아이들도 마찬가지이다. 자기들도 페니스를 가지고 있었는데 그것이 잘렸다고 생각하며 페니스를 가지고 싶어 한다(페니스 선망). 남근기에 대한 이러한 사고방식은 '프로이트파'로부터 그것이 프로이트의 '생물학적 편향'이라 하여 심한 반발을 샀다. 이 시기를 특히 '남근기'라고 하는데 이 시기의 아이들이 남성의 성기밖에는 알지 못하기 때문에 붙인 이름이다.

내면화internalization 개인의 사고 및 감정, 행동 등이 여러 가지의 사회적 영향을 받아 내부로 흡수되는 현상.

너-메시지 Your-message I-message와 반대로 타인과 의사소통을 할 때 '너'를 주어로 하여 상대방의 행동이나 생각에 대한 평가나 비판을 하는 대화 방식이다.
"너는 항상 그래", "너는 ~이 문제야", "너 때문에 일을 망쳤어."라는 식으로 "너"를 중심으로 대화하는 방식이다.
이러한 대화는 상대방에게 비판·판단하거나, 공격당하는 느낌을 주어 상대방도 감정적으로 대응하게 만들고 상대방의 마음에 상처를 주어 정상적인 대화를 이어갈 수 없게 만든다.

너싱케어nursing care 의약, 보건, 사회복지 업종의 노인 케어 사업.

넥엔트로피negentropy 엔트로피의 반대 개념으로 하나의 체계가 성장하고 발달하는 과정을 의미한다. 이는 부정적인 의미가 아니라, 체계 외부로부터 에너지를 유입함으로써 체계 내부에 유용하지 않은 에너지가 감소되는 것을 말한다.
넥엔트로피가 증가하면 체계 내에 질서와 법칙이 유지되며, 정보의 필요성이 높아진다.

노년학gerontology 가령 현상, 특히 노화에 대하여 연구하는 학문. 시간의 경과와 함께 생체에 일어나는 진행적인 변화를 뜻하며, 이 변화는 생체의 모든 부분, 곧 세포조직과 장기 등에서 볼 수 있다. 미국의 노년학자 N. 쇼크는 노년학의 연구대상으로 고령자의 증가에 따른 사회경제학적 여러 문제, 노화에 관한 심리학적 고찰, 노화의 생리학적 및 병리학적 여러 문제, 생물계 전반에서의 노화 등을 들었다. 세계 각국은 이러한 문제를 해명하고자 연구기관을 설립, 50년에는 국제노년학회를 결성하여 4년마다 총회를 개최하고 있는데, 총회는 생물학, 임상의학, 심리학, 사회학 및 사회복지의 4부문으로 이루어져 있다.

노동빈곤자working poor 자산과 직업 소득이 너무 낮아 빈곤선(poverty line) 밑에 있는 직업을 가진 사람.

노동유인정책workfare 건강한 사람들이 복지급여를 받지 못하게 하기 위해 여러 경제학자, 사회계획가, 정치가들이 계획하는 것. 이것은 건강한 사람들이 급여 일부를 노동을 통해 얻을 수 있도록 공적, 사적 부문에 프로그램과 시설들을 마련하는 것이다.

노동인구work force 노동을 할 의지와 능력을 가진 만 14세 이상의 인구. 학생, 가사 노동자, 노약자를 제외하고 취업자와 휴업자, 그리고 완전 실업자를 합한 인구수이다.

노동조합labor union 노동자가 주체가 되어 자주적으로 단결하여 근로조건의 유지, 개선, 기타 노동자의 경제적, 사회적 지위의 향상을 도모함을 목적으로 조직하는 단체 또는 연합단체.

노인부양비old-age dependency ratio

유년부양비=(14세 이하 인구÷15~64세 인구)×100

노인부양비=(65세 이상 인구÷15~64세 인구)×100

총부양비=(유년부양비+노인부양비)

노인전문병원elder a special hospital 노인전문병원은 「노인복지법」에서 규정하고 있는 법 조항으로 주로 노인을 대상으로 의료를 행하는 시설로 규정하고, 현재 대부분의 노인전문병원은 시립이나 도립 등의 형태로 운영되고 있다.
요양병원은 의료법에서 의료기관 종별로 분류하는 의료기관이며, 주로 장기입원을 목적으로 운영되는 병원으로 입원료 체감제와 입원료 등을 일반병원과 달리하여 장기입원이 용이하게 운영되는 의료기관으로 현재 전국에 병상 수가 과잉상태에 있다.

노인집합주택congregate housing 일상생활에 약간의 어려움이 있는 노인들이 가구단위의 독립된 생활공간을 사용하면서 공동 주방과 식당을 갖추고 일상생활에 필요한 가사원조, 여가활동 등의 서비스를 제공하는 주택.

노인학대elder abuse 나이 든 사람 또는 상대적 의존자에 대한 학대. 노인학대에는 신체구타, 돌보지 않음, 착취와 심리적 가해가 포함되며 흔히 노인의 성인이 된 자손, 친척, 보호를 제공하기 위한 후견인 또는 기타 사람들에 의해 저질러진다.

녹색주의greenism 현대사회의 다양한 복지국가의 이념적 유형의 하나이다. 선진 산업사회에서 나타나기 시작한 녹색주의는 정치와 경제의 관점에서만 접근했던 이데올로기 복지이념을 환경적인 관점에서 새롭게 접근하는 것이다. 경제성장 및 대규모 기술, 선진 산업사회의 욕구 및 소비사회의 지속으로 나타난 부작용을 지적한다. 복지국가의 사회서비스는 사회문제의 원인이 아닌 현상만을 다루고 있다. 즉, 산업사회가 사회문제의 원인에 관심을 기울이기보다는 현상에 초점을 두고 있다고 비판한다.

이와 같이 녹색주의는 산업사회가 확대되고 개인주의가 팽배해짐에 따라 자원이 고갈되고 사회문제가 증가한다고 봄으로써 경제성장은 물론 국가의 복지 지출에 대해서도 반대의 입장을 보인다.

놀이치료play therapy 의사소통을 촉진시키기 위하여 사회복지사와 다른 전문가가 활용하는 정신치료의 한 형태. 클라이언트는 갈등을 행동으로 나타내기 위해서 혹은 언어화할 수 없는 상황을 입증하기 위하여 장난감을 사용한다. 놀이치료는 아동을 대상으로 연구할 때 가장 흔하게 이용되지만, 어떤 상황에서는 성인에게도 효과적으로 쓰일 수 있다.

누진세progressive tax 소득금액이 커질수록 높은 세율을 적용하도록 정한 세금. 즉, 과세물건의 수량이나 화폐액이 증가함에 따라 점차 높은 세율이 적용되는 조세를 말함. 누진세는 경제력의 격차를 야기하는 소득 간 불평등을 보정하기 위한 것으로 고소득자에게는 높은 세금을, 저소득자에게는 낮은 세금을 거두자는 의도에서 실시되었다.

뉴딜정책New Deal 미국은 대공황 당시 경제에 대한 국가의 개입을 최소화하는 자유방임주의 원칙을 취하고 있었다. 그러나 대공황 발생 이후 미국의 경제가 급속히 나빠지자 1932년 미국 대통령 후보로 나선 루스벨트는 '뉴딜'(New Deal)이라는 구호를 내걸었다. 뉴딜은 카드게임에서 카드를 바꾸어 새로 친다는 의미이다. 이는 그동안 미국이 견지한 자유방임주의의 원칙을 포기하고, 국가가 적극적으로 개입하여 경제 문제를 해결한다는 것을 의미한다. 1932년 대통령 선거에서 당선된 루스벨트는 정부가 경제에 직접 개입하여 생산을 통제하고 소비를 끌어올리기 위한 각종 정책을 추진하였다. 취임 직후 「긴급 은행법」을 마련하여 재기 가능한 은행의 구제와 금융 제도의 정비에 착수하였고, 이어 「관리통화법」을 마련하여 통화에 대한 정부의 규제력을 강화하였다. 또한 대공황으로 가장 많은 타격을 받은 농민 문제 해결을 위해 「농업조정법」을 마련하였다. 이는 과잉 생산된 농산물을 연방 정부가 매입하는 동시에 농업 생산량을 조절하여 농산물의 가격 하락을 방지하려는 것이었다. 이어 「산업부흥법」을 마련하여 각 산업 부문마다 생산 조절과 최저 가격을 정하여 기업 간 과열 경쟁을 억제하게 하였다. 아울러 테네시강 유역 개발과 같은 종합적인 지역 개발로 사회간접자본을 확충하면서 실업자를 구제하는 계획 등을 추진하였다. 이와 같은 정책의 추진으로 대공황이 어느 정도 진정되고 경제가 회복되는 기미가 보이자 「사회보장법」을 제정하였다. 이는 노인에 대한 연금과 실업자 수당 등 사회적 약자에 대한 연방 정부의 재정 지원을 규정한 것이었다. 이어 1936년 재선된 루스벨트는 「와그너법」을 제정하여 노동자의 단결권과 단체교섭권을 인정하였고, 최저 임금제와 주 40시간 근로제 등을 도입하였다.

ㄷ

다문화가족지원법Multicultural Family Support Law 다문화가족 구성원이 안정적인 가족생활을 영위하고 사회구성원으로서의 역할과 책임을 다할 수 있도록 함으로써 이들의 삶을 향상시키고 사회통합에 이바지함을 목적으로 한다.

다운증후군Down's syndrome 사람의 46개 염색체 가운데서 21번째 염색체의 수가 1개 더 많아서 나타나는 유전성 질환으로, 신생아 700~1,000명 가운데 1명꼴로 이 질환을 보인다.

다원주의pluralism 개인이나 집단이 저마다 갖고 있는 가치관, 이념, 또는 추구하는 목표 등이 서로 다를 수 있다는 것을 인정하는 견해. 사회를 구성하는 개인이나 집단의 독자적인 가치관, 이념, 목표 등을 인정하고 각각의 독립성과 자율성을 보장하는 것, 또는 그것을 전제로 하여 사회·문화 현상을 파악하고 설명하는 입장을 다원주의라고 한다. 다원주의는 엘리트 권력에 의하여 지배되는 획일주의를 배격하고 각 분야의 자율성을 인정한다. 다원주의는 근대사회의 사회·문화적 기초이다. 근대화에 따라 산업화가 급속하게 이루어지면서 다양한 사회 조직이 등장하여 많은 부문들 간의 경쟁과 갈등이 일어났다.

그러자 협력과 타협 등을 통해 다양한 갈등을 민주적으로 해결하려는 다원주의적 사고가 생겨나게 되었다.

다원화된 사회pluralistic society 여러 가지 다른 인종적, 민족적, 종교적, 문화적 특징을 지닌 사람들로 구성된 사회.

다이렉트 마케팅direct marketing 기업의 마케팅 관리 측면에서 일반적인 생산자→도매상→소매상의 전통적 유통경로를 따르지 않고 직접 고객에게서 주문을 받아 판매하는 것을 말한다. 전형적 마케팅이 소비자에 대한 대량광고를 통해 소비자의 소비욕구를 자극하여 구입으로 연결시키는 과정을 거치는 데 비해 다이렉트 마케팅은 소비자와의 더욱 긴밀한 광고매체 접촉을 이용하여 소비자와 직접 거래를 실현하는 마케팅 경로를 의미한다.

다중성격multiple personality 한 사람이 두 가지 이상의 뚜렷한 성격을 가진 분열현상의 한 형태. 그 사람은 이런 다른 성격이 존재한다는 것을 인식하지 못한다. 비전문가들은 흔히 이 용어를 정신분열증(schizophrenia)과 혼동한다.

단계이론stage theories 인생의 모든 기간은 인간의 행동과 우선순위를 수정하는 기본적인 도전과 지향으로 특징지어진다는 개념. 각 단계는 그 단계만의 독특한 특성이 있고, 단계가 높아지면 그 이전 단계에서 얻은 지식과 통합된다. 각 단계로부터 나오는 갈등을 조화시키는 정도는 연속되는 인생단계의 성공적인 수행 정도를 결정한다. 이런 개념으로 가장 널리 알려진 것들은 에릭슨(Erikson)의 심리사회이론(psychosocial theory), 프로이트(Freud)의 정신성적이론(psychosexual theory), 피아제(Piaget)의 인지발달(cognitive development), 굴드(Gould), 레빈슨(Levinson), 뉴거튼(Neugarten), 파슨스(Parsons), 베일스(Bales) 등이 기술한 개념들이 있다.

단기 치료brief therapy 클라이언트의 협동 강조, 사회사업 지향성, 클라이언트의 직접적 과업을 변화 수단으로 강조한 것이다. 다른 접근 이론과 방법(정신역동, 인지·행동주의, 구조주의 모델 등)을 끌어들이는 점에서 이 모델은 통합적이며, 기본 개념과 기법이 개인, 가족, 집단에 적용될 수 있다. 특히, 단기 치료 모델은 단기 과제 중심으로 진행되기 때문에 대부분의 사회복지실천 현장에서 가장 많이 사용된다.

단체협상collective bargaining 정책, 법률, 임금에 변화를 일으키기 위해 공통의 관심이나 목적을 지닌 집단이 벌이는 조정행위. 이 용어는 주로 계약을 협상하는 데서 조직화된 노동자의 노력을 가리킨다.

대상관계이론object relations theory 대상관계란 자아와 대상(인간을 포함하여 자아가 관계를 갖는 모든 사물)과의 사이에서 성립하는 관계를 말하지만, 이 관계가 어떻게 성립하는가에 대하여는, S 프로이트는 인간이 갖는 생물학적인 본능을 중시하고, 인간은 그의 충족을 얻기 위하여 대상과 관계를 갖는다고 생각하고 또한 본능을 조절하는 것으로서 자아를 생각하였으나, M. 크라인을 위시하여 R. 페아벤 등은 "자아는 본능의 만족을 위하여 대상을 구하는 것이 아니고, 본래 대상희구적인 것이다."라고 하는 페아벤의 말에 집약되는 것과 같이, 자아와 대상과의 사이에 생물학적인 본능의 개재를 생각지 않고, 자아 그 자체가 대상과 관련되는 것으로 생각하였다. 이와 같은 생각이 대상관계이론이라고 하는 것이다.

대인적 사회서비스personal social services 사람들 간의 그리고 사람들과 환경 간의 관계를 강화시키고 사회적 완숙을 위한 기회를 제공하는 데 기본 목적을 둔 사회서비스. 대인적 사회서비스는 제도적 서비스[소득유지(income maintenance) 프로그램, 건강보호(health care, 교육 및 주택)]와는 구별되며 상담과 지도, 상호부조와 자조집단(self-help groups)의 발전, 가족계획(family planning) 및 노인과 아동을 위한 서비스 등을 포함한다. 카머만(Sheila Kamerman, 1983:9)은 금전, 보건, 교육 혹은 주택을 제공하지 않고 제공되는 서비스라고 한다.

데모그란트demogrant 욕구와는 상관없이 특정한 인구 집단(예: 아동, 어머니, 노인, 시민)에 속한 사람들에게 제공되는 급여. 이러한 형태의 급여는 미국에서는 드물지만 많은 나라에서 보편적인 소득재분배의 한 형태로 사용된다.

델파이스기법Delphice technique 어떤 문제에 대하여 전문가들의 합의점을 찾는 방법으로, 응답이 무기명이고 대면적인 회의에서와 같은 즉각적인 환류를 통하여, 개인의 의견을 집단적 통계분석으로 처리하는 방법이다.

도덕적 해이moral hazard 정보가 불투명하고 비대칭적이어서 상대방의 향후 행동을 예측할 수 없거나 본인이 최선을 다한다 해도 자신에게 돌아오는 혜택이 별로 없을 때 도덕적 해이가 발생한다. 원래는 보험시장과 중고차 시장에서 나온 개념이다. 화재보험 가입자가 보험을 믿고 화재예방 노력을 소홀히 함으로써 결국은 화재 발생 가능성이 커진다든가, 중고자동차에 대한 정보가 완전하지 않아서 소비자에게 손해를 입히게 되는 것 등이 전형적인 도덕적 해이에 해당한다. 이것을 일반적인 금융시장 활동에 대해 확대시켜 보면, 금융자유화에 수반해서 금융기관끼리의 경쟁이 심해지면 신용질서를 유지하기 위해 예금보험제도를 충실히 할 필요가 있다. 그러나 예금보험제도가 지나치게 되면 예금자는 경영이 위태롭게 보이는 은행에도 예금을 한다(예금자의 모럴해저드). 경영 불안에 빠지고 있는 은행은 보통보다 높은 이자를 붙여 자금을 모으려 하기 때문에 예금자는 보다 많은 이자를 받을 수 있으며, 높은 이자를 지불하고 자금을 모은 은행은 높은 지출을 메우기 위해 다시 위험성이 높은 대출상대에게 높은 금리로 융자해준다(금융기관의 모럴해저드). 이러한 악순환이 계속되면 금융기관의 경영이 악화되어 간다. 도덕적 해이를 없애려면 우선 정보가 경제 주체들 사이에서 투명하게 전달될 수 있도록 한 후 계약을 정직하게 이행하는 사람이 이득을 보장받도록 인센티브 구조를 개선해야 한다. 아울러 계약조건을 명확히 하고 부정직에 대한 제재를 강화할 필요가 있다. 최근에는 그 의미가 더욱 확장되어 법과 제도적 허점을 이용하여 자기 책임을 소홀히 하거나 집단적인 이기주의를 나타내는 행위, 또는 권한과 지위에 상응하는 책임을 제대로 지지 않는 경우에 이르기까지 광범위하게 쓰이고 있다.

도제apprenticing 특별한 기술을 배우기 위해 다른 사람의 보호와 지도 아래 있는 것.

독립변수independent variable 독립변수는 원인적 변수라고도 한다. 즉, 어떤 변수가 다른 변수의 발생에 대한 원인이 된다고 가정될 때 우리는 그 변수를 독립변수라 할 수 있다.

독서치료bibliotherapy 정신적 건강을 위해 책을 사용하여 치료하는 방법을 일컫는 말이다. 말의 어원은 biblion(책, 문학)과 therapeia(도움이 되다, 의학적으로 돕다, 병을 고쳐주다)란 그리스어의 두 단어가 결합된 복합어로서 문학이 치료적인 특성을 가졌다는 기본 가정에서 출발한 용어이다. 즉, 전반적인 발달을 위해 책을 사용하며, 책은 독자의 성격을 측정하고 적응과 성장, 정신적 건강을 위해 사용되기도 하는데 그 책과 독자의 상호 작용을 독서치료라고 한다. 그리고 선택된 도서 자료에 내재된 생각이 독자의 정신적 또는 심리적 질병 치료에 영향을 줄 수 있다는 개념이다.

독점자본주의이론exclusive capitalism 칼 마르크스는 자유경쟁은 필연적으로 독점을 낳는다고 했지만, 이러한 독점자본주의 이론은 1920년 블라디미르 레닌에 의하여 공식화되었다. 레닌의 견해에 따르면, 독점자본주의는 산업자본과 은행자본의 독점이 진행되며, 양자의 유착된 독점 금융자본이 지배적인 경제 주체가 되는 자본주의의 특수한 발전단계이다. 이것이 발전하여 국가와 독점자본이 결부되어 자본주의 유지를 꾀한 국가 독점자본주의라고 부르는 단계가 된다. '생산의 사회적 성격'과 '취득의 사적 성격'의 대립에 의해 자본주의 모순이 드러난다. 역사적으로는 자유경쟁단계에 있었던 19세기 자본주의 가운데 생산의 집적·집중에 기초한 자본의 집적·집중이 일어나 주식회사 제도를 적극적으로 도입한 대규모의 독점자본이 등장하여 경제에 지배적인 힘을 발휘하게 된 20세기 자본주의를 가리킨다.

동거cohabitation 한 집이나 한 방에서 같이 삶. 가족이 아닌 사람이 어떤 가족과 같은 집에서 함께 살거나 두 사람 이상이 한집에서 공동생활을 함.

동료집단peer group 동일한 사회적 지위(예: 전문직, 직업, 연령집단이나 성별집단)를 갖는 사람들의 모임.

동서대비원East-West hospital 대비원은 일종의 국립 의료기관으로, 고려시대에는 개경의 동쪽과 서쪽 두 곳에 있었다고 하여 동서대비원(東西大悲院)이라고 불렀다. 그렇지만 사실은 서경(西京)에도 분사(分司)가 설치되어 있었다. 개경의 경우 1036년(정종 2) 11월에 "동대비원(東大悲院)을 수리하여 배고프고 헐벗거나 병들어 갈 데 없는 사람을 살게 하여 옷을 입히고 밥을 주었다."는 기록으로 미루어 보아 이미 그 이전에 설치되어 있었음을 알 수 있다. 이곳에는 사(使), 부사(副使), 녹사(錄事) 등의 관리가 배치되어 일을 맡아 보았다. 대비원은 의료사업과 함께 의탁할 곳이 없는 어려운 사람들을 돌보는 구제기관으로서도 큰 몫을 담당하였다. 조선이 건국된 다음에도 고려의 제도를 계승하여 동서소문(東西小門) 밖에 각각 대비원을 설치하고, 부사(副使) 1명, 녹사(錄事) 2명과 의원과 무당을 배치하여 업무를 담당하게 하였다. 대비원에서는 서울 안에 거주하는 병들고 의지할 곳이 없는 사람을 모두 이곳에 모아 놓고 죽이나 밥과 국 등 먹을 것을 제공하고 필요한 약재를 주었다. 아울러 옷과 이부자리를 주어 편하도록 보호해 주었고, 만일 죽는 이가 있으면 잘 묻어 주었다. 1414년(태종 14)에 동서활인원(東西活人院)으로 이름을 바꾸었고, 1466년(세조 12)에 다시 활인서(活人署)로 고쳤다. 그러다가 1885년(고종 22)에 활인서는 혜민서(惠民署)와 함께 혁파되고, 재원(財源)은 장로교 선교사 알렌(Horace N. Allen)이 재동(齋洞)에 개설한 광혜원(廣惠院=濟衆院)의 재원으로 충당하였다.

동성애homosexuality 동성의 상대에게 감정적, 사회적, 성적인 이끌림을 느끼는 것. 동성애자는 이러한 감정을 받아들여 스스로 정체화한 사람을 뜻한다. 대개 여성동성애자는 레즈비언(lesbian)으로, 남성동성애자는 게이(gay)로 지칭되며, 흔히 트랜스젠더(transgender)와 혼동되기도 한다. 그러나 트랜스젠더는 자신의 육체적 성과 정신적 성이 일치하지 않는다고 받아들이는 것으로, 이는 자신이 사랑하는 사람이 동성이라는 점을 받아들이는 동성애자와 구별된다.

동의informed consent 클라이언트가 진단, 치료, 사후검토, 조사와 같은 특별한 개입절차를 사용할 수 있도록 사회복지사와 기관 또는 다른 전문가에게 허가를 인정하는 것. 이 허가는 이성적으로 결정을 하는 데 필요한 사실들의 완전한 개방에 기초해야만 한다. 또한 동의는 반드시 위험과 대안에 대한 지식에 기초해야 한다. 전문적인 직무상 과실 소송에서 가장 위험한 것 중 하나는 동의를 이루지 못한 것이다.

동일시identification 구별하지 않고 동일한 것으로 보고 똑같이 취급하는 일. 부모, 형, 윗사람, 주변의 중요한 인물들의 태도와 행동을 닮는 것을 말한다. 자아와 초자아의 형성에 가장 큰 역할을 하며, 동일시를 통하여 부모가 자식의 성격 내부에 들어오게 된다.

동조conformity 관련된 사회집단의 규범과 기대에 일치되는 행동.

동화assimilation 어떤 집단이 다른 집단의 가치(values), 규범(norms), 습속(folkways)을 사회적으로 통합하고 채택하는 것. 예를 들면, 이주민 집단은 새로운 사회의 문화에 통합되거나 그러한 문화를 채택할 수 있다. 또한 피아제 이론(Piagetian theory)에서 동화란 개인 환경의 한 측면을 현존하는 사고 구조에 통합시키는 개인의 행위를 말한다.

드림스타트dreamstart 취약계층 아동에게 맞춤형 통합서비스를 제공하여 아동의 건강한 성장과 발달을 도모하고 공평한 출발기회를 보장함으로써 건강하고 행복한 사회구성원으로 성장할 수 있도록 지원하는 사업이다.

지원대상: 0세(임산부)~만 12세(초등학생 이하)로 아동 및 가족

※ 만 12세 이상 아동 중 초등학교 재학 아동 포함

※ 국민기초생활 수급 및 차상위계층 가정, 법정 한부모가정(조손 가정 포함), 학대 및 성폭력피해아동 등에 대한 우선 지원 원칙

※ 드림스타트 대상 아동 선정과 관련된 자세한 사항은 해당 시, 군, 구 드림스타트로 문의

등간측정interval measurement 조사연구에서 명목측정(nominal measurement)과 서열측정(ordinal measurement)의 성질을 포함할 뿐만 아니라, 측정단위 사이에 동일한 간격이 있을 필요가 있는 측정수준, 대부분의 잘 표준화된 심리검사는 등간측정을 사용한다.

디플레이션(통화수축)deflation 디플레이션은 물가는 물론 경제 전반에 걸쳐 축 가라앉는 무기력 증세로 광범위한 초과공급이 존재하는 상태이다. 원인은 자산가격 거품의 붕괴, 과도한 통화 긴축, 과잉설비 및 과잉공급, 생산성 향상 등이 있다.

물가 상승을 동반한 경기의 과열을 의미하는 인플레이션과 반대되는 의미이다.

라벨 효과label effect 라벨(label, 꼬리표) 효과란 '~는 이런 사람이다'라고 특정지어 버리면 그 라벨에 맞게 행동한다는 것이고 피그말리온 효과(Pygmalion effect)는 피그말리온이라는 조각가가 아름다운 여인을 조각해 놓고 간절히 사람이기를 소원하자 신이 조각상에 생명을 준 것처럼 학생은 선생님이 기대하고 믿어주는 사람으로 성장한다는 교육의 기대효과로도 설명하고 있다.

라이덴방식leiden method 먼저 사람들에게 자신의 사회경제적 상황을 고려하여 살아가는 데 필요한 최소소득이 얼마인가를 묻고, 이를 바탕으로 그 사람들이 판단한 최소소득과 관계를 분석하여 빈곤선을 분석하는 방법.

라포rapport 라포는 사람과 사람 사이에 생기는 상호 신뢰 관계를 말하는 심리학 용어이다. 서로 마음이 통한다든지 무엇이든 터놓고 말할 수 있거나, 말하는 것이 충분히 감정적 또는 이성적으로 이해하는 상호 관계를 말한다. 원래 프랑스어의 '가져오다', '참조하다'에서 나온 말이다.

레즈비언lesbian 같은 여성에게 감정적, 정서적, 성적인 이끌림을 느끼는 여성 중, 그러한 자기 자신을 받아들인 여성을 말한다. 다른 말로 여성동성애자, 여성이반 등이 있다.

레크리에이션recreation 레크리에이션은 어떤 활동이나 경험을 말하는데 대개 자발적으로 선택되는 것이며 그 자체로부터 오는 만족이나 개인적 혹은 사회적인 기치를 목적으로 한다. 레크리에이션은 여가 중에 행해지며 노동과는 아무런 상관이 없는 것으로 즐거운 것이며, 레크리에이션이 지역사회나 어떤 봉사기관에 의해 조직될 때는 그 목적이 참가자 개인이나 집단, 나아가서는 사회발전에 바람직하고 건설인 목표를 달성할 수 있다.

로저스이론Rogers theory 인본주의 인간의 가치를 주된 관심사로 삼는 이론이다. 로저스의 인본주의이론은 인간을 잠재력이 있는 존재라고 본다. 인본주의이론에 따르면 인간은 자신의 중심이 되는 삶을 살아가면서 지기를 실현하기 위해 성장하는 존재라고 본다. 이를 실현경향성이라고 한다. 이는 과거를 중심으로 인간을 해석하던 기존의 정신분석이론에 반대하는 이론이라고 볼 수 있다.
모든 인간은 잠재력을 가지고 있기 때문에 이것이 발휘되면 자신이 원하는 바를 스스로 삶의 목표로서 설정할 수 있다고 본다. 또한 성장을 위해 목표에 따른 노력을 할 수 있다.

루이소체 치매dementia with Lewy bodies 루이소체 치매는 주의력과 각성 등 인지기능의 변동, 자발적 운동 증상과 파킨슨병의 추체외로 증상, 반복적인 환시 및 신경이완제에 대한 감수성을 특징적으로 보이는 퇴행성 치매의 한 종류로서, 반복적인 실신과 졸도, 일시적인 의식소실, 망상, 우울증, 수면장애 등이 동반되기도 한다.

루이소체는 신경세포 내 비정상적으로 인산화된 신경섬유 단백질 및 유비퀴틴(ubiquitin)과 알파시누클레인(alpha-synuclein)이 응집된 것인데 파킨슨병에서도 관찰되기 때문에 파킨슨병과 루이소체 치매는 임상적으로나 병리학적으로 유사한 질환이라고 볼 수 있다.

1. 루이소체 치매 증상

- 인지기능의 요동현상: 인지기능 저하가 나타날 때는 환자가 잠든 것처럼 보이거나, 주위를 인식하지 못하고, 얼이 빠져 보이기도 하는 등 주의력과 명료함에 심각한 장애를 보이다가 거의 정상에 가까운 상태로 회복되는 일이 반복적으로 나타난다.
- 환시: 반복적으로 사람, 동물 등 헛것이 보이는데 주로 밤에 생기고 생생하게 느껴지지만 환자가 즐거움이나 공포 등 감정적인 반응을 유발하는 경우는 드물다.
- 파킨슨 증상: 파킨슨병에서 나타나는 운동증상이 경하게 나타나며, 1년 이상 파킨슨 증상이 있다가 치매가 생기면 치매를 동반한 파킨슨병으로 진단하며, 파킨슨 운동 증상이 생기고 1년 이내에 치매가 생기거나 치매가 파킨슨 운동 증상보다 먼저 생기면 루이소체 치매로 진단한다.

2. 보조적 특징

- 반복적인 졸도: 실신, 일시적인 의식 소실
- 신경이완제(정신분열증 약물)에 대한 부작용: 신경이완제를 사용한 경우 약제의 부작용이 흔하게 관찰되며, 일부에서는 혼수, 파킨슨병 증상의 악화를 보일 수 있다.
- 망상과 환각: '누가 자기를 죽이려고 한다', '물건을 훔쳐갔다',

'먹을 것을 주지 않는다'는 등 망상이 생기며 헛것이 보이는 것 이외에 헛소리가 들릴 때가 있다.

- REM 수면장애: 악몽과 혼수, 수면 장애 및 불면증
- 후각 상실증: 발병 초기부터 냄새를 잘 못 맡는 증상이 생김
- 우울증: 신경영상 검사에서 루이소체 치매는 내측두엽이 비교적 잘 보존되어 있으며, 양전자방출 단층촬영술과 단일광자방출 단층촬영술검사에서 후두엽에 저혈류를 보인다.

리비도 libido 기본적으로 인간이 지니고 있는 성적 욕구로, 프로이트가 제시한 개념 리비도는 정신분석학 용어로 성본능(性本能), 성충동(性衝動)을 뜻한다. 이 말은 보통 말하는 성욕, 다시 말해 성기(性器)와 성기의 접합을 바라는 욕망과는 다른 넓은 개념으로, 인간이 태어날 때부터 갖추고 있는 본능에너지를 뜻한다. 원래는 라틴어로 욕망을 뜻하는 단어이다. 성적인 욕구가 내부로 향하느냐 외부의 객체로 향하느냐에 따라 자아 리비도와 대상 리비도로 나눌 수 있는데, 어떤 경우이든 욕망이 만족을 향해 움직일 때 동원되는 에너지 전체를 지칭한다.

오스트리아의 심리학자 프로이트는 인간은 두 가지 기본적 욕구를 지니고 있다고 하였는데, 하나는 공격욕구인 타나토스이고, 또 하나는 성욕구인 리비도이다. 성적 본능의 에너지를 리비도(libido)라고 가정하고, 리비도가 사춘기에 갑자기 나타나는 것이 아니라 태어나면서부터 서서히 발달하는 것이라고 생각하였다. 즉, 성본능은 구강기, 항문기를 통해 발달하다가 5세경 절정에 이른 후, 억압을 받아 잠재기에 이르고, 사춘기에 다시 성욕으로 나타난다고 한다. 인간의 자아에 의해 성욕구가 통제받기 때문에 상황에 따라 리비도는 억눌린다고 볼 수

있다. 리비도는 긍정적이다 부정적이다로 구분할 수 없다. 한편 상황에 따라 도덕성과 리비도가 대립하게 되는데 이때 자아가 이를 조절하고 억제, 억압 등의 방어기제를 사용하게 되는 것이다.

리커드척도Ricard scale 총화평정 척도에서 각 문항이 같은 개념을 측정한다는 확신을 할 수 없는 문제점을 개선하고 변수의 값을 더 다양하게 만들어 개념을 보다 정밀하게 측정하려는 의도에서 만들어진 척도 개발방법이다.

마르코프모형Markov model 특정 시간에 주어진 상태에서 모형의 가능성은 바로 이전 상태의 값에만 의존한다는 이산 추계 모델.

마르크스주의Marxism 마르크스가 엥겔스의 협력으로 만들어 낸 사상과 이론의 체계.

레닌에 따르면 마르크스의 사상과 학설의 체계인 마르크스주의는 19세기의 3가지 정신적 주조(主潮), 즉 독일의 고전철학, 영국의 고전경제학 및 프랑스의 혁명적 학설과 결합된 프랑스 사회주의를 원천 또는 구성부분으로 하고 있다고 한다. 즉, 마르크스주의 체계는 G. W. F. 헤겔, L. 포이어바흐 등 19세기 독일의 고전철학에서 변증법과 유물론을, 또 영국의 고전경제학 중에서도 특히 D. 리카도의 경제학으로부터 노동가치설을, 그리고 프랑스의 사회주의자들로부터 사회주의 사상을 비판적으로 계승, 발전, 통일시킴으로써 형성되었다.

소련의 「철학교정(哲學敎程)」에 따르면 마르크스의 철학적 유물론과 변증법적 유물론은 그의 학설의 모든 구성부분을 꿰뚫고 있다는 것이며, 레닌은 경제학 전체를 근본으로부터 개조하는 일, 즉 역사, 철학, 자연과학, 노동계급의 정책과 전술 등에 유물론적 변증법을 적용하는 일이 마르크스와 엥겔스의 가장 큰 관심사였다고 하였다. 즉, 마르크스는 철학에 관한 책은 따로 쓰지 않았으나, 자연과 사회 안에 있는 모든 것은 끊임없이 운동·변화한다는 변증법적 견해를 인간사회에 적용함으로써 인간사회의 역사적 발전에 관한 일반적 법칙을 설명하는 유물사관(唯物史觀)을 정립한 다음 공산주의에 관한 자신의 주장을, 공상적 사회주의자들이 도덕적 감정을 근거로 삼았던 것과는 달리, 경제학을 통하여 자본주의적 생산양식의 필연적 붕괴 위에 건설하려 하였다. 그러므로 마르크스는 노동가치설을 설명원리로 삼고 잉여가치론(剩餘價値論)을 분석 장치로 삼아 자본주의의 경제적 운동법칙을 밝힘으로써 필연적 멸망을 증명하는 데에 반생을 바쳤다.

그러나 마르크스가 혁명가가 된 것은 자본주의에 대한 경제학적 연구의 결과가 아니다. 그가 혁명을 믿고 주장하게 된 것은 이미 1843~1844년이고, 이 혁명을 이론적으로 뒷받침하기 위하여 경제학 연구를 시작한 것이다. 엥겔스에 따르면 사적 유물론과 잉여가치론은 마르크스가 발견한 것이며, 이의 발견으로 마르크스의 사회주의는 하나의 과학이 되었다고 주장하는 한편, 마르크스의 과학적 사회주의에 대비하여 이전의 R. 오언, F. M. C. 푸리에, 생시몽 등의 사회주의를 공상적 사회주의라고 비판하였다. 이 같은 이론체계에 입각하여 마르크스는 노동자 계급이야말로 혁명의 유일한 주체세력이라고 믿었으며, 이 계급의 계급투쟁으로 폭력에 의한 혁명을 일으킴으로써 계급이 없는 이상사회를 건설할 수 있다고 주장하였다. 마르크스주의는 그의 사후 K. 카우츠키에 의한 사회민주주의와 레닌에 의한 마르크스-레닌주의로 갈라져 마르크스-레닌주의는 1956년 소련공산당 제20차 대회의 수정과 그에 이은 유러커뮤니즘의 강력한 비판으로 결정적 시련에 봉착하였다. 사회민주주의는 1951년 7월 프랑크푸르트 선언을 계기로 새로 등장한 민주사회주의(民主社會主義)에 의하여 전면적으로 대치(代置)되었다. 따라서 지난 1세기 이상을 두고 사회사상, 정치사상, 혁명사상에 커다란 영향을 끼쳐온 마르크스주의는 이제 하향 길에 접어들고 있다.

마찰실업frictional unemployment 노동수급의 일시적 부조화에 따른 실업. 산업구조의 변화에 따라 노동수요의 방향이 바뀌어도 노동자가 그와 동시에 이동할 수 없기 때문에 또는 노동수요의 단속성이나 특징 생산재의 부족 등으로 인해 일시적으로 생기는 실업을 말한다. 마찰적 실업은 노동시장의 수요와 공급 과정에서 근로자의 자발적 선택에 의해 일시적으로 나타나는 실업이므로 자발적 실업이라고 할 수 있다. 케인스는 현행의 임금으로 일할 의사가 있으나 직장에 임할 수 없는 상태의 실업이 발생한다는 것을 밝히고, 이를 비자발적 실업이라고 하였다.

막연한 불안free-floating anxiety 특정한 위협, 상황 혹은 이념에 국한되지 않고 널리 퍼진 긴장.

만성chronic 장기간 발전되어 왔고 지속되어 온 문제, 비정상 행위, 의학적 상태를 보유한 것. 많은 원조전문가는 어떤 문제가 6개월 이상 지속될 때 만성이라고 하고 6개월을 넘지 않을 경우 급성이라고 생각한다.

만족도satisficing 인간의 만족의식에 관한 사회조사의 하나로 생활이나 일종의 만족감을 일정 척도에 의해서 측정하려는 것. 예를 들면 수입만족도, 주거만족도, 생활환경만족도 등 여러 가지 항목을 제작

ㅁ

할 수 있다.

망상delusion 병적으로 생긴 잘못된 판단이나 확신. 말하자면 사고(思考)의 이상 현상이라고 할 수 있다. 사고는 사로(思路) 즉, 사고형식 및 내용으로 일단은 구별할 수 있으며, 망상은 사고내용의 이상을 말한다. 내용은 첫째, 비합리·비현실적이라는 점이 특색이고, 둘째, 감정으로 뒷받침되어 움직일 수 없는 주관적 확신을 가지고 고집하는 점이다. 따라서 첫째와 둘째의 특색을 가지면서 망상과 마찬가지로 비합리성에 관한 내부적 비판과 고뇌를 나타내는 강박관념과는 내부적 비판과 고뇌가 없다는 점에서 구별된다.
또한 잘못된 사고내용은 어떠한 합리적 논거로 설득하여도 앞서 말한 특색을 수정할 수 없다는 점에서 미신이나 논리적 착오로 인한 잘못된 관념과도 구별된다. 망상은 학자에 따라 여러 가지로 분류된다.
독일의 정신의학자 H. 그룰레나 야스퍼스와 같이 아무런 근거도 없는 관계부여에 의한 이해불능과 전도불능(轉導不能)인 기질적(器質的) 원인에 의한 망상(예: 정신분열의 원초적·근원적 망상), 환각과 같은 이상체험을 설명하기 위해 형성된 망상(예: 자기의 행동을 비난하는 환청을 설명하기 위해 텔레비전으로 끊임없이 감시받고 있다고 하는 것과 같은 피해망상) 및 병적 감정으로 인한 망상(예: 노인의 질투망상, 억울병자의 심기망상이나 미소망상 등)으로 나누고, 전자를 진성망상(眞性妄想), 후자의 두 경우를 망상적 관념이라고 하는 경우가 많다. 원초적 망상이 있으며, 이에 근거를 부여하기 위해 새로 생기는 망상을 제2차 망상이라고 할 때도 있다. 또한 동기가 불명확하다고 하는 망상의 형성이 과연 전혀 이해할 수 없는 것인지에 관해서는, 프로이트의 정신분석에서 발전한 역동정신의학(力動精神醫學)의 학자들은 부정적이나, 그렇다고 해서 그것이 이론의 여지가 없는 정설은 아니다. 망상에는 또한 그 내용에 따라 빙의망상(憑依妄想: 신이나 동물이 자기 몸에 실렸다고 믿는 망상)과 과대망상 또는 피해망상, 추적망상(追跡妄想) 등 여러 가지가 있다.

맞벌이 부부 아동latchkey child 학교에서 집으로 돌아와도 부모가 직장에서 근무 중이기 때문에 보호를 받지 못하고, 낮 시간의 일부를 혼자 보내야 하는 아이.

매개변수selling variable 두 개 이상의 변수 사이에서 함수 관계를 정하기 위하여 쓰이는 또 다른 하나의 변수.

매 맞는 배우자battered spouse 배우자에게서 육체적으로 상해를 당한 남편이나 아내. 구타는 육체적인 폭력 형태를 취하는 배우자 학대(spouse abuse)이다.

매 맞는 아동battered child 육체적으로 학대를 받거나 상해를 겪는 아동. 아동은 대부분 부모나 성인 보호제공자(caregiver, 나이 많은 형제나 자매)로부터 폭력을 당해 상해를 입으며, 이러한 일은 통제되지 않은 분노상태에서 고의적으로 혹은 충동적으로 일어난다.

매슬로우 이론 Maslowron 인간의 욕구는 타고난 것이며 욕구를 강도와 중요성에 따라 5단계로 분류한 아브라함 매슬로우(Abraham H. Maslow)의 이론이다. 하위단계에서 상위단계로 계층적으로 배열되어 하위단계의 욕구가 충족되어야 그 다음 단계의 욕구가 발생한다. 욕구는 행동을 일으키는 동기요인이며, 인간의 욕구는 낮은 단계에서부터 충족도에 따라 높은 단계로 성장해 간다. 이것이 욕구 5단계설이다. 1단계 욕구는 생리적 욕구로, 먹고, 자는 등 최하위 단계의 욕구이다. 2단계 욕구는 안전에 대한 욕구로, 추위, 질병, 위험 등으로부터 자신을 보호하려는 욕구이다. 3단계 욕구는 애정과 소속에 대한 욕구로, 어떤 단체에 소속되어 애정을 주고받는 욕구이다. 4단계 욕구는 자기존중의 욕구로, 소속단체의 구성원으로 명예나 권력을 누리려는 욕구이다. 5단계 욕구는 자아실현의 욕구로, 자신의 재능과 잠재력을 발휘해 자기가 이룰 수 있는 모든 것을 성취하려는 최고 수준의 욕구이다.

매춘prostitution 매춘 또는 성매매란 돈을 매개로 성을 사고파는 행위를 일컫는다. 매춘을 합법적으로 인정하는 나라도 있으나 대다수 국가에서 불법이다.

메디컬케어medical care 도수치료, 연부조직, 척추재활, 물리치료 등을 메디컬케어라 한다.

메타메시지metamessage 말로 표현한 진술에 대해 설명하는 인간의 의사소통. 예를 들어, 클라이언트가 "나는 화가 안 났어!"(일차적 진술) 하고 말은 하지만, 주먹을 치는 행동(메타메시지)을 들 수 있다. 메타메시지는 언어적이거나 비언어적일 수 있고, 의식적이거나 무의식적일 수 있고, 일차적 진술과 일치하거나 모순이 될 수 있다.

메타분석meta-analysis 수년간에 걸쳐 축적된 연구 논문들을 요약하고 분석하는 방법. 특히 상반되는 결과를 제시하는 수많은 연구들이 계속 누적되어 갈 때 이 논문들을 객관적으로 평가하고 종합하는 모든 작업을 해낼 수 있는 통계적 방법이다.

면접interview 보통 구체적이고 미리 결정된 목적을 위해 사람들 사이에 의사소통이 일어나는 만남. 사회복지사와 클라이언트 사이의 면접의 가장 전형적인 목적은 어떤 문제를 해결하는 것이다. 면접, 대담, 회견 등을 뜻한다. 넓은 의미로는 조사, 진단, 시험, 취재 등의 목적으로 특정한 개인·집단과 대면하여 필요한 정보를 수집하는 것을 말한다. 특히 조사기술로서의 면접법은 자발적으로 의견을 말하게 하는 식의 임상적 연구에서 행해지는 비지시적 면접(nondirective interview)과, 질문지나 테스트지 등을 이용하여 행하는 지시적 면접(directive interview)으로 구별된다.

명목적 측정name purpose measurement 일정한 양을 기준으로 같은 종류의 다른 양의 크기를 잼. 기계나 장치를 사용하여 재기도 한다. 예를 들면 무게 측정, 음주 측정, 신도 측정 등이 있다

모방modeling 모방은 다른 사람이 행동하는 것을 보고 들으면서 행동을 따라서 하는 것이다(Bandura, 1969: 118~120). 흔히 공격적인 행동, 이타적 행동, 불쾌감을 주는 행동이 관찰을 통해 학습된다. 반두라의 실험적 연구에 따르면 아동은 위대하다고 생각하는 사람의 행동을 위대하다고 생각하지 않는 사람의 행동보다 더 잘 모방하고, 자기와 동성인 모델의 행동을 이성인 모델의 행동보다 더 잘 모방하며, 돈, 명성, 높은 사회경제적 지위 등을 지닌 모델을 더 잘 모방하고, 벌을 받은 모델을 거의 모방하지 않으며, 연령이나 지위에서 자기와 비슷한 모델을 상이한 모델보다 더 잘 모방한다.

모자복지법the Mother's Welfare Act 모자가정(母子家庭)이 건강하고 문화적인 생활을 영위할 수 있게 함으로써 모자가정의 생활안정과 복지증

진에 기여(寄與)함을 목적으로 제정된 법률(1989. 4. 1. 법률 제4121호). 국가와 지방자치단체는 모자가정의 복지를 증진할 책임을 진다. 한편 모든 국민은 모자가정의 복지증진에 협력하여야 할 의무가 있다(제2조).
이 법에서 모자가정이라 함은 모(母)가 세대주인 가정을 말하는 것으로서 세대주가 아니더라도 세대원을 사실상 부양하는 자를 포함하는 개념이다. 이 법에 의한 보호대상자는 보건복지부령이 정하는 자로 한다. 이 법의 보호대상자는 시장, 군수, 구청장이 매년 1회 이상 관할구역 안의 보호대상자를 조사하도록 되어 있으며, 이에 따라 보호대상자를 조사한 때는 조사결과를 시·도지사에게 보고해야 한다. 시·도지사가 보고를 받으면 이를 보건복지부장관에게 보고해야 한다. 한편 당해 보호기관은 보호대상자와 피보호자의 실태에 관한 대장을 작성 비치하여야 한다.
기타의 사항에 관해서는 보건복지부령이 정한다. 총칙을 비롯, 복지의 내용과 실시, 모자복지시설, 비용, 보칙 등 5장으로 나뉜 전문 31조와 부칙으로 되어 있다.

모자원maternity homes 미혼모들을 위한 임시 거주시설로, 미혼모들의 임신기간 동안 상담서비스, 사회서비스, 건강보호서비스, 교육서비스를 제공하고, 임신부에게 피난처를 제공하는 일시 거주시설. 일부 모자원 직원은 입양(adoption), 낙태(abortion), 지역사회로의 재통합, 재정원조가 용이하도록 돕는다.

목적세earmarked taxes 목적세는 일반세와 달리 지출용도를 정해 놓은 세금(special purpose tax)이다. 일반세가 다른 정책목적과 경합되어 재원의 안정성은 떨어지지만 일반적으로 증액할 수 있고, 또 신축성도 있다는 장점이 있다면, 목적세는 사용목적이 정해져 있어 다른 정책 부문과 경합되지 않기 때문에 재원으로서의 안정성이 있다는 장점이 있다. 이처럼 목적세는 가장 안정된 세원이기 때문에 중앙정부나 지방 정주가 선호한다.

목표설정goal-setting 정책을 통하여 달성하려는 미래의 바람직한 상태를 정책형성 과정에서 미리 설정하는 일. 정책목표의 설정은 정책결정 과정에서 정책의제(policy agenda) 채택 다음 단계이다.
정책목표를 설정하려면 무엇을 정책문제의 핵심으로 볼 것인지를 확정하여야 한다. 그러나 정책문제는 여러 요소를 지니고 있어, 어느 요소에 초점을 둘 것인가는 정책결정자의 주관적 시각에 달려 있다. 왜냐하면 사람마다 가치관이나 신념, 이해관계를 제각기 달리하고 있기 때문이다. 예컨대 '교통의 원활화'라는 문제가 정책의제로 채택되면 그것을 해결하기 위해 정책목표를 설정하여야 하는데, 초점을 도로의 건설에 둘 것인가 지하철의 건설에 둘 것인가, 아니면 자동차 운행의 제한(예: 10부제 등)에 둘 것인가 하는 효과적 문제에 대해서는 사람마다 보는 관점이 다를 수 있는 것과 같다.
그런데 정책목표는 대부분의 경우에 목표가 되는 동시에 다른 목표의 수단이 되기도 하고, 또 목표와 목표가 서로 상반된 관계에 있기도 하다. 따라서 목표를 설정할 때는 다른 목표와 조화를 이룰 수 있도록 하는 것이 중요하다. 예를 들어, 도로 건설이라는 정책목표를 설정하였다면 목표는 산업발전이라는 목표의 수단이 되기도 하고, 한편 환경보존이라는 목표와 상치(相馳)될 수도 있기 때문이다.

ㅁ

무규범(아노미)anomie 무법, 무질서의 상태를 뜻하는 그리스어에서 유래된 아노미는 프랑스의 사회학자 뒤르켐(Durkheim)의 『사회분업론』과 『자살론』에서 '행위를 규제하는 사회 공통의 가치나 도덕적 규범이 상실된 혼돈 상태'를 뜻하는 개념으로 사용한 용어로 급격한 사회 변동의 과정에서 종래의 규범이 흔들리고 새로운 규범 체제가 확립되지 않아서 규범이 혼란한 상태 또는 규범이 없는 상태를 말한다. 뒤르켐에 의하면 사회적 분업의 발달은 사회의 유기적 연대를 강화하지만 이상상태에 빠지면 사회의 전체적 의존관계가 교란되어 통제받지 못하는 분업이 사회적 아노미 상황의 원인이 된다고 한다.

무능력disability 활동을 이행할 수 없는 무능력. 통상적으로 신체적, 정신적 상태나 평생, 무기한 또는 특별기간 동안 지속되거나 지속이 예상되는 질병에 기인하는 장애이다.

무단결석truancy 자신의 임무 수행에 태만한 것. 특히 이 용어는 허락 없이 학교수업에 결석하는 어린이에게 사용한다.

무료급식소soup kitchen 민간 자선조직이나 종교조직이 운영하는 시설로서 빈민에게 최소의 요금 또는 무료로 음식을 제공하는 곳.

무의식unconscious 일반적으로 각성되지 않은 심적 상태, 즉 자신의 행위에 대하여 자각이 없는 상태. 지각작용과 기억작용이 없는 이른바 무의적인 의식장애의 현상 또는 상태를 말한다. 의식할 수 있는 한계를 의식역이라고 한다면, 무의식이란 곧 그 역 밑의 전반적인 심적 현상을 가리키는 것이라고 할 수 있다.

무의탁노인senior citizen who does not have 1980년대 중반까지 우리나라의 사회복지사업은 주로 시설보호에 중점을 두었으며 재가복지사업에 대해서는 관심이 없었다. 그러다가 1987년에 한국노인복지회가 최초로 가정봉사원 파견사업을 시범적으로 실시함으로써 재가복지사업이 시작되었다. 그 후 1989년에 서울시립 노인종합복지관 2곳에서 무의탁노인을 위한 가정봉사원 파견사업을 하였다. 또한 같은 해에 「노인복지법」의 개정으로 가정봉사원 파견사업이 노인복지사업으로 규정되어 정부에서 보조금을 지원받을 수 있는 근거를 마련하면서 점차 확대되기 시작하였다. 그리고 1993년에는 「노인복지법」 개정으로 재가노인복지사업이 가정봉사원 파견사업, 주간보호(day care) 사업, 단기보호(short stay) 사업으로 확대·분류되면서 노인복지사업의 핵심 사업으로 발전하였다. 주간보호사업은 1992년 서울에서 처음 시범사업이 3개소에서 시작된 이래, 1994년부터 전국적으로 확대되었다. 단기보호사업은 1992년 대구, 인천 등에서 시작되었다. 한편 가정방문간호사업은 1970년대부터 일부 병원에서 시범적으로 실시된 적이 있었지만, 본격적으로 시작한 것은 1991년부터이다. 처음에는 서울의 5개 보건소에서 지역의료사업의 일환으로 간호사가 대상자의 가정을 직접 찾아가는 방문간호서비스를 시작하였으며, 1993년도부터 전국적으로 확대되었다.

문맹illiteracy 일상생활에 필요한 문장을 읽거나 쓰지 못하는 상태.

문제중심기록problem-oriented record 병원 또는 정신보건 세팅(setting)에서 여러 전문직이 함께 일할 때 광범위하게 사용되는 비교적 최신 형태의 기록이다. 이 방식은 원래 병원에서 의료기록을 표준화하고 수행 정도를 검토하기 위하여 개발된 것으로 단순히 기록 차원을 넘어서 문제해결에 도움이 되도록 만들어졌다.
문제중심기록은 현재 제시되고 있는 문제를 중심으로 구성되며, 문제 영역을 규명하고, 사정하고, 각 문제에 대하여 무엇을 할 것인지에 대한 계획을 기록하는 것이다. 이 방식은 특히 다른 여러 전문직이 하나의 사례에 대해 함께 일하는 세팅에서 효과적이다. 왜냐하면 이러한 세팅에서 기록의 주요 목표는 문서화뿐만 아니라 정보교환이 목표이기 때문이다. 문제중심기록은 사회복지사나 모든 실무자들이 하나의 기록부에 같은 형태로 기록하므로 각각의 팀 구성원이 규명된 문제에 대하여 무슨 일을 하는지 한눈에 볼 수 있다.

- S(subjective information): 주관적 정보. 클라이언트가 지각하는 문제, 자신의 상황과 문제에 대해 어떻게 생각하고 느끼고 있는지에 대한 주관적인 정보를 기술한다.
- O(objective information): 객관적 정보. 클라이언트의 행동이나 외모에 대한 사회복지사의 관찰과 사실적 자료와 같은 객관적 정보를 기술한다(클라이언트의 주거 상태, 경제적 상태, 건강 상태 등).
- A(assessment): 사정. 주관적 정보. 객관적 정보에 기초하여 평가, 견해, 해석, 분석을 기술한다. 사회복지사의 관찰 및 사실적 정보의 의미를 사정하고 분석한 견해를 기술하는 것이다.
- P(plan): 계획, 위주 주관적 정보, 객관적 정보 사정을 기반으로 하여서 확인된 문제에 대하여 무엇을 할 것인지에 대한 계획을 기술한다.

문제해결모델problem solving model 인간의 생활은 문제해결과정이라는 시점에서 사회사업실천을 전개해 나가기 위한 모델로 발전해 왔다. 이 모델의 체계화 작업에 가장 공헌한 펄만은 듀이(J. Dewey)의 견해를 토대로 자아심리학을 도입해 특히 동기부여–능력–기회라는 틀을 중심으로 구성한 특색을 갖고 있지만 최근에는 체계이론을 토대로 재체계화가 이루어지고 있다.

문화적 박탈cultural deprivation 새로운 사회적 상황에 효과적으로 대처하기 위해 필요한 특정한 사회화 경험이 결여된 상태. 문화적으로 박탈당한 사람은 관련된 환경에 대처하는 데 필요한 사회적 기술, 가치, 동기가 대부분 결여되어 있다.

문화적 상대주의cultural relativism 특정한 규범이나 의식은 개별 문화권의 목표, 사회적 역사 및 환경의 요구라는 맥락에서만 정확하게 이해될 수 있다는 시각.

문화지체cultural lag 급속히 발전하는 물실문화와 비교적 완만하게 변하는 비물질문화 간에 변동속도의 차이에서 생겨나는 사회적 부조화. 미국의 사회학자 W. F. 오그번이 『사회변동론(社會變動論)』에서 주장한 이론이다.

한 사회의 문화는 물질적인 것과 비물질적인 것을 모두 포함하고 있다. 문화변동의 속도와 관련해서 본다면 이 2가지 영역이 밀접한 관계를 유지하면서 함께 변하는 것이 가장 이상적이나, 실제로는 물질적인 영역에서의 변화가 앞서기 때문에 정치, 경제, 종교, 윤리, 행동양식 등 이와 관련된 여러 가지 제도나 가치관의 변화가 이를 따르지 못하는 경우가 많다. 이처럼 비물질문화가 물질문화의 변동 속도를 따라가지 못할 때 심각한 사회적 부조화 현상이 야기된다. 예를 들면, 현대의 도시문명은 과학 기술의 발달에 기초하고 있다. 그러나 그 속에서 살고 있는 사람들의 의식은 여전히 전통적인 농경생활 수준에 머물러 있다면 심각한 사회적 부조화 현상이 일어날 것이다. 또한, 차량의 수와 에너지의 소비량이 기하급수적으로 증가하지만, 다른 한편으로는 교통질서에 대한 의식이 약하고, 환경오염에 대한 경각심이 부족하며 생태계 보전을 위한 노력이 결여된 소비문화가 여전히 도시 사람들의 의식을 지배하는 등 전통사회 의식 수준에 머물러 있다면 이런 문화 지체현상과 함께 도시는 정상적으로 기능하기 어렵다.

문화충격culture shock 다른 문화권이나 하위문화 집단에 들어가 기대되는 역할과 규범을 잘 모를 때 겪게 되는 혼란, 우울 및 불안의 경험.

물리치료physical therapy 물리치료란 열이나 얼음, 공기, 광선, 전기, 전자기파, 초음파, 기계적인 힘, 중력 등을 이용하여 통증을 완화시키거나 조직의 치유를 촉진시키고, 신체의 움직임을 향상시키는 등 특정한 목적의 치료 효과를 얻고자 하는 시술.

물질 유도성 장애substance-induced disorder 과도한 지속적인 물질복용으로 인해 파생된 부적응적인 행동변화.

- 물질중독: 물질복용으로 인해 일시적으로 나타나는 부적응적 증상군
- 물질금단: 물질복용을 중단함으로써 나타나는 증상군
- 물질복용으로 생겨나는 다양한 정신장애(정신증, 기분장애, 불안장애, 성기능장애, 수면장애)
- 물질관련장애를 유발하는 물질에 따라 유목분류: 알코올, 암페타민, 카페인, 칸나비스, 코카인, 환각제, 흡입제, 니코틴, 아편, 펜

사이클리딘, 기타 물질(진정제, 최면제, 항불안제 등)

미술치료art therapy 심리치료의 일종으로 미술 활동을 통해 감정이나 내면세계를 표현하고 기분의 이완과 감정적 스트레스를 완화시키는 방법이다. 말로써 표현하기 어려운 느낌, 생각들을 미술 활동을 통해 표현하여 안도감과 감정의 정화를 경험하게 하고 내면의 마음을 돌아볼 수 있도록 하며 자아 성장을 촉진시키는 치료법이다.
미술치료는 미술과 심리학의 결합이다. 특히 말로써 감정이나 경험을 표현하기 어려워하는 아동은 미술이라는 방법으로 정서를 표현할 수 있다. 심리적 충격을 안겨주는 사건을 경험한 아동에게 큰 도움이 될 수 있다. 고통스러운 일을 겪은 아이들은 그림을 그리거나 만들기를 통해 심리적인 안정을 얻을 뿐만 아니라 자신이 경험한 것에 대해 더 자세히 전달하고 정리할 수 있다. 학대를 받거나 폭력적인 사건을 경험했을 때 말하는 것 자체가 공포나 불안을 일으킬 수 있는데 미술은 그러한 아동의 불안을 감소시키면서 감정을 표현할 수 있게 한다. 미술치료는 우울증이나 외상 후 스트레스 증후군, 불안, 적응의 어려움을 경험하는 아동의 심리치료에 유익하다.
또한 미술치료는 아동뿐만 아니라 성인, 노인에서도 유용하게 사용될 수 있다. 말로써 자신의 어려움을 표현하는 것을 어려워하거나 꺼릴 경우 미술 활동은 어른에게서도 유용한 매개체가 될 수 있다. 단지 아동은 발달학적으로 미숙한 부분이 있으므로 이를 고려한 미술 활동이 진행되어야 한다. 어른과 아동에서 미술치료의 근본적인 차이점은 없다고 할 수 있다. 나라마다 다르지만 미국이나 유럽에서 미술치료의 역사는 50여 년이 넘는다. 우리나라의 경우는 정신과에서 환자들을 대상으로 미술 활동을 시도하였으나 본격적으로 알려지고 치료 현장에서 이용된 것은 1990년대 이후이다. 현재 미술치료는 아동의 경우 놀이치료, 음악치료와 더불어 가장 흔하게 사용되고 있는 심리치료로 인식되고 있다. 1992년 한국미술치료학회가 설립된 이후로 여러 대학원 등에서 미술치료를 전문적으로 강의하고 미술 치료사 양성 과정이 만들어져 있으며 양적, 질적으로 다양한 학문적 연구가 병행되고 있다. 이후 한국 표현예술 심리치료 협회와 한국 예술치료 학회 등도 창립되어 미술치료의 학술적 발전에 기여하고 있다.

민영화 모형privatization model 국가 및 공공단체가 특정기업에 대해 갖는 법적 소유권을 주식매각 등의 방법을 통해 민간부문으로 이전하는 것을 말한다. 넓은 의미에 있어서는 외부계약, 민간의 사회간접자본시설 공급, 공공서비스사업에 대한 민간참여 허용 등을 모두 포함하나, 일반적으로는 외부계약 등과 구분하여 좁은 의미로 사용되고 있다.

민족ethnic group 일정한 지역에서 오랜 세월 동안 공동생활을 하면서 언어, 관습, 역사, 문화, 인종, 종교를 공유하며 형성된 사회 집단. 인종이나 국가 단위인 국민과 반드시 일치하는 것은 아니다.

민족성ethnicity 문화적 상호작용의 결과로서, 어떤 민족이 생성 발전하는 과정 중에 그 민족에게 고유한 특징으로 나타나는 것.

민주주의democracy 국가의 주권이 국민에게 있고 국민을 위하여 정치를 행하는 제도, 또는 그러한 정치를 지향하는 사상.

귀족제나 군주제 또는 독재체제에 대응하는 의미이다. 민주주의라는 말은 그리스어(語)의 'demokratia'에 근원을 두고 있는데, 'demo(국민)'

와 'kratos(지배)'의 두 낱말이 합쳐친 것으로서 '국민의 지배'를 의미한다. '국민의 지배'라는 민주주의는 여러 갈래로 해석되어 왔다.

초기 그리스에서는 시민권을 가진 남자들의 다수결 원칙 아래 정치적 결정에 직접 권한을 행사하는 정부형태를 의미하였다. 이 제도를 '직접 민주주의'라 한다. 한편, 국민 개개인이 직접 정치결정과정에 참여하지는 않고 국민이 선출한 대표들을 통하여 정치결정 권한을 대리하게 하는 방식도 있다. 이것을 '대의(代議)민주주의'라 한다. 또 정부의 형태가 민주주의든 아니든 간에 사회적·경제적 평등에만 관심을 기울이는 민주주의도 있다. 불평등한 개인의 소유재산을 평등하게 조정한다는 것으로서 '사회적 민주주의' 또는 '경제적 민주주의'라고도 한다. 이와 같이 민주주의의 해석에는 여러 갈래가 있을 수 있으나 기본원칙에는 변화가 없다.

민주주의의 필수 요건은 대략 여섯 가지로 나눌 수 있다. 첫째, 국민은 1인 1표의 보통선거권을 통하여 절대권한을 행사할 수 있어야 한다. 둘째, 적어도 2개 이상의 정당들이 선거에서 정치강령과 후보들을 내세울 수 있어야 한다. 셋째, 국가는 모든 구성원의 민권(民權)을 보장하여야 하는데, 이 민권에는 출판, 결사, 언론의 자유가 포함되며 적법절차 없이 국민을 체포·구금할 수 없다. 넷째, 정부의 시책은 국민의 복리증진을 위한 것이어야 한다. 다섯째, 국가는 효율적인 지도력과 책임 있는 비판을 보장하여야 한다. 정부의 관리들은 계속적으로 의회와 언론에서 반대의견을 들을 수 있어야 하고, 모든 시민은 독립된 사법제도의 보호를 받아야 한다. 여섯째, 정권교체는 평화적 방법으로 이루어져야 한다.

밀입국자undocumented alien 밀입국자는 아무런 허가 없이 어떤 나라에 몰래 입국하는 사람을 지칭하는 말이다. 대한민국 법률의 정의에 따르면 「출입국관리법」 제12조 제1항 또는 제2항을 위반하여 입국심사를 받지 아니하고 입국한 사람이다.

종종 밀입국과 불법체류를 혼동하기도 하는데, 밀입국자가 합법적인 절차를 회피하여 입국한 사람이라면, 불법체류자는 합법적인 절차를 통해 입국한 후 체류 허가 기간을 넘겨 체류하거나 허가된 목적 외의 행위를 하는 외국인을 말한다. 그래서 자국민이 불법체류자가 되는 것은 불가능하지만 밀입국자가 되는 것은 이론적으로 가능하다. 불법체류는 위법행위를 하지 않은 조건하에 불가항력적인 상황(예: 심각한 부상을 입고 입원치료, 혹은 비행기의 지연)에 처해서 체류기한을 넘겼다면 사면 혹은 처벌 수위를 조정받을 여지가 있지만, 밀입국은 그 자체로 심각한 범죄행위기 때문에 망명이 아닌 이상 불법체류보다 엄하게 처벌한다.

바빈스키반사Vavinsky reflection 신생아의 발바닥을 간질이면 엄지발가락을 구부리는 반면, 다른 네 발가락은 부챗살처럼 피는 반사행동, 영아(嬰兒)의 원시 반사기능 중 하나로서 바빈스키가 발견한 반사행동이다. 신생아는 여러 형태의 선천적인 반사기능을 가지고 태어나는데, 이러한 반사기능은 다시 두 가지 유형으로 분류된다. 한 개체의 생존에 필수적이면서 지속적으로 유지되는 반사기능을 생존반사(survival reflex)라고 하며, 종 특유의 반사기능이지만 생존을 위해 필수적인 것이 아니라 생후 일정 기간이 경과하면 사라지는 반사기능을 원시반사(primitive reflex) 혹은 비생존 반사라고 한다.

원시반사에는 바빈스키반사 외에 모로반사(Moro reflex), 잡기반사(grasping reflex), 손바닥반사(palmar reflex), 걷기반사(stepping reflex) 등이 포함된다. 원시반사는 대부분 수개월 이내에 사라지는데, 이는 대뇌피질이 발달하면서 신생아의 반사운동이 점차 의식적이고 자발적인 반응행동으로 대체되기 때문이다.

바빈스키반사는 출생 직후에 나타나 생후 8개월에서 1년이 되면 사라지는데, 그 후에는 정상 성인처럼 발가락을 발바닥 쪽으로 굽힌다. 이들 세 가지 원시반사가 정상적으로 나타나고 사라지는 형태는 영아기

신경계 발달의 정상성을 가늠하는 중요한 지표이며, 인지발달의 정상성과도 관련된다. 바빈스키반사는 신생아의 척추 하부에 결함이 있으면 나타나지 않는다. 또한 중추신경계에 문제가 있는 경우 특정 반사가 사라져야 할 시기 이후에도 여전히 남아 있다.
아동이 지각하는 신체적 열등감과 보상심리가 후일 성격발달에 영향을 미친다고 주장한 아들러(Adler)의 주장을 수용한 초기 발달론자들은 인간발달의 신체적인 측면이 심리적인 변화의 구조적인 토대가 된다는 것을 인정하였다.

바우처voucher 정부가 특정 수혜자에게 교육, 주택, 의료 따위의 복지서비스 구매에 대하여 직접적으로 비용을 보조해 주기 위하여 지불을 보증하여 내놓은 전표.

바클레이 보고서 Barclay Report 1980년 영국 정부의 지원을 받아, 사회서비스를 제공하는 사회복지사들의 역할을 평가하고 서술한 연구보고서. 이 보고서에서는 상담, 사회계획, 지역사회망, 협상, 사회적 지지와의 관계를 증가시킬 것을 제안하였다.

박사과정doctoral programs 사회사업 교육에서 사회복지학 박사학위 Ph. D. 혹은 DSW를 위한 전문적, 이론적 교육훈련. 사회사업의 박사교육은 학생의 연구력, 지식배양기술 및 고급 실습능력의 발전을 강조하는 경향이 있다. DSW와 Ph. D. 학위는 동등하여 사실상 같은 자격을 지닌다. DSW는 증가된 전문적 실무능력을 추구하는 사람들을 위한 것이며 Ph. D.는 연구사업, 이론정립, 지식정립에 더 몰두하는 사람들을 위한 것이라고 때때로 잘못 믿어 왔다. 그러나 차이점은 자격이 다르기보다는 특별한 제도의 선호와 관계가 깊다.

박애주의philanthropy 인간의 인격·휴머니티를 존중하고, 각자 평등이라는 사상에 입각하여 인종, 종교, 습관, 국적 등을 초월한 인간애.

박탈deprivation 신체적, 사회적, 정서적 욕구를 실현, 충족하지 못하거나 불완전하게 충족된 상태.

반동 형성reaction formation 정신역학(psychodynamic) 이론에서 말하는 방어기제(defense mechanism)의 하나. 한 개인이 본래의 무의식적인 버릇과 정반대되는 방법이나 가치관으로 행동하거나 생각하는 것이다. 즉, 억압된 감정이나 욕구가 행동으로 나타나지 않도록, 그것과 정반대의 행동으로 바꾸어 놓을 수 있는 기제.

반두라 사회학습이론 Bandura social learning theory 사람의 행동은 다른 사람의 행동이나 주어진 상황을 관찰하고 모방하는 정신적 처리과정을 통해 학습된다는 이론.
사회학습은 '대리학습'(vicarious learning)이라고도 하는데, 사회학습이론은 개인의 행동은 행동이 학습된 배후조건을 고려할 때 가장 잘 이해할 수 있고, 이는 사람들이 다른 사람이나 어떤 사건을 통해 새로운 행동을 배울 수 있다는 가정을 하고 있다. 직접적인 강화나 벌이 없어도 단순히 다른 사람의 행동을 관찰함으로써 학습이 일어날 수 있다고 설명하며, 강화가 반드시 필요한 것은 아니라고 보았다.
반두라(Bandura, 1977)는 이것을 관찰학습(observational learning)으로 정의하고, 관찰학습에 모방의 범주까지 포함시켰다. 관찰학습에는 관찰한 모델의 행동을 모방하는 모방학습뿐 아니라, 어떤 상황을 관찰했지만 모방은 하지 않은 학습까지 포함된다. 따라서 사회학습이론에서는 밖으로 드러나는 인간의 외현적인 행동에만 초점을 맞추는 행동주의 강화학습이론과 달리, 학습을 하는 데 인간의 내면에서 일어나는 인지적 과정을 더 중요시한다.
관찰학습을 통해 형성된 정보는 자기효율성이라는 강화를 통해 필요성이 있을 때 행동으로 옮겨지는데, 효율적으로 관찰에서 행동에 이르기 위해서 다음과 같은 4가지 조건이 필요하다. 첫째는 집중(attention)이다. 관찰을 통한 학습이 이루어지기 위해서는 행동이나 상황이 관찰자의 주의를 끌어야 한다. 둘째는 파지(retention)다. 관찰을 통해 학습한 정보를 기억하는 것이다. 학습한 정보가 내적으로 보유·강화되기 위해서는 부호화, 심상, 인지적 조직화, 상징적 시연 등이 필요하다. 셋째는 재생(reproduction)이다. 저장된 기억을 재생하는 것으로, 학습한 내용과 관찰자의 행동이 일치하도록 자기 수정이 이루어진다. 넷째는 동기화(motivation)다. 학습한 내용대로 행동에 옮기기 전에 기대감을 갖게 만드는 과정이며, 동기화를 촉진하는 요인으로는 외적 강화, 대리강화, 자기강화 등이 있다. 이처럼 관찰학습을 중시하는 반두라의 사회학습이론은 대중매체 효과연구에도 많은 영향을 주었다. 특히 텔레비전 폭력물과 아동의 행동을 다룬 연구에 이론적 근거가 되었다.

반물량방식semi-finishing method 표준생계비의 산정방식으로 산정범위를 실제 계산이 쉽고 명확한 식생활 부분의 비용에만 전물량방식을 적용하고, 기타 비용은 실태 생계비를 조사하여 산출되는 엥겔지수를 적용하여 생계비를 계산하는 절충형의 방식이다. 이러한 이론 생계비는 절대적인 생계보장과 생활개선을 위하여 노동조합의 임금교섭과정에서 많이 사용하고 있으며 엥겔방식이라고도 한다.

반사작용reflex 어떤 자극에 대해 무의식적으로 반응하는 것.

반사행동respondent behavior 반응적 조건화(respondent conditioning) 원리에 따라 특정자극이나 물체(subject)에 의해 나타나는 행동.

반사회적 성격antisocial personality 충분히 사회화(socialization)되지 않은 행동, 패배를 허용하지 않는 태도. 실수를 통해 배우지 못하거나 다른 사람을 비난하는 경향, 다른 사람과 사회기관과의 잦은 갈등, 다른 사람에게 해를 끼치는 행동에 대해서 후회와 죄의식을 느끼지 못하는 태도와 무책임으로 특징지어지는 부적응 형태. 이것은 성격장애(personality disorders)보다 일반적인 유형이다. 이 용어는 일치하지는 않지만 정신병질적 인격(psychopathic personality), 정신병질적(psychopath), 반사회적 인물(sociopath)이라고도 한다.

반집합주의anti-collectivists 반집합주의자들의 기본적인 가치는 자유, 개인주의, 불평등이다. 이들이 말하는 자유는 타인으로부터 간섭 또는 강제 받지 않는 것으로서의 자유를 의미하고, 개인주의는 사회란 개인의 자발적 협동과 경쟁에 기초하여 형성되어야 하며, 국가의 역할은 최소 수준에 머물러야 한다는 것을 의미한다.

개인의 자발적 협동과 경쟁에 기초하여 형성된 사회는 기본적으로 자유시장이 지배하는 사회이며, 시장은 강제를 행사할 수 있는 존재가 아니기 때문에, 시장에서 발생하는 빈곤이나 불평등은 자연스럽고 바람직한 것이다. 이들은 사회정의라는 명분을 내세워 불평등을 완화하려는 시도가 오히려 개인의 자유를 침해하는 부당한 시도라고 주장한다. 따라서, 반집합주의자들은 사회적 최저 수준을 보장하기 위한 정부의 역할까지 부정하지는 않지만, 수준 이상을 보장하려는 시도에 대해서는 격렬한 반대 입장을 취한다. 이들은 사회가 기본적으로 자발적인 질서를 기초로 구성되어야 하며, 정부의 역할은 자발적 질서 유지를 위한 규칙을 만들고 이를 실행하는 규칙 제정자로서의 역할과 시장의 작동이 불완전한 경우 이를 보완하기 위한 공동자원의 관리자로서의 역할, 그리고 스스로의 힘으로 삶을 영위할 수 없는 사람들을 보호하는 가부장적 역할로만 제한되어야 한다고 주장한다.

발달단계developmental stages 인간발달의 연속선상에서 현저하게 구분되는 어떤 기준에 다다른 단계. 각 단계에 도달하기 전에는 나타나지 않았던 어떤 특징적인 행동이나 특성이 어떤 지점을 기준으로 하여 처음으로 나타나게 된다. 또한 하나의 단계는 새로운 단계로 들어가면서 끝나게 된다. 발달단계는 학자들에 따라 각각 다르게 구분되기도 한다.

발달장애developmental disorder 신체 및 정신이 해당하는 나이에 맞게 발달하지 않은 상태. 일반적으로 해당 연령의 정상 기대치보다 25% 뒤져 있는 경우를 말한다. 염색체 이상과 미숙아, 주산기 이상 등과 같은 생물학적 요인과 산모의 음주, 부모의 약물 중독, 부모와의 격리 등과 같은 환경적인 요인이 원인이 될 수 있다. 운동발달 지연과 언어발달 지연, 전체적 발달 지연 등으로 나눌 수 있는데, 뇌성 소아마비나 정신지체, 근육질환, 말초신경 및 신경근질환, 청력 소실, 자폐증, 뇌 기형, 염색체 이상, 자궁 내 감염, 주산기 이상, 진행성 뇌 병변 등이 나타날 수 있다.

발생률incidence rate 인구와 인구통계 보고서에서 특정한 시간 안에 동일한 인구집단에서 새롭게 나타나는 신체적·정신적 질병이나 범죄,

또는 사회적 문제의 여러 경우. 분포율.

발작성 장애seizure disorders 비정상적인 뇌파작용과 연관이 있는 질환으로서 간혹 상당히 고통스러운 신경증(psychomotor activity)을 동반하는 병.

방랑vagrancy 일정한 주거지나 직업 없이 여기저기 떠돌아다니는 것.

방면위원제도the area committee system 3.1 운동 이후 일제의 식민통치 정책 전환차원에서 사회사업의 필요성이 제기됨에 따라 도입된 것이 방면위원제도이다. 이 제도는 원래 독일의 엘버펠드 제도에 있는 민생위원제도를 본떠서 일본에서 1918년 방면위원으로 시행되다 한국에 1927년 경성부 방면위원규정에 의하여 한국 최초의 방면위원제도가 경성에 설치되었다. 이들의 역할은 빈민조사, 상담지도, 보호 및 규제, 보건구호, 알선 및 소개, 부업소개 등을 들 수 있으나 주목적은 빈민의 생활개선 혹은 생활향상에 있는 것이 아니라 사회질서 유지에 있었다.

방문교사 서비스visiting teacher service 학교사회사업(school social work) 전문가가 학생들과 가족에게 내인직 사회서비스를 제공하고 학교가 이들 가족의 특정한 욕구를 알 수 있도록 돕는 교육제도 내의 프로그램. 원래 이러한 서비스는 교육자들이 제공했으나 나중에는 전문적인 사회복지사가 많은 학교 지역에서 이러한 임무를 맡게 되었다.

방어기제defense mechanism 자아가 id의 충동적 출현으로 위험상황을 만들 것이라고 판단할 때, 위험신호로서 불안을 일으키므로 이를 해소하기 위한 방어 작용으로 나타나는 것. 방어기제로는 거부

(denial), 전치(displacement), 이상화(idealization), 대치(substitution), 보상(compensation), 과잉보상(overcompensation), 전환(conversion), 승화(sublimation), 반동 형성(reaction formation), 투사(projection), 합리화(rationalization), 지성화(intellectualization) 등이 있다.

방어행동defensiveness 잠재적 또는 실제적인 비난에 지나치게 민감한 것. 또한 비난 혹은 난처함을 피하려는 행동.

방임neglect 부양가족에 대한 법률적, 도덕적 임무나 의무를 다하는 데 실패한 경우를 말함. 그런 행위가 다른 사람에게 잠정적인 피해를 주었을 때, 법률적인 절차를 통해 그 사람을 처벌하거나 체형을 줄 수 있다.

배설장애elimination disorder 대소변을 가릴 충분한 연령이 되었음에도 불구하고 이를 가리지 못하고 옷이나 적절치 않은 장소에서 배설하는 것. 유뇨증(enuresis)은 5세 이상의 아동이 신체적인 이상이 없음에도 불구하고 옷이나 침구에 반복적으로 소변을 본다. 유분증(encorpresis)은 4세 이상의 아동이 대변을 적절치 않은 곳에 반복적으로 배설한다.

범불안장애generalized anxiety disorder 이유 없이 불안을 느끼거나 불안의 정도가 지나친 정신장애. 특정 상황에 국한되지 않고 긴장 상태가 지속되는 경우를 말한다. 뒷목이 당기듯이 아픈 긴장성 두통, 손 떨림, 발한, 어지러움, 타는 듯한 갈증, 상복부 통증, 소화불량 등의 신체적 증상이 함께 나타나는 경우가 많다.

범죄crime 사회적 의미로는 형벌을 받게 되는 행위. 법률적으로는 구성요건에 해당하는 위법·유책 행위.

법률law 주, 국가, 종족, 사회나 지역사회가 제정하고 인정하며, 구성원들을 결속시키는 규칙체계와 입법부의 결정.

법적 규제legal regulation 전문적 행위(professional conduct)와 같은 어떤 활동이 정부 규칙과 집행에 의해서 통제받는 것. 사회사업에서 법적 규제는 면허증 교부(licensing), 자격증(certification), 사회복지사 등기부(registration of social workers) 등을 통해서 나타난다. 각 경우에 국민은 관련 법적 권한, 즉 사회복지사는 명칭을 법이 필요로 하는 특성과 자격을 갖춤으로써 보장받게 된다.

법적 별거legal separation 법 집행에 의해서 이혼하지 않고 떨어져 살도록 하는 남편과 아내 사이의 동의.

베버리지 보고서 Beveridge Report 1941년 6월 당시의 사회적 서비스의 구조와 효율성을 조사하고 필요한 개혁을 실시하기 위해서 '사회보험 및 관련 사업에 관한 각 부처 연락위원회'가 의회의 만장일치로 구성, 베버리지(William Beveridge) 경이 위원장으로 임명되었다. 이 위원회는 기존의 사회보험과 복지 프로그램을 전면적으로 재검토하였으며, 이를 바탕으로 획기적인 개혁내용이 담긴 보고서를 1942년 11월에 발표하였다. 베버리지보고서는 궁핍, 질병, 무지, 불결, 나태를 사회문제로 규정하고 이를 해결하기 위해 사회보험 및 관련서비스의 필요성을 주장했다.

베이비붐 세대baby boom generation 제2차 세계대전이 끝난 후, 약 10년간 미국에서 태어난 남자와 여자. 인구 학자들은 일상적인 출산숫자

보다 더 많은 아기가 이 기간에 태어났으며, 이는 많은 사람들이 전쟁 기간에 아기를 갖는 것을 미뤘기 때문이라고 지적한다. 인구의 이러한 '팽창'은 베이비 붐 세대의 생활주기 이동에 따라 사회적, 경제적 계획에 많은 조정을 가할 필요를 낳았다. 이 집단이 2010~2020년이 되면 은퇴기에 접어드는데, 그로 인해 사회보장(social security) 체계가 매우 긴장될 것으로 예견된다.

변량variance 조사에서 사건의 분포 안에 있는 산포도의 수치. 통계학에서는 표준편차(standard deviation)의 각 제곱을, 사회행정에서는 예측된 예산(budgeted expectations)과 실제 결과와의 차이를, 도시개발에서는 지대 설정과 건축 규제로부터의 법적 면제를 말한다.

변량분석bivariate analysis 변량분석이란 명목척도로 측정된 독립변수와 등간 또는 비율척도로 측정된 종속변수 사이와 관계를 연구하는 통계기법이다.

변수variable 사람, 물건, 사건 등의 특성, 속성을 의미한다. 그러나 이러한 것들의 특성, 속성이 두 가지 이상의 가치(value)를 가질 때 우리는 이를 변수라 한다.

변수의 종류type of variable

- 독립변수: 원인이 되고 시간적으로 먼저 변하는 속성을 가진 변수.
- 종속변수: 결과가 되고 시간적으로 독립변수가 변한 후에 따라서 변하는 변수.
- 매개변수: 독립변수와 종속변수 간의 인과관계를 매개해 주는 역

할을 하는 변수. 독립변수는 매개변수를 통하여 종속변수에 간접적으로 영향을 미치게 된다.

- 외생변수: 독립변수와 종속변수 간에 인과관계가 있는 것처럼 보이지만, 실제로는 두 변수가 제3의 변수와 밀접한 관계를 갖고 있어 표면상으로만 그렇게 보이는 경우, 제3의 변수를 외생변수.
- 억압변수: 두 변수(X·Y)가 각각 제3의 변수(Z)와 상관되어 있어, 실제로는 두 변수(X·Y)가 관련이 있음에도, 관련이 없는 것처럼 보이는 관계를 가식적 영관계라고 한다. 이때 가식적 영관계의 원인이 되는 제3의 변수를 억압변수라고 하며, 제3의 변수는 어떤 식으로든 두 변수 간에 관계를 왜곡시키고 있으므로 왜곡변수라 불린다.
- 통제변수: 독립변수와 종속변수 간의 인과관계에 영향을 미칠 가능성이 있기 때문에 통제대상이 되는 제3의 변수를 말한다.

변화매개인change agent 개선을 목표로 하는 원조자 집단이나 전문 원조자 혹은 사회복지사를 말한다.

변화매개 체계change agent system 변화매개인은 도움을 주는 사람으로서 사회복지사를 의미한다. 사회복지기관은 기관 자체의 일반적인 서비스 초점을 개발하며, 기관의 결과목표는 기관의 정책으로 해석되기도 하는데 사회복지사에게 영향을 미친다. 사회복지사 자신도 그가 달성하고자 하는 특정한 결과목표를 가질 수 있으나 클라이언트의 목표에 우선해서는 안 된다.

병원사회사업hospital social work 병원 및 이와 유사한 보건센터에서 사회서비스를 제공하는 것. 대부분이 사회서비스나 사회사업 시설의 부서 안에서 행해진다. 제공되는 서비스는 계획수행과 정보 수집, 제공뿐만 아니라 예방, 재활, 사후활동 등이다. 다른 서비스는 재정적·사회적인 측면으로 환자를 원조하고, 환자와 그들 가족과 상담하는 것 등이다.

보건계획health planning 국민의 육체적, 정신적 건강보호 욕구를 충족시키고, 유용한 건강보호 자원을 가능한 한 효과적으로 이러한 목적에 활용하도록 보장하기 위한 합리적인 노력을 말한다. 보건계획은 정부기구, 민간 의료 연구기구 및 교육관련 기관 등이 관리하며, 치료 및 추적치료뿐만 아니라 예방 및 조기발견 활동 등을 포함하고 있다. 보건계획은 미래의 건강보호 요원 수요의 예측, 건강보호 비용의 조달과 조정, 의료시설의 위치, 치료방법 중 최상의 효과성과 비용효과성 등에 관한 의사결정을 포함하고 있으며, 적절한 하수처리, 대기의 질 및 영양식 공급과 같은 환경적인 사항도 포함한다.

보상compensation 바람직하지 않다고 간주되는 가상 혹은 실제의 성격을 개선하기 위해 노력하는 정신적 메커니즘. 자신의 약점을 보완하기 위하여 긍정적인 것이라고 생각되는 부분을 강화하여 약한 부분을 없애려는 정신적 시도.

보상교육compensatory education 교육의 기회균등을 위하여 사회적, 경제적, 문화적으로 혜택을 받지 못한 학생을 대상으로 실시하는 정책적 교육.

보석금bail 일정한 금액을 납입하게 하고 만약 도망이나 증거인멸 등의 사유가 생기면 전부 또는 일부를 몰수한다는 조건으로 구속 상태에 있는 피의자나 피고인을 석방하는 것을 보석이라고 한다.

보수주의conservatism 급격한 변화를 피하고 현 체제를 유지하려는 사상이나 태도. 진보주의에 대응하는 개념이다. 주로 이데올로기적인 근대 정치사상의 특정 조류를 가리킨다. 사회심리학적 의미에서 인간의 어떤 심리적 태도 또는 성향(性向)을 가리키기도 한다.
양자는 상호 밀접한 관련이 있지만, 명확히 구별되어야 한다. H. 세실은 인간의 특정적 심리태도를 의미하는 보수주의를 '자연적 보수주의'라 하여 그것을 소문자(小文字)로 썼고, 특정의 사상적 조류를 의미할 때는 '정치적 보수주의'라 하며 대문자(大文字)를 사용하였다.
K. 만하임도 심리적 보수주의를 '전통주의'라 하였으며, 사상적인 것을 '보수주의'라 불렀다. 실제로 정치적 진보주의자가 사생활 영역에서는 보수적 행동을 취한다거나, 정치적 보수주의자가 사생활 영역에서는 진보적 태도를 취하는 사람들을 볼 수 있다. 즉, 어떤 개인의 심리적 태도는 반드시 그의 정치적 이데올로기와 일치하는 것은 아니다.

보웬 가족치료모델 Bowen's family therapy model 보웬은 치료방법으로서가 아니라 치료의 근원으로서 가족에 전념하였으며, 치료기법보다는 이론에 더욱 관심을 두었으며, 1963년 그의 이론을 구성하는 6가지 개념을 완성하였다. 자아분화, 삼각관계, 핵가족의 정서과정, 가족투사과정, 다세대 전수과정, 형제 순위 등이다. 또한 1975년에 정서적 단절(emotional cutoff)과 사회적 정서과정(social emotional process)의 개념을 추가하였는데, 이러한 8개의 개념은 각각 독립된 것이 아니라 서로 맞물려 있는 개념이다.

보이코트boycott 특정 회사이나 서비스를 구입하거나 사용하지 않기 위한 협정의 보이코트, 즉 불매동맹이라 한다. 영국에서는 1880년에 특정 지주에 대한 소작인의 항의에 대한 수단으로 채용되었으나, 현재는 소매점에 대한 소비자운동의 항의수단으로서, 혹은 공정한 노사관계 수립 또는 특정기업에 대한 항의의 수단으로서 노동조합에서도 채용하고 있다.

보조금grants-in-aid 국가 또는 지방공공단체가 행정상의 목적을 달성하기 위하여 공공단체·경제단체 또는 개인에 대하여 교부하는 돈.

보충성complementarity 한 개인의 내부에서 2개 또는 그 이상의 역할들을 접합시키는 것. 또한 한 개인의 어떤 역할들이 관련된 다른 사람의 역할들과 접합되는 방식을 말한다. 예를 들어 사회복지사-클라이언트 역할들은 각각의 행위들이 조화를 이루기 때문에 대개 보충적이다.

보충성의 원리principle of replenishment 보충성의 원리란 급여대상자가 자신의 생활유지 및 향상을 위해 자산, 근로능력 및 그 밖의 모든 것을 활용하여 최대한 노력하는 것을 전제로 하고 그럼에도 불구하고 부족한 부분이 발생하였을 경우 이를 보충해주는 것을 말한다.

보편주의universalism 보편주의는 빈민, 장애인, 또는 특별한 욕구를 지닌 사람에게만 사회복지급여가 제공되는 데에서 벗어나 공통적인 사회적 요구가 모든 시민에게 발생한다는 전제하에 모든 시민에게 사회복지급여가 제공되어야 한다고 본다. 예를 들면, 질병으로 고통받는 사람에게는 건강보호의 욕구가 있고, 노인, 장애인, 실업자는 소득보장의 욕구가 있고 젊은 사람에게도 교육의 욕구가 있다고 본다. 보편주의에서는 이러한 욕구는 시민적 권리 관점에서 접근되어야 한다고 본다. 이러한 관점에서 보면 복지국가는 부자이거나 빈민이거나, 남자이거나 여자이거나, 다른 시민적 범주에 관계없이 모든 사람을 광범위한 사회복지 프로그램의 대상자로 본다.

보호감독custody 혼자 생활할 수 없는 사람(아동과 장애인) 혹은 위탁 자산에 대하여 보호자의 자격으로서 통제하며 보호하고 유지하는 개인이나 집단의 법적 권리나 의무.

보호감호protective custody 보호감호는 수감된 피고인에 대해 재범 가능성이 있다고 판단되면 수감 생활을 마친 뒤 별도로 일정기간 감호소에 머물도록 하는 조치. 사회보호법에 의거한 보호처분 제도 중의 하나였다.

보호관찰법Protection Observation Act 죄를 지은 사람으로서 재범 방지를 위하여 보호관찰, 사회봉사, 수강(受講), 갱생보호(更生保護) 등 체계적인 사회 내 처우가 필요하다고 인정되는 사람을 지도하고 보살피며 도움으로써 건전한 사회 복귀를 촉진하고, 효율적인 범죄예방 활동을 전개함으로써 개인 및 공공의 복지를 증진함과 아울러 사회를 보호함을 목적으로 하는 법률이다. 총 6장 101조와 부칙으로 되어 있다.
보호관찰, 사회봉사, 수강 또는 갱생보호는 해당 대상자의 교화, 개선 및 범죄예방을 위하여 필요하고도 적절한 한도 내에서 이루어져야 하며, 대상자의 나이, 경력, 심신상태, 가정환경, 교우관계, 그 밖의 모든 사정을 충분히 고려하여 가장 적합한 방법으로 실시되어야 함을 밝히고 있다.
보호관찰에 관한 사항을 심사·결정하기 위하여 법무부장관 소속으로

ㅂ

보호관찰 심사위원회를 두며, 가석방, 임시퇴원, 보호관찰의 임시해제·정지 및 취소 등의 사항을 심사·결정한다. 또한 보호관찰, 사회봉사, 수강 및 갱생보호에 관한 사무를 관장하기 위하여 법무부장관 소속으로 보호관찰소를 두며, 보호관찰과 사회봉사명령·수강명령의 집행, 갱생보호 등의 사무를 관장한다. 보호관찰소에는 보호관찰관을 두고, 범죄예방 자원봉사위원을 둘 수 있다.
보호관찰은 보호관찰 대상자의 주거지를 관할하는 보호관찰소 소속 보호관찰관이 담당한다. 보호관찰의 기간은 보호관찰을 조건으로 형의 선고유예를 받은 사람은 1년, 보호관찰을 조건으로 형의 집행유예를 선고받은 사람은 유예기간, 가석방자는 「형법」 또는 「소년법」에 규정된 기간, 임시 퇴원자는 퇴원일부터 6개월 이상 2년 이하의 범위에서 보호관찰 심사위원회가 정한 기간, 소년법 보호처분을 받은 사람은 법률에서 정한 기간, 다른 법률에 따라 이 법에서 정한 보호관찰을 받는 사람은 법률에서 정한 기간이다.
보호관찰 대상자는 주거지에서의 상주와 생업종사, 보호관찰관의 지도·감독 수인 및 방문 응대, 주거 이전 및 1개월 이상 국내외 여행에 대한 사전 신고 등의 준수사항을 지켜야 한다. 보호관찰소의 장은 보호관찰 대상자가 준수사항을 위반하거나 도주한 경우 등에는 판사로부터 구인장을 발부받아 48시간 이내로 구인할 수 있으며, 보호관찰을 조건으로 한 선고유예·집행유예를 취소하거나 가석방·임시퇴원의 취소절차 진행 등을 위해 필요한 때에는 판사의 허가를 받아 구인한 보호관찰 대상자를 유치할 수 있다.
법원은 사회봉사 명령은 500시간 이내, 수강 명령은 200시간 이내에서 기간을 정해야 하며, 사회봉사를 하거나 수강할 분야와 장소 등을 지정할 수 있다. 사회봉사 명령 또는 수강 명령은 보호관찰관이 집행하되 국공립기관이나 그 밖의 단체에 집행을 위탁할 수 있다.

갱생보호는 숙식제공, 여비지급, 생업도구 및 생업조성금품의 지급 또는 대여, 직업훈련 및 취업알선, 자립지원, 선행지도 등의 방법으로 한다. 갱생보호사업을 하고자 하는 자는 법무부장관의 허가를 받아야 한다. 갱생보호사업을 효율적으로 추진하기 위하여 한국법무보호복지공단을 설립하고, 필요한 재원을 확보하기 위하여 공단에 갱생보호기금을 설치한다.

변천과 현황

보호관찰은 보안처분 중 가장 오랜 전통을 지닌 제도로서 영미법계에서는 보호관찰부 집행유예(probation) 또는 가석방(parole) 제도에서 발전되었고, 후에 대륙법계에서도 집행유예를 기초로 한 자유제한적 보안처분의 영역으로 확대된 것이다.

우리나라에서는 「소년법」, 구 「사회보호법」(1980년 12월 18일 제정, 2005년 8월 4일 폐지), 구 「보호관찰법」(1988년 제정) 등에 규정되었으며, 「형법」에서는 1995년 12월 29일 개정을 통해 보호관찰과 사회봉사 명령·수강 명령이 명문화되었다. 「보호관찰 등에 관한 법률」은 구 「보호관찰법」과 구 「갱생보호법」(1961년 제정)을 통합하여 1995년 1월 보호관찰 등에 관한 기본법으로서 제정되게 된 것이다.

복지국가welfare state 일반적으로 '국민의 생존권을 보장하고 복지의 증진과 확보 및 행복의 추구를 국가의 중요한 임무로 하는 국가'를 말한다.

복지국가라는 개념은 제2차 세계대전 중에 영국에서 나치스 전쟁국가(warfare state)에 대항하기 위해 사용되었던 것에서 시작된다. 그것이 의미하는 것은 전시 중에 발표된 베버리지 보고(Beveridge Report)에 의해 확실해졌다. 베버리지 보고는 구빈(救貧)적 발상에 기초한 것이 아니라 국민생활의 최저 보장은 정부의 의무라고 논하였다. 이것에 의해 사회보장이 긴급 피난으로서가 아니라 보편적인 시민의 권리(사회권)로서 확립된 것이다.

이러한 사회보장관(觀)이 전후(戰後) 선진 자본주의 국가에 침투한 배경에는 케인스주의의 수용이 있다. 즉, '1929년 대공황에서 블록 경제화 그리고 제2차 세계대전으로'라는 경험의 반성에서 거시경제정책을 통하여 '수요 관리'를 실행하고, 경기순환의 물결을 제어하고, 완전 고용을 실현한다는 사고가 경제학적으로 정통한 것으로서 받아들여지게 되었다. 바꾸어 말하면 정부의 국민생활에 대한 항상적인 개입이 정당한 것으로서 경제 이론적으로도 인정됨으로써 복지국가의 발전이 촉진되었다고 할 수 있다.

복지국가의 발전은 필연적으로 공공재정의 확대를 수반하기 때문에 당초 복지국가 연구는 정부의 사회보장 관계 지출을 촉구하는 요인을 확정하는 데만 관심을 기울였다. 거기에서의 대표적인 가설이 경제요인설과 정치요인설이다. 경제요인설에 의하면 한 나라의 인구 구성이나 제도의 성숙도 외에 지출을 촉구하는 것은 경제성장·공업화이며, 정치적인 당파성은 이것에 대해 중립적이다. 즉, 복지국가 발전에 있어서 정치는 중요한 요인이 아니다. 이것에 대해 정치요인설은 경제발전·공업화가 갖는 의미를 인정하면서도 선진 국가에 한정해서 보면 조직노동이나 좌파 정당의 힘이 복지국가 발전의 차이를 설명하는 중요한 요인이라고 주장한다.

일정한 경제발전이 없으면 복지국가의 재원을 조달할 수 없으므로 경제요인의 중요성은 부정할 수 없다. 그러나 선진 국가를 보면 정부 지출이 작은 미국, 캐나다, 일본부터 지출 대국이라고 불리는 스웨덴을 비롯한 북유럽 국가까지 다양하며, 거기에 정치의 작용이 인정되는 것이다. 이와 같이 정치요인설은 경제요인설보다 일보 진전된 복지국가 연구라고 할 수 있지만 거기에서는 여전히 복지국가의 발전이 단선적으로 받아들여지고 있다. 즉, '복지국가발전–공공재정의 확대'라는 전제에 서서 지출이 크면 클수록 복지국가의 발전도가 높다고 생각되었던 것이다.

이러한 단선적 발전론 또는 수렴론에 대해 복지국가 제도의 특징(사회보장 수당이나 서비스의 포괄성, 수준, 자격요건 등)에도 착안하여 자유주의적 복지국가, 보수주의적 복지국가, 사회민주주의적 복지국가라는 3가지 유형을 제출한 것이 에스핑안데르센(Gøsta Esping-Andersen)이다. 유형론에 의해 종래의 단선적 발전론 또는 수렴론은 부정되며 복지국가의 복선적 발전이 인정되었다. 또한 에스핑안데르센은 복지국가 제도가 특정 사회구조를 재생산하는 경향이 있다고 주장하면서 복지국가 발전요인론을 초월한 연구의 지평을 열었다. 오늘날 유형론의 한 단계의 발전으로서 주목받고 있는 것이 젠더(gender)론에서의 연구이다.

그런데 복지국가는 1970년대 이후 다양한 비판을 받아 왔다. 단지 공적 서비스의 확충에 의해 국민복지를 향상시키고자 하는 종래의 복지국가관은 재정 핍박뿐만 아니라 서비스의 획일화, 관료제화라는 문제를 낳는다고 생각되어 공사의 다양한 복지기능을 활용하는 다원적 복지 시스템이라는 사고가 대신하고 있다. 그러나 이러한 개선이 단순한 복지국가의 해체를 의미하는 것은 아니다. 공과 사의 복지기능을 조정하는 방법은 각국의 역사적 유산, 즉 어떠한 복지국가를 발전시켜 왔는가에 따라 크게 다르기 때문이다.

복지권welfare rights 한 국가의 국민은 누구나 공적 부조나 기타 사회서비스들을 이용할 수 있는 권리가 있다는 관점이다. 복지권 조직(organizations)은 복지수혜자의 권리 가운데는 개인 정보의 비밀보장, 적격자들을 위한 급여 정보의 더 많은 이용, 복지사무소의 접근성 증대(편리한 교통, 장시간 업무, 짧은 대기시간 등), 서비스와 자금(기금)의 동등한 분배가 있다고 말한다.

복합문제 가족multiproblem family 사회복지사가 볼 때, 다양한 사회적, 경제적, 성격적 어려움에 대해 동시에 치료받는 구성원을 가진 친족집단. '복합문제'를 가진 가족을 클라이언트로 다룰 때, 사회복지사들은 한 가지 문제에 사용하는 것보다는 더 많은 개입기술을 사용할 수 있다.

부가가치세value added tax(VAT) 생산 및 유통과정의 각 단계에서 창출되는 부가가치에 대하여 부과되는 조세. 부가가치세(VAT)는 국세(國稅), 보통세(普通稅), 간접세(間接稅)에 속한다(「국세기본법」 제2조). 그리고 부가가치세는 모든 재화 또는 용역의 소비행위에 대하여 부과되는 일반소비세이며, 조세의 부담이 거래의 과정을 통하여 납세의무가 있는 사업자로부터 최종 소비자에게 전가되는 간접소비세(間接消費稅)이고, 모든 거래단계에서 생성된 각각의 부가가치에 부과되는 다단계거래세(多段階去來稅)의 성격을 가진다.
부가가치세는 매출세(賣出稅)의 일종으로서 발달된 조세이다. 그러나 부가가치세는 매출세가 재화 또는 용역의 공급총액에 대하여 부과되는 것과는 달리 재화 또는 용역에 새롭게 부가된 가치의 부분에 한하여 부과되므로, 이론상 세액의 계산과 징수에 있어서 매출세보다 훨씬 합리적인 조세이다.

부가가치세는 1919년에 독일에서 제안되었으며, 1921년에 미국에서 법인세를 대신할 세목으로 주장되었다. 그러나 부가가치세를 도입하여 시행한 것은 1955년에 프랑스가 제조세를 부가가치세로 대체한 것이 최초이다. 그 후 1967년에 유럽공동체는 부가가치세를 회원국의 공통세로 인정하였다. 오늘날에는 대부분의 국가가 부가가치세를 채택하고 있다.

우리나라는 「부가가치세법」을 1976년에 제정하여 1977년부터 시행함으로써 종전의 「영업세법」, 「물품세법」, 「직물류세법」, 「석유류세법」, 「전기가스세법」, 「통행세법」, 「입장세법」, 「유흥음식세법」 등에 의하여 부과되던 세목(稅目)을 폐지하고 부가가치세를 도입하였다. 그 배경은 간접세 체계를 근대화하고 경제개발계획을 효과적으로 지원하기 위하여 부가가치세제를 도입함으로써, 부가가치세가 가지고 있는 장점인 세목과 세율의 단순화에 의한 세제(稅制) 및 세정(稅政)의 간소화와 간접세의 안전 환급에 의한 수출 및 투자의 촉진을 기하고, 누적과세(累積課稅)의 배제에 의한 물가의 누석적 상승요인을 제거하며, 또한 기업의 수직적 통합이익을 배제함으로써 기업의 계열화(系列化)를 촉진함과 동시에, 세금계산서의 수수에 의한 탈세를 원천적으로 예방하여 근거과세(根據課稅)를 구현하려는 데에 있다.

부모교육훈련parent effectiveness training(PET) 부모가 좀 더 효과적으로 자녀들과 상호작용할 수 있도록 돕기 위해 위하여 고든(William Gordon)이 고안한 교육프로그램. 유치원 교육의 효과를 높이기 위해 부모들에게 아동발달과 교육과정 등을 알려주고, 가정에서의 협력을 도모하고자 하는 목적으로 시작된 교육으로 1965년 미국 연방정부에서 저소득층의 어린이들을 위해 헤드스타트 프로그램(Head Start Program)을 시작한 이후 유아교육 현장에 부모의 직·간접적인 참여가 강조되면서 더욱 연구되고 있는 분야이다. 부모의 참여를 위한 프로그램에 통합되기도 하지만 부모로서 효율적인 양육태도 및 방법을 지니도록 교육하는 것을 일컫는다. 신생아 교육법, 영아 및 유아를 위한 부모교육, 분만예정 산모를 위한 교육, 유아교육 현장에서 교사 보조자 역할을 위한 교육, 청소년을 가진 부모를 위한 교육 등 발달단계에 따라 다양한 프로그램이 있다. 부모됨을 생리적인 견지에서만 보지 않고 전문직으로 보고 있으며, 어린이들에게 미치는 부모의 영향을 바람직한 방향으로 이끌어가고자 하는 것을 목적으로 하고 있다.

부부상담marriage counseling 부부치료(marital therapy)의 한 형태. 많은 전문가들이 '결혼상담'이란 용어를 '부부치료'와 동의어로 간주한다. 일부 전문가들은 '상담'이 덜 심각하고, 보다 지시적이며, 문제의 정도가 비교적 가벼운 부부를 다룬다고 생각한다. 현재까지의 경험조사는 아직 분명하게 이 둘 사이에 의미 있는 차이가 있다는 것을 입증하지 못했다. 그럼에도 불구하고 부부를 다루는 여러 사회복지사와 다른 전문가들은 '부부치료'라는 용어를 선호하는데, 그것이 더 기술적이고 정교화된 기술 목록을 전달하고, 더욱 이론적이고 전문적인 경향을 갖는다고 생각하기 때문이다.

부부치료marital therapy 사회복지사, 가족치료자, 기타 여러 전문가가 부부관계, 의사소통, 성, 경제 등 가족문제의 해결을 돕는 데 사용하는 개입절차. 여기에는 다양한 이론지향, 치료모델, 치료기술들이 있다. 일반적으로 사회복지사가 주로 사용하는 이론은 심리사회적 접근, 행동적 접근, 체계적 접근이다.

부적격inadequacy 스스로 어떤 사회적 기대치를 충족시키는 데 열등하다거나 무능력하다거나 하는 개인의 인식.

부적응maladjustment 어떤 행동이 적응적이라는 것은 그 행동이 그 사람으로 하여금 특정한 목적을 성취하는 것을 얼마나 가능하도록 해주는가에 관련된 것으로 부적응 이상행동을 정의하는 근본적인 요소이다. 구체적으로 적응적 행동은 다음 세 가지 측면 즉, 그 행동이 그 사람의 생존을 증진시키는가? 그 행동이 사람의 만족과 행복을 증진시키는가? 그 행동이 사회의 안녕을 증진시키는가?를 충족시키는 것이라고 할 수 있다.

부정적 강화negative reinforcement 행동수정(behavior modification)에서 나오는 말로, 탈출이나 회피 조건을 부여할 때 나타나는 반응의 강화를 말한다.

부정적 전이negative transference 적대감 혹은 불신을 표현하거나, 클라이언트가 심리요법 치료자나 다른 사람에 대해 악의를 품을 수 있는 감정상의 전이를 말한다.

부정행위malpractice 사회복지사 또는 다른 전문가가 관련 윤리강령(code of ethics)을 위반하고 클라이언트에게 해롭다고 증명되는 행동을 하는 것. 사회복지사의 행위 중에서 가장 많이 부정행위를 초래할 수 있는 것들로는 부적절하게 비밀정보를 누설하는 것, 클라이언트에게 필요한 서비스를 미처 해결하지도 못하고 불필요하게 시간을 끌거나 부적당하게 종결하는 것, 개인에게 의학적인 치료가 필요한데 사회사업 치료를 제공하는 것 등이다.

부착cathexis 감정적 에너지와 느낌을 한 사람, 한 가지 생각, 하나의 대상 또는 자기 자신에게 집중시키는 것.

분노anger 위협당하거나 해를 입는 개인의 지각에 대한 반응으로 일어나는 일반적이고 정상적인 감정. 특징은 초조, 심리적·언어적 공격, 심장박동과 심폐운동의 증가, 폭력, 부정적 시각 등이다. 분노는 계속 일어날 수도 있고 가끔 일어날 수도 있다. 또 자기 내적일 수도 있고 외적일 수도 있으며 강하거나 약할 수도 있고, 몇몇 심리학자에 따르면 의식적일 수도 무의식적일 수도 있다고 한다. 이것은 직접적인 위협의 근원이 없을 때도 계속될 수 있고 증가할 수도 있다.

분리separation 관계 또는 유대가 붕괴되는 상황을 통칭함. 사회복지사는 이 개념을 여러 가지 맥락에서 사용하는데 부부의 별거(남편과 부인이 서로 다른 거주지에서 생활하는 것), 법적 별거(이혼에 앞서 서로 떨어져 생활하는 것에 대한 배우자들 간의 협정), 별거 공포(부모 또는 후견인과 헤어지거나 그들을 잃는 것에 대한 아동의 두려움) 또는 분리개성화(separation-individuation) 등으로 사용한다.

분리가족disengaged family 구성원과 하부체계(subsystem)가 서로 제한된 상호작용과 심리적 고립을 초래하는 지나치게 엄격한 경계(boundaries)를 지닌 가족. 엄격한 한계뿐만 아니라 산만한 한계를 지닌 가족도 있다.

분리불안separation anxiety 아동에게 흔히 나타나는 증세로서 최초 어머니상(primary mother-figure)의 상실에 대한 위협을 받았을 때 경험하는 공포증. 이러한 공포증은 성장함에 따라 치료되거나 완화되는데 때로는 생활무대(환경)의 변화나 위기 또는 스트레스가 있을 때 다시 나타나기도 한다.

분석analysis 어떠한 개념이나 시스템 전체를 구성하고 있는 것을 각 요소로 분해하여, 이러한 요소 사이의 기능적 관계를 일관성 있고 체계적인 절차에 따라 조사 또는 연구하는 것.

분열splitting 정신분석 이론(psychoanalytic theory)에서 정신적 평온상태를 위협하는 중요한 감정을 억제하고, 분열시키고, 차단시키려고 생각하는 원초적인 방어과정. 이 기제는 한 사람이 자신의 감정에서 벗어나서 '파편화된 자아'로 발전하도록 돕는다.

분열장애dissociative disorder 의식, 정체성, 동적 행위의 정상적인 통합적 기능이 갑작스럽고 일시적으로 변화하는 일종의 정신병. 이 장애의 특별한 형태는 정신병학적 정신박약(선별적이기도 하고, 일반적일 수도 있고, 계속적 또는 단속적일 수도 있다), 정신병학적 기억상실증(fugue), 다중성격(multiple personality), 이인증장애(depersonalization disorder) 등이 있다.

분열정서장애schizoaffective disorder 개인이 정신분열증(schizophrenia)과 정서장애(affective disorders) 증세를 모두 가지고 있는 정신질환. 이 용어는 정확한 것이 아니기 때문에 정신병의 진단에서 자주 쓰이지는 않는다.

분포distribution 연구에서 일정 범주 안의 지리적 영역, 지도 또는 도표상으로 나타내는 주어진 변수 또는 (인구)통계적 요인의 빈도를 의미한다.

분포율prevalence rate 일정한 기간 동안 문제나 질병이 발생한 사례의 빈도. 발생률(incidence rate) 및 역학.

분화differentiation 가족체계 이론에서 가족의 신원(정체), 사상, 정서와 다른 가족의 그것들을 구별·분리하는 가족의 능력.

불감증frigidity 성적 자극에 대하여 반응이 없거나 너무 미약한 성기능장애. 성적 욕구장애, 성기반응부전, 절정감장애 등 크게 세 가지로 분류할 수 있음.

불공평inequity 동등한 대우와 평등한 특권을 받는 데서의 권력 또는 기회의 불균형. 사회복지사는 종종 사람들이 타인에게 유용한 동일한 사회적 목표를 달성하려는 노력 중에 직면하는 제도적 장애물 또는 사회적 장벽과 같은 사회적 조건에 이 용어를 적용한다. 이 용어는 보통 불평등(inequality)과는 구별된다. 즉, 불공평은 재판과 특권(공정한 법정공판 또는 대표임원을 선출하는 기회 같은 것)에 대한 결핍을 함축한다. 반면, 불평등은 서로 다른 집단 간의 재산, 교육, 보건 등의 실제적인 불균형을 더 많이 의미한다.

불법입양black market adoption 합법적인 공적·사적 입양기관을 통하여 입양할 수 없는 사람들이나 아동이 없는 부부들에 의한 불법적인 아동 입양(adoption). 아이를 원하는 사람들은 보통 아이를 입양할 때 중개인과 계약하여 중개인과 아이의 법적 보호자에게 금전을 지불한다.

그레이 마켓 입양(gray market adoption) 참조.

불안anxiety 긴장, 임박한 위험에 대한 감정. 그러한 감정이 환경적으로 특별한 원인이 없는 사람에게서 일어났을 때는 막연한 불안(free-floating anxiety)이라고 한다. 그리고 효과적인 삶과 안녕 상태에서 자주 발생하거나 재발할 때 또는 반대로 부적응적일 때는 불안장애(anxiety disorder)라고 한다.

불안장애anxiety disorder 알려지지 않거나 인지되지 않은 위험 또는 갈등에 대한 불안, 공포, 근심, 긴장의 만성적 또는 재발하는 상태. 불안장애의 주요 형태로는 범불안장애(generalized anxiety disorder), 강박장애(obsessive-compulsive disorder), 정신후유증(posttraumatic stress disorder), 광장공포증(agora phobia), 사회공포증(social phobia)이 있다.

불안정성insecurity 경제적 혹은 사회적 현실이나 정서적인 갈등으로 인한 보호나 도움을 받지 못하고 있다는 느낌.

불완전고용subemployment 노동자의 교육 상태나 경력이 전혀 도움되지 않는 직업이나 생계수준 이하의 임금이 지급되는 직업을 가지고 있는 상태. 사회복지사는 불완전고용 상태에 있는 사람을 노동빈곤자(working poor)라고 묘사한다.

불평등inequality 권력, 기회, 특권, 재판에서의 불균형.

불화estrangement 무관심이나 부조화 때문에 친지나 이웃과 접촉하지 않거나 적대적임.

브레인스토밍brainstorming 브레인스토밍이란 가능한 대안을 있는 대로 자유롭게 생각해 보고 가장 흡족하고 견고한 해결책을 찾아내는 활동. 따라서 클라이언트에게 창의적 해결책을 찾아내도록 사고를 확장시킬 것을 요청한다. 클라이언트가 잘 생각해 내지 못하는 경우에는 사회복지사가 가능한 대안을 첨부할 수 있다. 효과적 의사결정이란 만족할 만한 해결책이면서도 가능성 있는 최선의 해결책에 도달하는 것을 말한다.

블루칼라blue collar 임금을 받아서 생활하는 사회경제적 계급(socioeconomic class)의 성원을 가리키는 용어. 이 용어는 원래 파란색 혹은 검은색 옷을 입은, 공장에서 일하는 사람들이나 육체노동자를 지칭하는 것이며, 사무실에서 일하는 사람들 혹은 정신노동자(화이트칼라 노동자)와 구별하기 위해 사용된다.

비과세수당exclusion allowance 세법상 사회적으로나 과세기술면을 고려하여 세금을 부과하지 않는 소득. 예컨대 세금이 과세되지 않은 퇴직연금 계획과 일부 사회보장 급여가 여기에 속한다.

비관우울증despondency depressive 일정한 정도의 슬픔, 비관, 실망, 절망으로 특징지어지는 일종의 정신병이며 통상 불안(anxiety)이나 정신적 갈등의 결과를 의미함. 이 상태는 전에는 우울신경증(depressive neurosis)으로 알려졌다.

비대칭skew 어떤 조사에서 분포곡선이 대칭적이지 않다는 것을 나타내는 개념.

비밀보장confidentiality 사회복지실천에서의 비밀보장이란 윤리강령의

한 항목으로서, 그리고 관계 형성의 한 요소로서 지켜야 할 원칙이다. 만약 클라이언트가 자신에 관한 정보가 자신의 동의 없이 타인에게 알려진다고 생각한다면 사회복지사와의 신뢰적 관계가 형성되지 않는다. 자신의 문제에 관련된 비밀스런 정보, 부정적 감정이나 사고 등에 대한 자기개방이 이루어지지 못함은 물론 문제해결에 대한 동기가 감소되고 문제해결노력을 거부하거나 포기하게 된다. 비밀보장은 성공적 사회복지실천 관계를 위하여 매우 중요한 기본원칙이며, 사회복지사의 윤리적 의무이기도 하다.

비스마르크 3대 보험three Bismarck insurance 비스마르크는 최초의 사회보험인 의료보험(1883), 산재보험(1884), 노령폐질연금(1889)을 제정하였는데 이 중에서 가장 지대한 관심을 보인 보험은 산재보험이었다. 그 이유는 노동자와 국가 간 통합에 가장 효과적이라고 판단했기 때문이다.

비스마르크의 최대 의무는 산업화 과정에서 생겨난 문제 노동자의 불만을 해소하고 자신이 지향하고 있는 사회적 질서에 노동자들을 통합시키는 것이었다. 따라서 그는 왕실과 대립관계에 있던 자유주의자를 꺾기 위해 집권 초기에 노동자계급에 대해 호의적인 태도를 취하였다. 그는 국가사회주의의 이념을 빌어 사회적 군주 국가를 건설하고자 하는 희망을 가지고 있었고, 또한 국가가 노동자계급을 위한 재분배정책 등에 개입함으로써 노동자를 새로운 사회질서에 편입시킬 의도를 갖고 있었다.

그리하여 그는 노동운동이 국제적 성격의 선동으로 나아가지 않거나 왕실에 반대하지 않는 한 노동문제에 다소 객관적 입장을 취할 수 있었다. 그러나 노동조합은 견고해지고, 노동운동이 점점 격화되어 가고, 사회주의 정당이 하나로 통합되면서 독일제국의 장래에 심각한 위협을 느끼면서 비스마르크는 강경과 회유의 두 가지 정책으로 대응하였다.

비언어적 의사소통nonverbal communication 비언어적 의사소통은 언어를 사용하지 않는 의사소통으로서 한 사람에게서 다른 사람에게로 정보가 전달되는 가장 기본적이고 원시적인 형태이다. 그러나 비언어적 의사소통은 인간관계를 이해할 수 있는 중요한 의사소통의 한 방법이다. 두 사람 사이의 의사소통에서 3분의 1만이 언어적 수준에서 전달되고, 3분의 2 정도는 비언어적 수준에서 이루어진다. 단어보다는 몸짓이나 얼굴 표정, 자세, 음성, 목소리 등을 통한 사람들의 정보교환.

비용분담cost sharing 둘 또는 그 이상의 지방정부나 기타 다른 조직이 어떤 재정적인 의무를 분담할 때 일어나는 예산과 행정절차. 각각의 참가 조직들은 전체 비용, 자기 조직의 욕구에 따른 양, 자원, 지출로부터 기대되는 혜택의 일부를 부담하는 것에 동의한다. 예를 들어 공적 부조의 비용분담에서 연방정부와 주정부는 해당 주의 수혜자에 대한 비용분담에 동의한다. 또 다른 예는 같은 지역에서 유사한 서비스를 제공하는 두 개의 사회기관은 지역의 인구통계학의 특징에 대한 정보를 두 기관에 제공하기 위해 한 자문회사를 이용하는 것에 동의한다.

비용산정costing 특수한 목표에 도달하기 위해 필요로 하는 프로그램 혹인 계획의 전체 총지출을 추정하는 것.

비용편익 분석cost-benefit analysis 조직의 다양한 목적을 달성하는 데 필요한 비용과 자원에 따라 체계적으로 평가되는 행정관리 절차.

비율ratio 한 숫자와 다른 숫자 간의 관계. 즉, 숫자 중의 하나를 다른 숫자로 나눌 때 나타나는 수학적 관계(mathematical relationship, 예: 한 기관에 10명의 사회복지사와 500명의 클라이언트가 있다면, 사회복지사 1명당 클라이언트 50명, 또는 1 대 50의 비율이라고 말하는 것)이다. 사회복지기관 운영(관리)에서 비율은 자산 대 부채의 비율, 수입 대 비용의 비율, 봉급 대 전체예산의 비율 등으로 종종 사용된다. 기본 숫자(base number)(예: 기관의 전체 예산)가 100으로 표현되면, 비율은 백분율(예: 전체 예산의 80%가 봉급으로 지출된다)로 표현된다.

비율척도ratio scale 속성에 대한 순위를 부여하되 순위 사이의 간격이 동일할 뿐만 아니라 측정값 사이의 비율계산이 가능하여 실실식인 값을 갖는 척도. 속성에 대한 순위의 부여와 순위와 순위 사이의 비율계산이 가능한 척도다. A사의 발행 부수가 100, B사의 발행 부수가 50이라면 A사는 B사보다 발행 부수가 높을 뿐만 아니라 A사는 B사에 비해 2배의 발행 부수를 가지고 있다고 할 수 있다. 시장점유율, 가격, 소비자의 수, 생산원가 등 객관적으로 계량화가 가능한 변수는 비율척도로 측정한 수.

비자발적인 클라이언트involuntary client 사회복지사나 다른 전문인의 서비스에 참여하도록 강요받은 사람. 예를 들면, 어떤 개인은 법원 판결에 의해서, 투옥(incarceration) 또는 가족이나 고용주의 압력에 의해서 사회복지사의 서비스를 받도록 요구될지 모른다.

비정상abnormal 일반적으로 부적응 또는 파괴적으로 보이는 부정적 기능을 나타내는 용어. 사회사업에서 이 용어는 사람보다는 행위에 관련된 것이다. 정상(normal)과 비정상 간의 명확하고 일관된 구분은 거의 없지만 비교적 연속적이다. 다원화된 사회(pluralistic society)에서는 일부의 사람들이 정상이라고 생각하는 행위도 다른 사람에게는 비정상으로 보이는 경우가 있다.

비행delinquency 개인의 의무나 임무를 수행하지 못한 것. 이 용어는 사회복지사가 법을 위반하거나, 보호제공자(caregiver)나 기타 기관들의 타당한 요구를 따르지 못하는 소년소녀의 행동을 일컬을 때 주로 사용된다.

비행행위vice 매춘, 춘화, 도박, 불법 약물의 판매나 밀수, 그 밖에 지역사회의 도덕 기준을 저촉하는 불법 행동들을 포함하는 범죄행동.

빈곤poverty 기본적 욕구가 충족되지 않은 상태. 빈곤에는 다음과 같은 3가지 유형이 있다. 첫째, 절대적 빈곤으로서 객관적으로 결정한 절대적 최저한도보다 미달되는 상태를 말하는데, 흔히 의식주 등 기본적 욕구를 해결하지 못하는 상태로 보고, 절대빈곤선 개념을 토대로 생존의 의미를 강조한다. 따라서 절대적 빈곤은 실질경제 성장이 계속되어 사회의 전반적인 생활수준이 향상되면 빈곤선 이하의 생활을 하는 사람의 숫자도 감소하게 된다. 둘째, 상대적 빈곤으로서 동일 사회 내의 다른 사람과 비교하여 적게 가지는 것을 말하는데, 이는 특정사회의 전반적인 생활수준과 밀접히 관련된 개념이어서 경제·사회발전에 따라 정책적으로 중시되며 상대적 박탈과 불평등의 개념을 중시한다. 따라서 상대빈곤선은 특정사회의 구성원 대다수가 누리는 생활수준에 못 미치는 수준을 말하는데, 이것은 특정사회의 사회적 관습과 생활수준에 따라 크게 달라진다. 셋째, 주관적 빈곤으로서 자신이 충분히 갖고 있지 않다고 느끼는 것을 말하는데, 이는 제삼자의 판단에 의해 어떤 객관적인 수준이 정해지는 것이 아니라 개인의 주관적인 판단 수준에서 결정된다. 빈곤에 대한 대책으로는 사회보장정책, 기회평등대책, 노동시장정책, 조세정책 등이 있다.

빈곤과의 전쟁 War on Poverty 미국 내의 특정한 지역에 집중한 빈곤을 퇴치하기 위하여 실시한 정책. 1960년대 세계에서 가장 부유하다는 미국에도 빈곤이 많이 존재하며 더구나 지역적으로 집중되어 있다는 사실이 알려지면서(빈곤의 재발견) 미국 국민에게 커다란 충격을 주었다. 대통령 존 F. 케네디(John F. Knnedy)는 이 빈곤지역을 퇴치하기 위한 정책을 준비하였고 그가 암살당한 다음 해인 1964년 대통령 린던 B. 존슨(Lyndon B. Johnson)에 의하여 선언되고 실시된 여러 가지 활동을 '빈곤전쟁'이라고 부른다. 구체적으로는 1964년 「경제기회법」에 근거하여 지역활동계획(Community Action Program, CAP)을 내세워 경제기회국(Office of Economic Opportunity, OEO)에서 모든 인적·물적 자원을 동원하여 빈곤지역을 근원에서부터 뿌리 뽑으려 한 것이다.

빈곤문화culture of poverty 원래 1959년 오스카 루이스(Oscar Lewis)에 의해 제창되었고, 이후 멕시코와 푸에르토리칸(Puerto Rican) 가족연구를 통해 발전되었다. 루이스는 빈곤한 사람들의 생활과 사회의 일반 사람들의 규범 간의 차이를 찾아냈다. 빈곤한 사람들은 상이한 가족생활이나 성적 관행을 가지고 있고, 전체사회의 주요 제도에 참여하지 못하고, 변화의 동기가 결여된 채 자신의 위치에 대하여 자포자기하고 있다.

이러한 특성은 빈곤에 대처하는 방식으로 발전되었고 몸에 익어서 하나의 문화로서 묘사될 수 있을 정도로 폭이 넓다. 이것은 부모에서 자녀에게로 전수되고, 자녀들은 어떻게 기술을 개발하여 빈곤으로부터 탈피해야 하는가보다는 어떻게 빈곤을 받아들여야 하는가를 배우게 된다. 그리고 루이스와 사회학자들은 세계 각지의 빈곤에 시달리고 있는 사람들이 세상에 대한 특정의 가치, 신념, 태도 등을 공유하고 있다고 믿었다. 일반적으로 가난한 사람들은 자신의 삶에 대해서 운명적이며, 중간계급의 제도 속에 쉽게 동조한다. 또한 이들의 삶은 종종 자신들의 가족이나 이웃과의 폭력에 얽매이게 된다. 빈곤의 문화는 사회적으로 성공하기 위해서 열심히 일하는 것보다는 행운, 어떤 사람을 아는 것을 강조한다.

몇몇 사회과학자들은 빈곤을 종식시킬 수 있는 가장 좋은 방법은 가난한 사람들의 가치를 변화시키는 것이라고 하였다. 선진자본주의가 자동화를 통해서 가난한 사람들이 직업기회를 갖는 것을 방해하고, 과일재배와 같이 덜 기계화된 산업이 값싼 노동력을 끌어들이기 위해서 빈민계급을 필요로 한다고 주장하는 사람들은 그러한 견해를 비판하고 있다. 여기에서 기본적인 쟁점은, 빈곤이 빈민들의 문명적 가치에 의해 유지되는가, 아니면 인간의 가치에 무관심함으로써 빈곤을 양산하는 경제체계에 의한 것인가 하는 것이다.

이 명제는 많은 나라에서 영향력을 가지고 있다. 그것은 미국에서는 빈곤과의 전쟁에 영향을 미쳤고, 영국에서는 케이스 조셉(Keith Joseph) 경의 '박탈의 순환'에 관한 견해에 영향을 미쳤다. 그것은 또한 다른 연구자의 연구에 의해 뒷받침되었고, 리스맨(Riessman)의 교육적 성취에 관한 작업과 연결되어 있다.

이 명제는 또한 비판을 받기도 하였다. 몇몇 사람들은 방법론을 공격하였다. 예를 들면, 루이스가 가족에 대한 소수의 표본만을 자신의 이론을 발전시키는 데 있어서 사용하였다는 것이다. 또 다른 계보의 비판은, 루이스가 지적한 빈곤한 사람들과 사회의 일반 사람들 간의 차이도 의문의 여지가 있다는 것이다. 많은 연구들이 실직된 빈곤층은 직업을 갖기를 원하고 있다고 제시했다. 이 명제가 경제적 요인의 중요성을 무시했다고 주장되기도 한다. 빈곤은 빈곤문화의 결과라기보다는 낮은 소득수준의 결과라는 것이다.

빈곤선poverty line 육체적 능률을 유지하는 데 필요한 최소한도의 생활수준. 영국의 사회학자 벤저민 S. 라운트리(Benjamin S. Rowntree)가 《빈곤-도시생활의 한 연구(*Poverty-a Study of Town Life*)》(1901)에서 제기하였다. 빈곤선 이하를 제1차 빈곤, 빈곤선을 약간 상회하는 빈곤을 제2차 빈곤으로 구별하였다. 그는 실제로 빈곤선을 끌어내기 위해 비용의 명목을 음식물, 집세, 가계잡비로 구분하고, 음식물에서는 연령, 성별, 노동의 종류 등에 따라 가족의 각 구성원이 필요한 양을 결정하여 전체의 경비를 구하였다. 또 집세와 가계잡비는 현실적으로 지불되고 있는 금액을 구하고, 음식물, 집세, 가계잡비를 합계하여 최소한도의 생활비를 산출하였다. 그 후 이 개념은 각국의 연구자들에게 연구되어 사회복지대상을 규정하는 데 큰 역할을 하게 되었다.

빈곤선 측정방법measurement of poverty line of poverty line 빈곤을 가리기 위해서는 어떤 기준이 있어야 하며 이를 흔히 빈곤선이라 함. 각국은 빈민을 대상으로 하는 사회보장제도의 운용을 위해 빈곤을 측정하는 방법을 개발해왔으며 대표적인 측정방법이 오샨스키척도, 예산기준방식, 여론·합의방식, 가계지출방식 등이 있음.

1. 오샨스키척도

오산스키척도는 최저생계비 개념에 입각하여 빈곤을 측정하는 방법으로 1960년대 초 미국사회보장청 경제학자로 일했던 오샨스키(Molly Orshansky)가 개발하였다.

오샨스키척도는 먼저 영향학적 기준을 충족시키는 데 필요한 최저한의 비용, 즉 객관적인 식품비(이론적 식품비)를 계산하며 그런 다음 가구의 실질적인 생활비분석을 통해 엥겔계수를 구하고 마지막으로 엥겔계수를 이론적 식품비에 적용하여 전체 생계비를 계산해 내어 모든 항목의 생계비를 조사하지 않고, 엥겔계수로 생계비를 추정한다는 점에서 이를 반물량(半物量) 방식이라고 한다.

공식적인 빈곤선을 개발·발전시킨 극소수 나라 중 하나인 미국은 영향학적 기준과 소득기준을 절충한 오샨스키척도를 1963부터 빈곤선 기준으로 채택하였다. 오샨스키 빈곤선은 처음 적용된 이후 매년 인플레를 감안하여 인상되었다.

오샨스키 빈곤선의 장점은 명확하고, 계산이 쉽고, 수정이 쉽다는 점이며, 단점은 빈곤의 측정방법이 너무 단순하여 빈민이 경험하는 다양한 생활의 어려움을 제대로 반영하지 못한다는 데 있다.

2. 예산기준방식

예산기준방식이란 빈민의 소비지출 시장 바스켓을 구성한 다음 이를 합산하여 빈곤선을 정하는 방법을 말한다. 이를 위해서는 먼저 다양한 소비지출 유형을 위한 가계기준을 정해야 한다. 다시 말해서 식료품, 의료, 교통, 주택, 난방 등 표준적인 소비를 위해 얼마가 지출되어야 하는지를 엄밀하게 조사해야 한다는 것이다.
오샨스키 방식이 식품의 마켓바스켓이라면, 예산기준 방식은 전체 생필품의 마켓바스켓이라고할 수 있다.
이런 작업은 전문가 집단이 수행하며 예산기준 방식은 Rowntee의 신체적 효율성에 입각한 최저생계비 개념에서 나왔으며, 빈민의 전체 소비지출을 감안한다는 점에서 이를 전물량방식(全物量方式)이라고도 한다.
사회가 수용할 만한 생계비 마켓바스켓을 발전키고 비용을 산출하기는 상당히 어려우며 식품비, 의료비, 주거비 등은 몰라도 사회활동(출·퇴근이 아니라)에 필요한 교통비, 여가활동비, 경조사비 등을 포함하는 데 대해 사회구성원이 선뜻 동의하기 어려움이 있고 나아가 소득과 소비보다는 저축과 투자가 빈곤 탈피에 열쇠가 되기 때문에 빈민이 주식을 보유하는 것을 권장해야 한다고 주장하는 사람도 있으며 이런 주장을 따르자면, 바스켓 속에 주식 구입비도 포함시켜야 할 것이다.

3. 여론·합의방식

빈곤을 정의하고 측정하는 일을 전문가에게 맡길 경우 빈곤선에 포함시킨 항목에 대해 시민들이 이의를 제기할 수 있으며, 이를 피하기 위한 가장 좋은 방법은 여론에 따라 빈곤선을 정하는 것으로 이를 여론·합의방식이라고 한다.
빈곤선을 정하고 측정하는 것을 전문가 집단에 위임하는 것이 아니라 일반인의 여론에 따라 하는 것이다.
합의방식은 자의적이고 독단적인 전문가 집단의 판단을 배제한다는 장점이 있는 반면, 일반 사람들이 빈곤의 기준을 결정하게 만들기 때문에, 그들의 주관적 경험을 기초로 하여 빈곤 실태를 얼마나 사실적으로 반영하는지 알 수 없고, 표준생계에 포함시킬 항목을 어느 정도 정확하게 생활양식에 반영하는지에 대해서도 의문이 제기될 수 있다.
이런 문제를 극복하기 위해 조사 대상에게 어떤 소득을 제시한 다음 그것이 충분한지 아니면 불충분한지에 관해 직접 질문을 던지는 방법이 있으며 이를 주관적 빈곤선이라 한다. 이 역시 응답자의 최저욕구에 대한 주관적 판단을 피할 수 없으므로 일반인의 빈곤 관념의 객관성에 대해 전문가들이 의문을 제기할 때 적절한 해답을 찾기 어렵다.

4. 가계지출방식

가계지출방식은 상대빈곤의 개념에 입각하여 빈곤선을 정하는 방법으로서, 전체인구의 가계지출 평균치에 의거하여 빈곤선을 정하며 이 방식은 가계지출에 관한 자세하고도 신뢰할 만한 자료가 있어야 하고, 또 자료가 정기적으로 업데이트 되어야만 가능하다.
영국이 1988년부터 이 방식을 채택하고 있으며 매년 가계지출 조사를 실시하고 있고 평균 가계소득의 40% 이하를 빈곤선으로 정하고 있으나 엄격히 말해서 이런 방식은 상대빈곤을 측정하는 것이라기보다는 사회보장의 최저급여수준을 정하는 방법이라고 보는 것이 더 정확할 것이다.
가계지출 조사대상에 모든 가구가 포함되는 게 아니며 예컨대, 노숙자는 제외되고 수입도 정확하게 조사된다고 보기 어려우며 비현금 수입, 조세감면, 국가제공급여(보건의료와 교육) 등 가족복지에 기여하는 각종수입은 조사대상에서 제외되어 있다.

빈곤퇴치 프로그램antipoverty programs 빈곤을 근절하기 위해 활동하는 공적·사적 연합 또는 행동에 대한 일반적 용어. 빈곤한 상태에 있는 개인을 직접 도와주는 것뿐만 아니라 빈곤의 원인과 결과, 경제적 불평등과 무능력을 뿌리 뽑을 수 있는 행동 등을 연구한다.

빈 둥지 증후군empty nest syndrome 자녀가 성장해 부모의 곁을 떠난 시기에 중년 주부들이 느끼는 허전한 심리를 '빈 둥지 증후군'이라고 한다.
빈 둥지 증후군은 중년기 위기 증상이며, 중년기 위기는 여성들의 폐경기를 전후해서 나타난다. 정신분석학자 융은 사람들이 40세를 전후로 이전에 가치를 두었던 삶의 목표와 과정에 의문을 제기하면서 중년기 위기(midlife crisis)가 시작된다고 주장했다.

빈민pauper 일반적으로 빈곤생활에 허덕이는 사람들을 총칭한 것이지만 제1차 세계대전 후부터 빈곤자라는 명칭이 사용되었다. 건전한 노동의욕을 상실하고 정신적으로도 황폐해져 타인의 구호를 바라고 생활하는 국민과는 구별된다. 따라서 빈민은 자활할 수 있는 경미한 사고나 우연한 경우를 당해 생활 곤란에 이르렀거나 개인이 속한 사회적 관계에서 육체적 및 정신적 유지발달에 필요한 제반조건과 인정된 물질을 얻지 못하는 자이다.

빈민가(슬럼)slum 도시사회에서의 지역 병리현상의 하나로, 일반적으로 빈민이 많은 지구나 주택환경이 나쁜 지구를 말한다. 슬럼의 어원은 'slumber'(잠·선잠)라고 한다. 그곳은 눈에 띄지 않는 뒷골목에서 졸고 있는 듯한 장소라고 생각되었기 때문이다.

빈민 감독원overseers of the poor 16~17세기 영국과 영국의 식민지인 미국에서 지방세를 걷는 공무원으로서 이 기금은 일차적으로 신체 건강한 매춘부에게 직업을 구해주기 위한 구제사업에 사용되었다. 빈민 감독원은 1536년의 「헨리 구빈법(Henrician Poor Law)」에서 규정되었는데, 일부의 사회복지 역사가들은 빈민 감독원을 현대적 사회사업 전문직의 기원으로 간주한다.

빈민굴shantytowns 자신들 소유의 대지가 아닌 지역에 불량한 건축자재로 불법 주택을 지어 인구밀도가 높은 주거지를 형성한 빈민지역. 이들은 대개 불법주거를 하기 때문에 소방시설, 경찰의 보호, 상수도 시설, 공중위생시설, 학교 등 공공시설의 혜택을 받지 못한다. 빈민굴은 특히 제3세계 국가들에서 급속히 확산되고 있으며, 또한 빈민들에게 적절한 혜택을 제공하지 않는 선진국에서도 발생하고 있다.

사고장애thought disorders 내용과 형태의 측면으로 구분할 수 있다. 내용 측면에서 정신분열증의 특징인 망상을 보인다. 또한 망상은 정상적인 사람이라면 그러한 생각들을 떨쳐버리기에 충분한 증거들이 존재하는데도 지속적으로 간직하고 있는 헛된 신념들이다. 아무리 설득해도 환자에게서 그러한 망상은 사라지지 않는다. 망상의 내용은 매우 기이해서 사고장애가 있다는 것을 쉽게 알 수 있게 해준다.
형태 측면에서는 환자의 이야기가 조리가 없고 일관성이 결여되어 있다. 따라서 자신의 생각을 이야기하지만 전혀 연결이 되지 않으며, 무엇을 말하려고 하는지 전혀 이해할 수가 없다. 지각과 주의 장애로 정신분열증 환자들이 현실에 대한 감각이 상실되어 있다. 정신분열증 환자의 정서적 증상은 무반응 또는 무김정으로 특징지을 수 있는 상태와 부적절한 감정상태로 구분할 수 있다. 정신분열증 환자는 운동상의 기이한 증상을 보인다.

4대 보험the four major insurances 법에 의한 강제성을 띠고 있어 근로자가 의무적으로 적용받아야 하는 사회보험제도의 총칭. 건강보험, 국민연금, 고용보험, 산재보상보험이 있다.

사례관리case management 사례관리는 여러 사람의 원조자로부터 동시에 도움이 필요한 다양한 문제가 있기 때문에, 삶이 만족스럽지 못하거나 생산적이지 못한 사람들을 돕는 하나의 과정이다. 즉, 사례관리는 지지망을 개발하거나 증진시키는 것에 노력을 집중한다. 지지망이란 유휴의 인간 조직으로서, 이 조직은 어떤 특별한 클라이언트를 돕기 위하여 사례관리자에 의해서 클라이언트의 활동들이 조정되기 바라는 공통된 욕구를 통합한다. 또한 사례관리란 클라이언트의 지식, 기술, 태도를 증진시킬 뿐 아니라 지지망을 활용할 수 있는 클라이언트의 능력을 강화하는 것에 초점을 두고 있다.
사례관리 모델은 연속적인 원조 과정을 활용한다. 이 연속적인 원조 과정은 클라이언트와 함께하는 자연스러운 활동 과정이다. 이 과정에는 클라이언트를 개입시키고, 포괄적인 사정을 수행하고, 서비스 계획들을 개발하며 서비스를 접근시키고 장애물을 극복하며, 서비스를 조정하고 추적하며, 계획을 변경시켜야 할지 철수를 시작해야 할지를 결정하기 위해서 클라이언트와 함께 재평가하는 것 등이 포함된다.
위에서 제시된 모든 과제를 수행하기 위해서 사례관리자는 다음의 세 가지 기능 또는 역할을 한다. 즉, 상담자, 조정자, 옹호자이다.

사례기록case record 개입과정에 사회복지사가 제공하고 기관의 사회복지사 파일에 보관되는 클라이언트의 상황과 서비스 처리에 관한 정보. 사례기록의 목적은 목표를 정하고 의사소통하고, 조정하고, 개입전략을 기억하는 데 있다. 또한 케이글(Jill Doner Kagle)에 따르면 사례기록은 책임소재를 분명히 하고, 재원조달을 정당화하고, 감독과 조사연구를 지지하기 위한 것이다(Dorsey Press, 1984).

사례발견case finding 사회복지사나 기관이 필요한 도움과 서비스를 제공해야 할 정도의 문제를 가지고 있거나 상처받기 쉬운 위치에 있는 개인이나 집단을 조사하여 규명하는 것.

사례연구case study 사례 연구는 사회과학 관련 분야에서 이루어지는 연구방법의 하나로, 하나 또는 몇 개의 사례를 중심으로 분석하는 연구이다. 특정 집단, 사건, 공동체에 대하여 심층적으로 분석한다.

사립학교 교직원연금 Korea Teachers' Pension 사립학교 교직원의 연금제도를 확립함으로써 「교직원 및 유족의 경제적 생활안정과 복리 향상을 위해 제정한 법률」(1973. 12. 20. 법률 제2650호). 사립학교 교원 및 사무직원의 퇴직·사망 및 직무상의 질병, 부상, 장애에 대하여 적절한 급여제도를 확립함으로써 교직원 및 유족의 경제적 생활안정과 복리 향상에 기여함을 목적으로 한 법률이다(법률 제9908호, 2009. 12. 31. 일부개정).

이 법은 「사립학교법」에 규정된 사립학교 및 이를 설치·경영하는 학교경영기관, 『초·중등교육법』의 특수학교 중 사립학교 및 이를 설치·운영하는 학교경영기관, 기타 사립학교 및 학교경영기관 중 교육부 장관이 지정하는 사립학교와 이를 설치·경영하는 학교경영기관에서 근무하는 교직원에게 적용한다.

부담금의 징수, 제 급여의 결정과 지급, 자산의 운용, 교직원 복지사업의 수행, 기타 연금에 관한 업무를 관장하기 위하여 사립학교 교직원 연금공단을 설립한다. 공단은 법인으로 한다. 공단에 임원으로서 이사장 1명, 2명 이내의 상임이사, 6명 이내의 비상임이사 및 감사 1명을 두되, 비상임이사 중에는 당연직 비상임이사로 교육과학기술부의 고위 공무원단에 속하는 일반직 공무원 또는 장학관 1명을 두고, 당연직 비상임이사를 제외한 비상임이사 중에는 교직원을 대표하는 사람과 학교경영기관의 장을 대표하는 사람이 포함되어야 한다. 임원의 임면(任免)에 관한 사항은 「공공기관의 운영에 관한 법률」 제26조에 따르며, 이사장의 임기는 3년으로 하고, 상임이사, 비상임이사 및 감사의 임기는 2년으로 하되, 당연직 비상임이사의 임기는 그 재임 기간으로 한다. 공단의 중요사항을 심의·의결하기 위하여 이사장, 상임이사와 비상임이사로 이사회를 구성한다. 교육과학기술부 장관은 공단의 업무를 감독하며 감독상 필요한 조치를 할 수 있다.

급여 계산에 있어서 교직원의 재직기간은 임용 전 병역복무 기간의 산입, 전 재직 기간의 합산 등이 인정되며 세부적 규정이 있다. 교직원의 직무로 인한 질병·부상 및 재해에 대하여는 단기급여를 지급하고, 교직원의 퇴직·장애 및 사망에 대하여는 장기급여를 지급한다. 각종 급여는 권리를 가질 자의 신청을 받아 공단이 결정하며, 급여를 받을 유족의 순위는 상속 순위에 의한다. 허위 기타 부정한 방법 등으로 이루어진 급여는 환수된다. 그리고 급여를 받을 권리는 양도 또는 압류나 담보제공이 제한된다. 단기급여 및 장기급여에 관한 급여의 종류, 급여의 사유, 급여의 금액 및 급여의 제한 등에 관한 사항은 「공무원연금법」의 규정을 준용한다.

급여나 그 밖에 이 법을 운용하기 위하여 필요한 비용은 비용의 예상액과 개인부담금, 국가부담금, 법인부담금, 재해보상부담금 및 예정운용 수익금의 합계액이 장래에 있어서 균형이 유지되도록 하여야 한다. 이 경우 급여에 소요되는 비용은 적어도 5년마다 다시 계산하여야 한다.

국가는 사립학교 교직원 연금재정의 안정을 위하여 예산의 범위 안에서 책임준비금을 사립학교 교직원 연금기금에 적립하여야 한다. 재해보상 부담금은 재해보상급여 준비금으로 적립하여야 한다. 재해보상급여 준비금에서 지급되는 급여는 직무상 요양비, 직무상 요양일시금, 재해부조금, 사망조위금, 장해연금, 장해보상금, 유족연금 및 유족보상금으로 한다. 공단은 부담금 또는 환수금이 납부되지 아니한 때에는 교육부 장관의 승인을 얻어 국세체납처분의 예에 의하여 직접 체납처분을 할 수 있다.

급여에 관한 결정, 개인부담금의 징수 기타 처분 또는 급여에 관하여 이의가 있는 자는 사립학교 교직원 연금급여 재심위원회에 심사를 청구할 수 있으며, 심사 청구는 처분이 있은 날로부터 180일, 그 사실을 안 날로부터 90일 이내에 하여야 한다.

사립학교 교직원 연금급여에 충당하기 위한 책임준비금으로서 사립학교 교직원 연금기금을 두며, 기금은 공단의 예산에 계상된 적립금과 결산상 잉여금 및 기금운용 수익금으로 조성한다. 기금은 공단이 관리·운용하며, 금융기관에의 예입 또는 신탁, 유가증권의 매입, 교직원 및 연금수급자에 대한 자금의 대여, 기금증식과 교직원의 후생복지를 위한 재산의 취득 및 처분, 기타 기금증식사업 또는 복지증진을 위한 사업을 운용하며, 중요사항에 대하여는 미리 교육과학기술부 장관의 승인을 얻어야 한다. 사립학교 교직원 연금에 관한 사항을 심의하기 위하여 공단에 사립학교 교직원연금 운영위원회를 둔다.

급여를 받을 권리는 급여의 사유가 발생한 날로부터 단기급여는 3년간, 장기급여는 5년간 행사하지 아니하면 시효로 인하여 소멸한다. 장기급여를 받을 권리가 시효로 인하여 소멸된 경우에는 부담금을 징수할 권리도 소멸한다. 일부 규정의 위반에 대하여는 과태료의 제재가 있다. 제8장 제62조와 부칙으로 되어 있다.

사망률mortality rate 일정한 기간 동안에 한정된 인구에서 차지하는 사망자의 비율.

사면amnesty 국가원수의 특권으로서 형 선고 효과의 전부 또는 일부를 소멸시키거나 형의 선고를 받지 않은 자에 대하여 공소권(公訴權)을 소멸시키는 일(「헌법」 제79조, 「사면법」 제1, 3, 5조).

사생아illegitimate 사생아는 혼인 중의 자와 구별되어 보다 낮은 법률적 지위를 차지하는 것이 통례이며, 한국 민법상 사생아의 법률적 지위는 혼인 외의 출생자의 지위와 같다.

사전조사pretest 평가대상자와 유사한 소수의 사람에게 행하는 설문 등의 사전 예비조사. 연구조사의 한 절차로서 목적은 연구조사의 전 과정을 시행하기 전에 어떠한 문제가 없는지, 질문은 명확한지 또는 다른 오류는 없는지 등을 알아보기 위한 것이다.

사정assesement 사회복지실천의 전문화 과정 초기에는 사정이라는 용어 대신 '진단'이나 '심리사회적 진단'이라는 용어를 사용하였다. 그러나 최근 들어 사회복지실천에서는 진단보다는 사정이라는 용어를 사용하고 있다. 사정은 자료를 수집하고 분석하며 종합하는 과정이다. 사정은 지속적 과정이며 그 산물이다. 또한 문제해결 과정을 명확히 하는 창조적이고 과학적인 과정이고 서비스 계획을 수립하는 의사결정 과정이며 인지적 사고 과정이다.

4체계 모델four system 핀커스와 미나한의 4체계 모델.

1. 4체계 모델 용어

① 클라이언트체계: 변화매개인의 서비스를 재가하거나 요청한 사람들로서, 서비스의 혜택을 받을 것이 예상되며 변화매개인과 작업협정이나 계약을 맺은 개인, 가족, 집단을 의미한다.

② 변화매개체계: 원조를 담당하는 변화매개인(사회사업가)과 그가 소속된 시설, 기관 및 고용조직의 직원들을 말한다.

③ 표적체계: 문제해결을 위해 변화를 필요로 하며, 변화매개인의 목표를 달성하기 위해 표적이 되는 사람을 일컫는다.

④ 행동체계: 변화매개인의 목표를 달성하고, 표적체계에 영향을 주기 위해 함께 일하는 변화매개인 및 그와 함께 일하는 사람들을 총칭한다.

⑤ 전문가체계: 실천가들이 자신들의 기관을 변화시키거나 사회적 변화의 옹호자로서 행동할 때 활용하는 변화매개자로서 사회복지사의 행동에 영향을 미치는 체계(예: 사회복지사협회, 교육협회 등)이다.

⑥ 문제인식체계: 잠재적 클라이언트를 사회복지사의 관심영역으로 끌어들이기 위해 행동하는 체계이다.

2. 4체계 모델 실천과정

4체계 모델에서는 변화 노력 과정을 문제사정, 자료수집, 최초 접촉, 계약교섭, 행동체계 구성, 행동체계 조정, 영향력 행사, 변화 노력의 종결의 8가지 과정으로 분류하여 제시하고 있다. 대부분의 변화 과정은 일종의 순환적 운동이라고 본다.

또한 하나의 단계가 다른 단계에 앞서 수반된다는 고정적인 사고에 문제를 제기하고, 사회사업가의 활동의 순환성과 사회사업가가 관련을 맺고 있는 다른 네 가지 체계들을 고려해야 한다고 주장한다.

사춘기puberty 신체의 성장에 따라 성적 기능이 활발해지고, 2차 성징(性徵)이 나타나며 생식기능이 완성되기 시작하는 시기.

사회개혁social reform 사회정의(social justice) 또는 다른 바람직한 변화를 달성하기 위해 사회제도를 재정리하는 활동. 이 용어는 제도적인 인종차별주의(racism)와 같은 구조적 불평등이나 정부가 부정부패를 척결하려는 노력에 대부분 적용된다.

사회계급social class 사회를 구성하는 사람들 간의 부(富), 재(財), 자원 등의 분배는 통상 불평등하게 이루어지고 있는데, 이러한 관점에서 사회를 구성하는 사람들을 구분하는 경우 사회계급 또는 계급개념이 사용된다. 동일한 계급에 속하는 사람들이 처한 사회경제 상황은 동일한 것이다.
계급이라는 구분은 특히 경제적 이익에 주목한다는 점에서 신분, 지위와는 구별되며 근대, 특히 산업혁명 이후에 사용된다. 그때까지의 봉건적인 계층인 신분이 의미를 상실하게 된 것의 반영이기도 하다. 마르크스(Karl Marx)는 자본가 계급과 노동자 계급으로 구분하고 양자의 계급투쟁은 최종적으로 후자의 승리로 끝난다고 주장하였지만 그 후 양자 간에 중간층, 신(新)중간층의 존재가 지적되었다.

사회계층social stratification 사회적 불평등을 나타내는 사회학적 개념으로 사회계층론에서는 사회를 다양하게 성층화된 직업적 이해집단의 구성체로 간주하며, 그 속에 존재하는 사람들의 위치와 지위가 기능적으로 연관되어 있는 체계로 파악한다.
이런 입장에서 불평등이란 사회의 정상적 유지를 위해 불가피하고 또 필요한 것이다. 유기체와 같은 사회를 유지·발전시키기 위해서는 선택된 소수에게 사회의 주요기능을 맡겨야 하며, 사회적 불평등이란 이런 유능한 사람을 주요한 위치에 배치시키기 위한 효율적인 장치, 즉 사회적 동기부여체계이다.

사회계획social planning 사전에 결정된 유형의 사회경제 구조를 달성하고 합리적으로 사회변동(social change)을 이루고자 하는 체계적인 절차. 이러한 절차는 개인과 조직을 지명해서 진상을 파악하고, 행동 대안을 마련하고, 그것들을 수행하는 데 필요한 권한을 부여하는 것을 포함한다.

사회공포증social phobia 사회적 좌절, 불안을 경험한 후 타인과의 관계를 두려워하기 시작해 자신에게 필요한 사회적 활동을 회피하고 혼자 있길 원하는 등 사회적 기능이 저하된 상태.

사회기관social agency 이사회에 의해 운영되고, 사회서비스 요원(전문사회복지사, 기타 전문가, 준전문가)과 사무요원으로 구성된 기구 또는 시설. 기관의 재정은 자선기금, 독지가의 기부금, 정부보조금, 서비스를 받는 사람들이 내는 수수료, 제3부문 지불(third-party payment)에 의해 운영된다. 사회기관은 회계(재정)기록, 목적의 명시를 통해 기관의 이사회와 이사회에 소속되어 있는 지역사회 대표자에 대해서도 책임을 진다. 이사회의 구성원은 정책 전반을 결정하고, 운영자는 결정된 정책을 수행하기 위해 활동들을 조징한다. 조직에는 서비스 대상의 클라이언트, 해결해야 할 문제, 서비스 제공방법을 결정하는 기관의 명확한 내부규칙이 있다.

사회 노년학social gerontology 노화의 원인과 경과 및 그에 영향을 미치는 요인들과 노화가 개인이나 가족, 사회 등에 미치는 영향을 중심으로 노화가 일어나는 개인이나 집단과의 상호작용, 그리고 환경에 관하여 연구하는 학문으로 생물학, 사회학, 심리학, 가족학, 경제학, 교육, 보건간호학 등 많은 분야와의 연계가 필요함.

사회문제social problems 사회제도나 사회구조의 결함·모순에서 생기는 문제. 종류는 일정한 사회문제가 발생한 시대적·지역적 조건이 가지각색이기 때문에, 사회문제 자체로서 분류하고 유형화하기가 곤란하다. 구체적으로 볼 때 사회문제로 취급되는 것으로는 노동문제, 토지문제, 실업문제, 인구문제, 인종문제, 민족문제, 도시문제, 농촌문제, 주택문제, 청소년문제, 여성문제, 노인문제, 가정문제, 범죄문제, 비행문제, 매음문제 등이 있다. 또한 평화문제, 식민지문제, 학원문제 등도 사회문제로 여길 수 있다.

이처럼 한마디로 사회문제의 발생원인은 개인적인 것이 아니라 제도결함이나 모순 때문에 생긴다는 특징이 있다. 즉, 사회문제는 게으름이나 무능력과 같은 당사자의 개인적 책임으로 생기는 것이 아니라 사회구조의 모순에서 생기는 것이다.

사회민주주의이론social democracy theory 사회민주주의는 우리나라에서는 비교적 낯선 이념이지만, 대부분의 유럽에서는 19세기 말 20세기초부터 중요한 정치이념 중의 하나로 꾸준히 이어져 왔다. 이 이념은 한편으로는 독재적 공산주의와 대립하면서 다른 한편으로는 시장만

능 자본주의와 대립하면서 발전해 왔는데, 대부분의 학자들은 유럽의 여러 나라가 높은 수준의 복지국가로 발전할 수 있었던 요인으로 사회민주주의 이념의 확산과 사회민주주의 정당의 성장을 가장 먼저 꼽고 있다. 그리고 지금도 여전히 유럽의 대다수 국가에서는 사회민주주의 정당들이 집권을 하고 있거나 제1야당의 위치를 굳건히 차지하고 있는 실정이다.
그러나 이런 강력한 이념인 사회민주주의는 한국 사회에서 그동안 좌우 양쪽으로부터 공격과 비판을 받아오면서 무시되어 왔다. 즉 우파 보수주의적 관점에서는 공산주의와 유사한 아주 '불온한' 사상으로, 좌파 급진주의적 관점에서는 자본주의를 개혁이라는 이름으로 포장한 것에 불과한 '부르주아적' 사상으로 취급되고 매도되었던 것이다. 이러한 상황은 과거나 지금이나 크게 달라진 것이 없는 듯하다. 예를 들어 우리 사회에서 "한국은 복지국가로 나아가야 한다."는 주장에 대해서는 거의 전 국민이 동의하지만, 선진 복지국가의 가장 중요한 이념적 토대인 "사회민주주의를 한국에서도 추구해야 한다."라고 주장하면 좌우를 막론하고 대부분 동의하지 않는다. 이러한 상식적으로 이해하기 힘든 현상은 결국 우리가 그동안 사회민주주의라는 이념에 대해 얼마나 잘못 알고 있는가를 분명히 보여주는 것이다.

사회변동social change 사회의 법, 규범, 가치, 제도적 장치가 세월이 흐름에 따라 변화하는 것.

사회보장social security 국민이 안정적인 삶을 영위하는 데 위험이 되는 요소, 즉, 빈곤이나 질병, 생활불안 등에 대해 국가적인 부담 또는 보험방법에 의하여 행하는 사회안전망을 말한다. 자본주의에서 필연적으로 야기되는 빈곤 등의 문제에 대해 국가가 이를 보증함으로써 자본주의 국가를 유지하고 안정을 도모하기 위한 것이다. 「사회보장기본법」 제3조 제1호에 의하면, "사회보장이란 질병, 장애, 노령, 실업, 사망 등 각종 사회적 위험으로부터 모든 국민을 보호하고 빈곤을 해소하며 국민 생활의 질을 향상시키기 위하여 제공되는 사회보험, 공공부조, 사회복지서비스 및 관련 복지제도를 말한다."라고 정의하고 있다.

'사회보장의 아버지'로 불리는 베버리지(W. Beveridge)가 1942년 영국정부에 제출한 보고서 《사회보험과 관련 서비스(*Social Insurance and Allied Service*)》에 의하면 사회보장의 정의는 실업·질병 혹은 재해에 의하여 수입이 중단된 경우의 대처, 노령에 의한 퇴직이나 본인 이외의 사망에 의한 부양 상실의 대비, 그리고 출생, 사망, 결혼 등과 관련된 특별한 지출을 감당하기 위한 소득보장을 의미하는 것이다. 그는 빈곤과 결부시켜 사회보장은 '궁핍의 퇴치'라고 말하며 이는 국민소득의 재분배로 실현할 수 있으며 이를 통한 일정 소득의 보장은 결국 국민생활의 최저보장을 의미하는 것이라 하였다.

사회보장법The Social Security Act 현대사회에는 대가족 공동체라는 보호막이 사라지고 빈부의 격차가 심해져 개인의 위험은 사회 또는 제삼자에게 부담이 전가되었다. 개인에게 닥치는 위험의 일부를 사회적 위험으로 인정하고 정책을 통해 이를 지원할 필요가 생긴 것이다. 이를 위해 연금, 의료보험, 산업재해보험과 같은 사회보험, 저소득층을 지원하기 위한 「생활보호법」, 「의료보호법」, 노인 수당과 같은 내용을 담은 「노인복지법」 등이 대표적인 사회보장법으로 만들어졌다. 한국에서는 사회보험으로 일반국민을 대상으로 한 의료보험과 국민연금제도, 특수직종을 대상으로 한 공무원 및 사립학교의료보험, 공무원연금 및 군인연금, 산업재해보상보험 등이 시행되고 있다.

사회보험social insurance 사회보험은 역사적으로 사회복지정책의 양적 확대에 중요한 역할을 수행하였다. 보험료 기여를 바탕으로 한 강한 권리부여와 목적세 성격의 보험료 신설 및 증가에 대한 국민들의 높은 이해 등 다른 영역들보다 정치적으로 유리한 요소들이 있어 여러 국가의 사회복지정책에서 중요한 부분을 구성하고 있다.

우리나라의 경우 사회보험이 처음 도입된 것은 1960년 공무원 연금이라 할 수 있지만, 이는 공무원을 대상으로 실시한 한정적인 특수직역 연금이었다. 1963년에는 산업재해보상보험이 실시되어 일반국민을 대상으로 한 본격적인 사회보험이 시작되었고, 이후 특수직역을 대상으로 한 공무원연금(1960), 군인연금(1963), 사립학교 교직원연금(1973) 등과 함께 강제 가입방식의 의료보험(1977년), 국민연금(1988년), 고용보험(1995년) 노인장기요양보험(2008) 등이 도입되면서 사회보험의 체계를 갖추기 시작하였다.

사회복지social welfare 사회복지는 social welfare로서 사회(social)와 복지(welfare)의 합성어다. 복지(welfare)란 'well'과 'farc'의 합성어다. 사전적으로 well은 satisfactorily, successfully, property fitting, reasonably 등의 뜻이고, fare는 state of thing으로 welfare는 '불만이 없는 상태', '만족할 만한 상태'를 의미한다. 그러므로 복지란 안락하고 만족한 상태, 건강하고 번영한 상태를 말하며 행복 추구에 대한 가치 이념을 의미한다고 볼 수 있다. 따라서 복지(welfare)에 사회(social)란 말이 첨가되어 사회복지는 '사회적으로 행복한 생활상태'를 뜻하게 된다.

사회복지공동모금회community chest of Korea 국민의 성금으로 마련한 사회복지 재원을 효율적이고 공정하게 운용하기 위하여 1999년 3월에 설립한 단체. 공동모금 재원의 배분과 운용 및 관리, 사회복지 공동모금에 관한 조사, 연구, 홍보 및 교육훈련 등을 담당한다.

사회복지관social welfare center 「사회복지사업법」 제2조에 의하면 사회복지관이란 지역 사회 내에서 일정한 시설과 전문 인력을 갖추고 지역 사회의 인적, 물적 자원을 동원하여 지역 사회복지를 중심으로 한 종합적인 사회복지 사업을 수행하는 사회복지 시설을 의미한다.
1970년대 사회복지사업종사자로 시작하여 1983년 5월 「사회복지사업」법이 개정되면서 사회사업가 또는 사회사업종사자의 명칭이 '사회복지사'로 규정되어 사회복지사 자격증이 발급되기 시작하였다. 「사회복지사업법」에 의하여 '사회복지에 관한 전문지식과 기술을 가진 자'를 사회복지사로 규정하고 있다.

사회복지법인social welfare corporation 법률행위를 하기 위한 권리/의무의 주체를 법인격이라고 하며, 개인 또는 법적인 요건을 갖추어 등기된 법인만 법인격을 가진다.
법인은 사단법인과 재단법인으로 나누어지며, 사단법인은 일정한 목적을 위하여 결합한 사람의 집단으로 법률상 권리, 의무의 주체임을 인정받은 법인을 말한다. 이에 반하여 재단법인은 특정한 목적을 위하여 출연된 재산에 법인격을 부여한 것이다.

사회복지사social workers 사회복지사는 일정한 자격요건을 필요로 하며, 1급·2급으로 구분된다. 등급별 자격기준 및 자격증 교부 절차 등은 대통령령으로 정하며, 2003년부터는 사회복지사 1급 자격증을 교부받고자 하는 자는 국가시험에 합격해야 한다. 즉, 사회복지사 1급은 국가고시 자격제도로 시험을 통과해야만 하고, 그 이하는 일정 교과목만 이수하면 자격증이 지급된다.

이 밖에 외국의 대학 또는 대학원에서 사회복지학 또는 사회사업학을 전공하고 학사학위 이상의 학위를 취득한 자로서 등급별 자격기준과 동등한 학력이 있다고 보건복지부장관이 인정하는 경우에는 당해 등급의 사회복지사 자격증을 교부할 수 있다.

사회복지사 자격증을 취득한 사람은 각 지역사회에 위치한 지역사회복지관이나 사회복지시설(양로원, 보육원 등), 또는 공무원 신분으로 지방자치단체 각 단위기구에서 사회복지 업무를 전담하게 된다.

또한 각 보건소에 위치한 정신보건센터와 정신과병원 등에서 의사, 간호사와 팀을 이루어 정신과 재활치료를 담당하고, 일반 종합병원에서도 환자들의 사회·경제적 원조를 위해 의료사회사업가로 일할 수 있다. 그 밖에 국민연금관리공단이나 각 사회단체, 노동부 산하 고용안정센터 등에서 지역사회 주민들의 삶의 질을 향상시키기 위해 일한다.

사회복지사 등의 처우 및 지위 향상을 위한 관한 법률 Law on treatment and status improvement of social workers 사회복지사 등에 대한 처우를 개선하고 신분보장을 강화하여 사회복지사 등의 지위를 향상하도록 함으로써 사회복지 증진에 이바지하는 것을 목적으로 한다.

사회복지사 윤리강령social worker ethics code 윤리강령은 전문직(profession) 성립의 조건으로 전문직 단체가 중핵적인 가치관을 명문화해서 스스로가 향할 자아상, 자기의 책무, 최소한의 행동준칙 등을 들어 자기규제의 기준을 제시한 것이다. 기능으로서는 가치지향적 기능, 교육·개발적 기능, 관리적 기능, 제재적 기능을 들 수 있다. 사회복지사 윤리강령은 사회복지사 협회에서 제정하여 회원인 사회복지사가 준수토록 하는 것을 말한다. 현재의 사회복지사 윤리강령은 2001년 개정된 것으로 전문에는 사회복지의 이념과 사회복지사의 사명을 밝히고 이를 달성하기 위해 사회복지사가 준수해야 할 준칙들을 6개의 조문으로 명시하고 있다.

사회복지사 1급social worker level 1

1. 시험방법

시험 과목 수	문제 수	배점	총점	문제 형식
3과목(8영역)	200	1점/1문제	200	객관식 5지선다형

2. 시험 과목

시험 과목	시험 영역
사회복지기초 (50문항)	인간행동과 사회환경(25문항), 사회복지조사론(25문항)
사회복지실천 (75항목)	사회복지실천론(25문항), 사회복지실천기술론(25문항), 지역사회복지론(25문항)
사회복지정책과 제도 (75항목)	사회복지정책론(25문항), 사회복지행정론(25문항), 사회복지법제론(25문항)

3. 시험 시간표

구분	시험과목		입실시간	시험시간
1 교 시	사회복지기초 (50문항)	인간행동과 사회환경(25문항), 사회복지조사론(25문항)	09:00	09:30~10:20 (50분)
휴식 10:20 ~ 10:40(20분)				

구분	시험과목		입실시간	시험시간
2교시	사회복지실천(75항목)	사회복지실천론(25문항), 사회복지실천기술론(25문항), 지역사회복지론(25문항)	10:40	10:50~12:05 (75분)
점심시간 12:05 ~ 12:50 (45분)				
3교시	사회복지정책과 제도(75항목)	사회복지정책론(25문항), 사회복지행정론(25문항), 사회복지법제론(25문항)	12:50	13:00~14:15 (75분)

4. 합격(예정)자 결정기준

합격결정 기준에 있어서는 매 과목 4할 이상 전 과목 총점의 6할 이상을 득점한 자를 실시하며 심사결과 부적격자이거나, 응시자격 서류를 정해진 기한 내에 제출하지 않는 경우에는 합격예정을 취소함.

- 필기시험에 합격하고 응시자격 서류심사에 통과한 자를 최종합격자로 결정.
- 최종합격자 발표 후라도 제출된 서류 등의 기재사항이 사실과 다르거나 응시자격 부적격 사유가 발견될 시에는 합격을 취소함.

5. 사회복지사 1급 응시자격

1) 대학원 졸업자

「고등교육법」에 따른 대학원에서 사회복지학 또는 사회사업학을 전공하고 석사학위 또는 박사학위를 취득한 자(시험일까지 학위를 취득한 자 포함). 단, 대학에서 사회복지학 또는 사회사업학을 전공하지 아니하고 동 석사학위를 취득한 자는 보건복지부령이 정하는 사회복지학 전공과목과 사회복지관련 교과목 중 사회복지현장실습을 포함한(2004. 7. 31. 이후 입학생부터 해당) 필수과목 6과목 이상(대학에서 이수한 교과목을 포함하되, 대학원에서 4과목 이상)을 이수하여야 한다.

2) 대학교 졸업자

① 「고등교육법」에 따른 대학에서 보건복지부령이 정하는 사회복지학 전공교과목과 사회복지관련 교과목을 이수하고 학사학위를 취득한 자(시험일까지 학사학위를 취득한 자 포함).

② 법령에서 「고등교육법」에 따른 대학을 졸업한 자와 동등 이상의 학력이 있다고 인정하는 자로서 보건복지부령으로 정하는 사회복지학 전공 교과목과 사회복지 관련 교과목을 이수한 자(시험일까지 동등학력 취득자 포함).

3) 외국대학(원) 졸업자

외국의 대학 또는 대학원(단, 보건복지부장관이 인정한 대학 또는 대학원)에서 사회복지학 또는 사회사업학을 전공하고 학사학위 이상을 취득한 자로서 대학원 졸업자와 대학교 졸업자의 자격과 동등하다고 보건복지부장관이 인정하는 자

4) 전문대학 졸업자

① 고등교육법에 의한 전문대학에서 보건복지부령이 정하는 사회복지학 전공교과목과 사회복지관련 관련과목을 이수하고 졸업한 자로서(시험일 기준으로) 1년 이상 사회복지사업의 실무 경험이 있는 자

② 법령에서 고등교육법에 따른 전문대학을 졸업한 자와 동등 이상의 학력이 있다고 인정하는 자로서 보건복지부령이 정하는 사회복지학 전공 교과목과 사회복지 관련 교과목을 이수한 자로서(시험일을 기준으로) 1년 이상 사회복지사업의 실무

경험이 있는 자

• 다음 각 호의 어느 하나에 해당하는 자는 사회복지사가 될 수 없음.
  가. 금치산자 또는 한정치산자
  나. 금고 이상의 형 선고를 받고 그 집행이 끝나지 아니하였거나 그 집행을 받지 아니하기로 확정되지 아니한 자
  라. 마약·대마 또는 향정신성의약품의 중독자

사회복지 전공과목social welfare important major

1. 전공필수 10과목

사회복지개론, 사회복지법제론, 사회복지실천기술론, 사회복지실천론, 사회복지정책론, 사회복지조사론, 사회복지행정론, 사회복지현장실습, 지역사회복지론, 인간행동과 사회환경

2. 선택 필수 4과목

가족복지론, 교정복지론, 노인복지론, 사회문제론, 사회보장론, 사회복지발달사, 사회복지 윤리와 철학, 사회복지 자료분석론, 사회복지 지도감독론, 산업복지론, 아동복지론, 여성복지론, 의료사회 사업론, 자원봉사론, 장애인 복지론, 정신건강론, 정신보건사회 복지론, 청소년 복지론, 학교사회사업론.

사회복지 전담공무원social welfare service staff 국민기초생활보장수급자 등 사회복지 사업신청 접수를 받는다. 최저생계비, 신청자의 재산, 소득, 부양가족 등의 자료와 신청자와의 상담을 토대로 수급자를 선정한다. 수급자에게 생계, 주거, 교육, 장례, 출산 등의 급여를 지급한

ㅅ

다. 장애인 차량 지원, 경로당 지원, 노인교통비 지급, 소년소녀가장 지원, 급식아동 지원, 보육 지원 사업을 기획하고 실행한다. 자활이 가능한 대상자를 선정하여 지역사회 사업장이나 관련 기관에 의뢰하여 근로할 수 있도록 지원하고 급료를 지급한다. 자원봉사자를 발굴하고 교육하며 배치한다. 지역 내 사회복지기관과 연계하고 자원봉사자를 연결한다.

사회복지협의회Social Welfare Council 1997년 8월 22일 공포된 「사회복지사업법」(법률 제5358호) 제33조의 규정에 의한 법정 사회복지법인이다. 1952년 2월 한국사회사업연합회로 설립되었다가 1970년 5월 현재의 명칭으로 개칭되었다.
이 단체는 사회복지에 관한 조사·연구와 각종 복지사업을 조성하고, 각종 사회복지사업과 활동을 조직적으로 협의·조정하며, 사회복지에 대한 국민의 참여를 촉진시킴으로써 우리나라의 사회복지증진과 발전에 기여함을 목적으로 하고 있다.

사회비용social cost 기업의 생산활동이 일반 시민이나 사회 전체에 부담시키는 비용의 크기를 말한다. 일반적으로 기업이 부담하는 비용은 원가계산상의 원가로서 회계 처리되며 사적(私的) 비용이라고 한다. 사회적 비용은 이러한 사적 비용(private costs)과 외부적 비용(external costs)을 합친 개념을 말한다. 외부적 비용은 이러한 매연, 악취, 소음 등 공공 해악을 제거하는 데 소요되는 비용으로 생산자들에게는 내재화되지 않으나, 사회적 관점에서는 매우 중요하고 실질적인 개념을 말한다. 시장기구는 재화의 개인적 비용만을 계산하므로 재화의 생산비용은 사회적인 관점에서의 실질 비용보다 낮게 책정되어 공급 과잉을 초래하게 된다.

사회사업기술social work skills 사회사업 실천의 분류기준. 사회사업에서 가장 기본적인 기술로서 사회복지사는 이해와 목적을 가지고 다른 사람의 말을 경청해야 하고 사회력, 사정, 기록을 준비하기 위해 정보를 얻어내고 관련 사실들을 수집해야 하고 전문적 원조관계를 유지시키며 언어·비언어적 행동을 관찰하고 이해하며, 이에 대해 성격이론(personality theory)과 진단방법에 관한 지식을 적용해야 하며 클라이언트(개인, 가족, 집단, 지역사회)가 자신의 문제 해결을 위해 노력하도록 참여시키고, 신뢰를 얻을 수 있도록 도우며 예민한 감정문제를 상처받지 않게 지지적으로 토의하도록 하고 클라이언트의 욕구를 해결하는 혁신적인 방법을 창조하고 치료관계의 종결 필요성을 결정하고 조사하고, 조사결과와 전문서적을 이해하며 갈등이 있는 부부 사이에서 중재하고 협상하며 조직 간의 서비스를 연결하고 대중 또는 입안자, 후원자에게 사회요구를 설명하고 알려 준다. 사회정책의 수립 역시 사회사업 실천에 필요한 능력이다. 사회복지사는 명확히 말하고 쓰며, 다른 이들을 가르치고, 위기상황이나 괴로워하는 상황에 지지적으로 반응하며, 전문적 관계에서 역할모델이 되어 주며, 복합적이고 심리사회적 현상을 설명하고, 계획된 책임감을 완수하기 위해 업무량을 조직하고, 다른 사람들을 지원하는 데 필요한 자원을 찾아내고 획득하며, 자신의 업무성과를 사정해서 도움을 주거나 다른 사람의 협조를 얻으며, 집단행동에 참여하고 유도하며, 스트레스하에서도 제 기능을 하고, 갈등상황이나 논쟁적인 성격의 소유자를 처리하고, 사회적·심리적 이론을 실천상황에 결부시키며, 문제를 해결하는 데 필요한 정보를 알아내고, 기관의 서비스나 실천에 대한 조사연구를 한다.

사회사업 방법론methods in social work 사회복지 교육에서 강조되는 것으로, 특정한 개입유형을 밝히는 데 사용되는 것. 인정된 사회사업 방법으로는 개별사회사업(social casework), 집단사회사업(social group work), 지역사회 조직(community organization), 사회사업 행정(administration in social work), 조사(research), 정책(policy), 기획(planning), 직접적인 임상실천, 가족치료 및 부부치료, 기타 미시적인 실천, '미시적이고 거시적인 것이 혼합된 일반사회사업 실천'이 포함된다.

사회사업 실천social work practice 사회복지실천기술에 있어서는 개별사회사업, 집단사회사업, 지역사회조직사업의 세 가지 방법을 절충적으로 사용하면서 사회행동, 조사, 관리행동계획, 정책론을 포함한 거시적 방향으로의 발전이 요구되었다. 이러한 방향은 클라이언트의 생활에 대한 전체적 이해 위해 필요한 서비스를 조정해 주는 사례관리(case management)나 자조집단활동의 지원을 포함한 사회적 지지망의 형성 등 과거 미시적 수준의 원조와 거시적 수준의 원조를 통합한 새로운 영역으로 넓혀 가고 있다.

사회생태학social ecology 인간과 지역사회의 공생 관계를 전제로 하여 인간 집단과 환경과의 관계를 연구하는 사회학. 인간이 사회를 구성하는 데에 있어서 기초를 이루는 상호 행위를 공생 관계와 사회적 관계로 구분하는데, 전자는 동식물과 비슷한 형태로 지역사회라 하고 후자는 인간 사회에서 관습이나 법을 만드는 면이 있다 하여 문화사회라 한다. 지역사회는 문화사회의 기초가 되며 문화사회의 구조는 지역 사회의 구조에 의하여 결정된다는 것이다.

사회서비스social services 사람들이 좀 더 자립할 수 있고, 의존을 탈피하고, 가족 유대를 강화하고, 개인, 가족, 집단, 지역사회가 사회적 기능(social functioning)을 성공적으로 수행할 수 있도록 회복시키는 사회복지사나 기타 전문가들의 활동. 그 밖에도 그들의 욕구를 충족시키는 데 적합한 재정적 자원을 얻도록 도와주며, 아동이나 다른 피부양자를 보호할 능력이 있는지를 평가하고, 상담과 심리치료, 의뢰와 전달, 중재, 옹호를 해 주며, 개인에게 책임져야 할 조직들을 알려주며, 보건대책(health care provisions)을 촉진하고, 클라이언트와 자원을 연결시키는 등 특별한 종류의 사회서비스 등이 있다.

사회수당society allowance 각 국가에서는 일반적으로 사회보장의 전통적인 방법으로 사회보험 및 공적부조로 구분하는데 이것만으로 부족하여 양자의 중간적 성격의 현금 급여를 말할 때 이 용어를 사용한다. 사회보험과 다른 점은 사회수당이 거출을 조건으로 하지 않는 것이고 공적부조는 대상자를 반드시 빈곤자에 한정하여 자격제한이 있음에도 보족성의 원칙에 의하지 않고 있다. 노령복지연금, 아동수당, 아동부양수당, 가족수당, 특별아동부양수당 등이 해당된다.

사회안정망social safety net 광의로 볼 때 모든 국민을 실업, 빈곤, 재해, 노령, 질병 등의 사회적 위험으로부터 보호하기 위한 제도적 장치로서, 사회보험과 공공부조 등 기존 사회보장제도에 공공근로사업, 취업훈련 등을 포괄한다.
이러한 사회안전망의 목적은 모든 사회적 위험에 대한 '포괄성'과 사회구성원 모두에게 적용되는 '보편성'을 실현하고 '국민복지기본선'(national welfare minimum)을 보장하는 데에 있다. 즉 주거, 의료, 생계보호, 보육, 복지시설 서비스 등 복지욕구 전반에 걸쳐 국가가 공적

ㅅ

사회보장제도를 통해 보장해 줄 수 있는 급여 수준을 설정하는 것으로, 사회보험과 공적부조 및 사회복지 서비스 부문에 있어서 일정 수준 이하인 기존 제도의 급여를 기본적인 선으로 끌어올려야 한다는 것이다.

사회안전망은 원래 브레튼우즈협정 기관들[세계은행(IBRD), 국제통화기금(IMF) 등]에 의해 사용된 용어로, 기존 사회보장제도하에서는 적절한 보호를 받지 못한 채 여전히 위험에 노출된 사람들을 보호하기 위한 대책을 의미한다.

즉, 세계은행이 개도국과 동유럽 국가들에 차관공여와 함께 구조조정을 요구하면서 그로 인해 야기되는 실업 및 생계곤란자의 양산이라는 부작용을 완화시키기 위하여 최소한의 인간다운 생활을 보장하는 장치로서 사용하기 시작한 용어이며, 이는 기존의 사회보장이나 사회복지라는 개념보다는 좀 더 긴박하고 과도기적인 상황에의 대응장치라는 의미로 등장하였다. 국제통화기금(IMF) 역시 사회안전망을 경제개혁조치의 한 보조수단으로 파악하고 있다. IMF는 사회안전망을 빈곤한 사람들에게 가해질 가능성이 있는 경제개혁 조치의 부작용을 완화시키는 목적을 가진 제도적 수단으로 정의했다. 한국에서 사회안전망에 대한 논의가 본격화된 직접적 계기는 1997년 경제위기 당시 IMF 및 세계은행으로부터 구제금융의 조건으로 사회안전망의 확충을 요구받으면서부터이다. 한국은 크게 1, 2, 3차로 사회안정망을 구축하고 있다. 1차 안전망은 일반국민을 대상으로 하는 공적연금, 건강보험, 산재보험, 고용보험, 노인장기요양보험 등 5대 사회보험으로 이뤄져 있다. 2차 안전망은 1차 안전망에 의하여 보호받지 못하는 저소득층을 위한 공공부조인 기초생활보장제도와 보완적 장치인 공공근로사업을 운용하고 있다. 마지막 3차 안전망으로는 재난을 당한 사람에게 최소한 생계와 건강을 지원해 주는 각종 긴급구호 제도가 있다.

사회양심이론social conscience theory 사회적 양심이론은 사회복지정책의 발달이란 타인의 고통을 해소하려는 개인의 이타적 양심이 사회적, 국가적 정책으로 표현된다는 것이다. 사회복지정책은 사회문제를 해결하려는 사회적 노력과 활동 등과 같은 사회 내에서의 합의가 정부에서 조직적으로 제공하는 사회복지 수준의 향상을 가져왔다는 논리이다. 아마도 이러한 이론적 주장은 사회개량과 사회개혁을 역사적으로 꾸준히 지속해온 사회개량주의자들의 노력과 특히 인간문제의 원인과 해결책에 대한 사람들의 지식발달로 인한 새로운 인식과 개선책의 강구 등이 누적적으로 이루어지면서 자연스럽게 국가정책이 개선되어 온 사실을 반영하고 있는 것으로 보인다.

사회운동social movement 이 용어는 한 사회에서 사회변동의 양상을 저지하거나 영향을 미치고자 하는 사람들의 광범위한 집합적 행동을 말한다. 정당이나 고도로 조직화된 이익집단, 압력집단, 그리고 정당이나 제도화된 집단과 연계되거나 때로는 정당의 형성으로 발전되기도 하지만, 그것은 처음에는 비공식적으로 시작한다.
현대사회에서 사회운동이 나타나는 4가지의 특수한 영역이 기든스(Giddens)에 의해 구분되었다. 첫째, 민주적 운동으로서, 정치적 권리를 유지하거나 형성하는 데 관심을 가진다. 둘째, 노동운동으로서, 노동현장의 방어적인 통제와 경제 권력의 보다 일반적인 분배를 변화시키는 데 관심을 갖는다. 셋째, 환경운동으로서, 사회행위에 의해 자연세계가 변형되는 것으로부터 야기되는 환경적, 사회적 손실을 막는

ㅅ

데 관심을 갖는다. 넷째, 평화운동으로서, 공격적인 민족주의와 군사력의 광범위한 영향에 도전한다. 최근의 중요한 기타 운동으로는 여성 운동과 소비자 운동을 들 수 있다.

부분적으로 이러한 사회운동의 유형이 현대사회에서 보완적인 방식으로 움직이고 있지만, 이 운동들은 또한 공격의 대상과 갈등에 빠지거나 갈등 속에서 어떤 것을 바라고 있다. 이러한 운동은 또한 보수적인 민족주의 운동과 도덕적 개혁을 가로막거나 역전시키려는 운동과 같은 대립되는 사회운동을 발생시키는 경향도 있다.

정당과 이익집단에 관한 연구처럼 사회운동에 관한 연구는 지도자와 피지도자 간의 관계, 참여를 이끄는 운동의 사회적, 심리적 특성, 그러한 활동의 사회·정치적 결과에 중점을 둔다. 사회운동은 정치·사회체계에서 유동적인 요인이 될 수 있으며, 그것으로부터 도덕적인 공식적 정치조직이 등장하여 급격한 변동을 불러 일으킨다.

사회이론social theory 일반적으로 사회생활의 어떤 모습을 설명하려는 모든 시도는 사회이론으로 취급되어 왔다. 이러한 넓은 의미에서 보면 사회이론은 사회사상과 공존하는 것이며, 서구의 플라톤과 아리스토텔레스의 저서, 동양의 유교처럼 매우 일찍 나타나고 있다. 예를 들어, 플라톤의 「국가론(*The Republic*)」은 이상사회에 대한 자신의 견해를 묘사하고 있는 책이며, 이것은 사회를 유지하고 변화시키는 새로운 사상을 발전시켰다.

일부 사람들은 이 책을 탈코트 파슨스(T. Parsons)의 현대적인 저서와 마찬가지로 사회이론으로 파악하고 있다. 일부는 이론을 경험적인 사회세계에 관한 보다 체계적이며 검증 가능한 일련의 명제들로 국한시키고 있다. 그러나 현대 사회학에서 이론으로 통용되는 많은 것들이 검증 가능한 명제들의 체계적인 집합이라기보다는 관념들의 유연한 집합에 지나지 않는다. 사회철학과는 동떨어진 사회학이론의 기원은 콩트(Comte)의 저서에서 찾아볼 수 있다. 그는 자연과학의 놀라운 진보에 감명을 받고서, 인간을 연구할 때 자연과학의 방법을 이용하는 사회과학을 수립하고자 하였다. 가장 잘 알려진 그의 사상은 지식의 각 분야가 네 단계(신학적, 형이상학적, 과학적, 실증적 단계)를 경과한다는 것이다. 그는 사회학을 사회사상의 과학적 단계의 지식이라고 보았다.

인간사회의 본성에 관한 문제는 사회학에서 가장 중요한 이론적인 이슈가 되고 있다. 이 문제에 대한 사회학적 입장은 균형론과 갈등론으로 크게 양분되고 있다. 지금까지 발전해 온 사회에 관한 이론 모델 가운데 유기적 모델은 균형론의 입장에 서는 것으로, 그것은 오늘날 기능주의로 발전하였다. 이와는 대조적으로, 갈등모델은 기본적인 사회과정들은 부조화를 이루고 있으며 경쟁적인 이익집단들 사이에서 갈능을 경험하고 있다고 가정하고 있다.

제1차 세계대전 이전까지는 많은 사회학이론이 매우 추상적이었으며 실질적인 사회생활과는 관계가 거의 없는 것으로 생각하였다. 1920년부터 1950년대 중반까지 사회학적 활동은 사회의 구체적인 측면에 대한 실제 정보를 획득하기 위하여 이론을 덜 강조하였다. 경험적인 자연과학의 방법을 적용하고 공허한 이론화를 포기하는 것이 사회학에 과학적인 위치를 부여하는 일이라고 보았다.

1950년대에 머튼(Merton)은 중범위이론(theories of the middle range)을 주장하였는데, 이것을 과거의 거대이론과 경험주의자들이 고통스럽게 검증하고 있었던 세밀한 가설들 사이의 어떤 중간에 있는 것으로 생각하였다. 머튼은 사회학이 과학이 되기 위해서는 경험적인 연구가 필요하다고 본다. 그러나 이론이 완전히 포기된다면 사회학은 방향성을 상실한 공허한 경험주의로 추락할 것이라고 주장한다. 이론이 이렇게 직접적인 연구와 연구의 발견에 대한 해석을 위해 필요하다는 견해는 현대 사회학이론에 큰 영향을 미치고 있다.

사회적 가치social value 서비스나 상품의 사회에 대한 상대적 가치. 예를 들면, 도서관 건물과 소장도서와 주점과 주점 안의 술의 가치는 같을 수 있지만 양자의 사회적 가치는 같지 않다.

사회정책social policy 개인, 집단, 지역사회, 사회제도 간의 상호관계를 조절하고, 개입방법을 안내하는 사회의 활동과 원리. 이러한 원리와 활동은 사회의 가치와 관습의 결과이며, 국민의 복지수준과 자원의 재분배를 결정한다. 따라서 사회정책은 교육, 건강보호, 범죄와 교정, 경제적 보장, 사회복지에 대한 정부의 계획과 프로그램을 포함한다. 사회정책은 또한 사회의 보상과 강제를 야기하는 사회적 관심을 포함한다.

사회주의socialism 사회주의란 사회사상의 측면에서 볼 때, 자본주의의 경제적 원리인 개인주의를 사회주의로 대치함으로써 사회를 개조하려는 사상 또는 운동을 말한다. 이는 사회의 부를 생산하는 데 필요한 재산의 사회에 의한 소유와 노동에 바탕을 둔 공정한 사회를 실현하려는 사상이다.
사상과 운동의 역사상 사회주의와 공산주의의 구별은 엄격하지 않으나, 마르크스는 그의 『고타강령비판』에서 '자본주의 사회로부터 방금 생겨난 공산주의'와 '그 자체의 토대 위에서 발전하는 공산주의'를 구분하고, 전자를 공산주의의 낮은 단계, 즉 사회주의로, 후자를 공산주의의 높은 단계로 부르고 있다. 17·18세기의 자연법론자들도 이미 '사회주의'라는 개념을 사용하고 있지만, 반(反)자본주의라는 지향을 보다 분명히 담은 '근대적 사회주의 개념'의 발생은 오웬, 생시몽, 푸리에 등 이른바 공상적 사회주의자의 시도 및 사상과 관련되어 있다. 1830년쯤에 로버트 오웬이 근대적 개념의 사회주의(socialism)라는 말을 처음으로 사용했다. 오웬의 구상은 노동자들이 상호 부조 단체를 설립하고, 또 공장 재산의 일부를 분배받아야 한다는 것이다. 그는 실제로 모범 공장과 집단 주택을 미국과 영국에 세워 상당한 성과를 거두었지만 고용주들과 정부를 설득하는 데는 실패하였으나 그 시대에 큰 영향을 끼쳐, 그때부터 사회주의라는 말을 유행시켰다. 그 밖에 생시몽과 푸리에는 자본주의의 사적 소유 및 경쟁체제의 여러 해악을 비판하였으며, 과학적 진보와 생산의 증대에 입각한 생산자들의 조화로운 공동체(생시몽), 노동을 통한 인간의 내적 욕구의 해방(푸리에)을 추구하였다.

사회지표social indicators 한 사회의 사회적 상태를 총체적이고도 집약적으로 나타내어 생활의 양적인 측면은 물론 질적인 측면까지도 측정함으로써 인간생활의 전반적인 복지 정도를 파악할 수 있게 해주는 척도. 사회지표는 한 사회의 주요 생활영역의 조건에 관하여 종합적이고 균형적인 판단을 내릴 수 있게 해주는 직접적이고 규범지향적인 관심의 성격을 가진 통계이다.

사회통제이론social control theory 통제이론은 범죄 행위에 대한 충동과 그것을 저지하는 사회적 혹은 물리적 통제 간의 불균형의 결과에서 범죄가 발생한다고 본다. 범죄를 저지르는 개인의 동기에는 그다지

ㅅ

관심을 갖지 않는다. 이는 기회가 있으면 모든 사람이 누구나 일탈적인 행동을 할 수 있다고 가정하기 때문이다. 예를 들어, 대표적인 통제 이론가인 트래비스 허시(Hirschi, T.)는 인간은 범죄 행위에 가담함으로써 기대되는 가능한 이익과 위험을 저울질하여 범죄에 가담할 것인가 혹은 말 것인가를 계산하는, 근본적으로 이기적이고 합리적인 존재라고 주장한다. 결국 많은 유형의 범죄가 개인이 기회로 인식하고 행동하도록 동기를 부여한 상황적 결정의 결과라는 것이다. 따라서 범죄를 줄이기 위해서는 개개인의 범죄 행위에 대한 충동을 억제하는 데 충분할 정도의 사회적, 물리적 통제를 강화해야 한다.

사회학습이론social learning theory 인간의 내부과정을 설명하는 행동주의(behaviorism) 원칙을 세우고 수정하는 개념상의 방향 혹은 치료 적용. 다른 사람의 행위를 단순히 관찰하거나 모방함으로써 새로운 반응방식을 배우는 능력과 상호관계를 강조하는 이 이론은 반두라(Albert Bandura)가 개발하였다.

사회행동social action 넓은 의미에서의 사회복지 활동의 하나로 대상의 요구에 따라 복지관계자의 조직화를 도모하고 여론을 환기시켜 입법, 행정기관에 압력행동을 전개해 기존 법제도의 개폐, 복지자원의 확충 및 창설 그리고 사회복지의 운영개선 등을 지향하는 조직 활동을 말한다.

사회행동가social activist 1976년에 잭슨(Jesse Jackson) 목사가 설립한 자발적인 사회행동가와 시민권(civil rights) 조직으로서 인간성 회복을 위한 국민연합체(people united to save humanity)를 말한다. 이 단체의 목표는 그 나라 학생들의 학문적 성취에 대한 동기를 유발시키고, 약물

사용 및 비생산적인 행동을 못하도록 도와주는 것 등이 있다.

사회화socialization 사회구성원이 성장하면서 사회의 문화와 가치를 습득하는 과정을 말한다. 사회는 이러한 사회화 과정을 통해 정체성을 유지하게 되며, 개개인은 이러한 사회화 과정을 통해 체제에 적응하게 된다.

산아제한birth control 현재에는 보다 적극적인 의미로 가족계획이라고 한다. 1914년 미국의 마거릿 생어(Margaret Sanger)에 의해 제창되었다. 이론적 근거로는 영국의 경제학자 토머스 맬서스(Thomas Malthus)가 『인구론』을 통해 주장한 과잉인구에 대한 대책에서 출발하고 있으나, 그 의의는 여성을 출산과 육아의 중책에서 해방시켜 건강하고 풍족한 가정생활을 영위할 수 있게 하기 위하여, 가족의 성원 수와 출산을 계획적으로 조절하는 점에 있다.

산업사회사업industrial social work 산업사회사업은 산업의 장을 배경으로 이루어지는 사회사업을 의미한다. 즉, 산업사회사업이란 경영이나 노동 또는 이들 양자의 연합적 후원으로 근로자와 그 가족의 욕구충족을 돕고 직상 안팎에서 그들의 삶의 질을 향상시키기 위하여 사회사업의 지식과 기술을 활용하는 전문사회사업 실천이며 사회사업의 한 분야라 할 수 있다. 따라서 산업사회사업은 전문적 사회사업의 지식과 기술을 적용하여 산업이라는 장에서 발생하는 근로자의 사회심리적 문제에 효과적으로 대처함으로써 근로자와 그 가족의 복지를 추구하는 데 크게 기여하였다.

산업재해보상workers' compensation 「산업재해보상보험법」에 의거, 근로자의 업무상의 재해를 신속·공정하게 보상하기 위하여, 사업주의 강제가입방식으로 운영되는 사회보험. 산재보험으로 약칭한다. 근로자의 재해보상을 보장하기 위한 제도는 1884년 독일의 「재해보험법」을 효시로, 현재 많은 나라에서 채택하고 있다. 한국에서는 1963년 「산업재해보상보험법」이 제정되어 「근로기준법」 적용을 받는 사업 또는 사업장의 근로자에 대한 업무상의 재해를 신속·공정하게 보상함과 동시에, 이에 필요한 보험시설을 설치·운영함으로써 근로자 보호에 기여하였다.

산업재해보상보험industrial accident compensation insurance 공업화 진전과 더불어 발생하는 산업재해 근로자를 보호하기 위하여 1964년에 도입된 우리나라 최초의 사회보험제도이다. 산업재해로부터 근로자를 보호하기 위해서는 산업재해 자체를 예방하는 것이 가장 바람직하나, 이미 발생한 산업재해로 부상을 당하거나 사망한 경우, 피해근로자나 가족의 생활을 보호하기 위해 보상해 주는 산재보험은 중요한 의미를 지닌다고 할 수 있다. 산재보험은 산재근로자와 가족의 생활을 보호하기 위하여 국가가 책임지는 의무보험으로 원래 사용자의 근로기준법상 재해보상책임을 보장하기 위하여 국가가 사업주에게서 소정의 보험료를 징수하여 그 기금(재원)으로 사업주를 대신하여 산재근로자에게 보상을 해주는 제도이다. 산재보험은 다음과 같은 특징을 지니고 있다. 근로자의 업무상 재해는 사용자의 고의·과실 유무를 불문하는 무과실 책임주의이다. 보험사업에 소요되는 재원인 보험료는 원칙적으로 사업주가 전액 부담한다. 산재보험급여는 재해발생에 따른 손해 전체를 보상하는 방식이 아니라 평균임금을 기초로 정률보상방식으로 지급된다. 한편 산재보험은 자진신고와 자진납부를 원칙으로 한다. 또한 재해보상과 관련되는 이의신청을 신속히 하기 위하여 심사 및 재심사청구제도를 운영하고 있다.

산업화이론Industrialization theory 수렴이론은 영어로 convergency theory라 하고 산업화이론으로 불린다. 국가의 경제 발전이 일정 수준에 도달하게 되면, 궁극적으로 특정 모형의 사회복지로 모형이 수렴된다는 이론이다. 즉, 모든 복지를 추구하는 복지국가들의 경우에는 산업화가 진행되고, 이로 인해 각종 사회문제가 야기되며, 사회적 욕구를 해결하려 사회복지제도가 발달한다는 것이 수렴이론(산업화이론)이다. 윌렌스키와 르보가 대표적 학자로 알려져 있다. [산업화→새로운 욕구→사회복지 확대]

사회복지이론 중 수렴이론은 정치 이념이나 체제가 다르더라도 산업화나 경제발전의 정도가 유사할 경우 사회복지의 발달 양상이 궁극적으로 같다고 보는 것인데, 이는 산업화된 사회에서 발생하는 문제, 욕구 등에 대한 대응이 산업화로 인해 가능해진 자원을 통해 이루어진다고 보았다. 하지만, 산업화나 경제발전의 수준이 비슷하다고 무조건 사회복지정책의 발달 상태가 비슷한 것은 아니라고 할 수 있는데, 이에 영향을 끼치는 요소로는 정책 결정 과정에서 지배계층의 유무나 관련된 이해집단의 활동 상태 또는 가치판단 등에 의해 양상이 바뀔 수 있기 때문이다. 윌렌스키와 르보는 이런 점을 무시하고 이론을 연구했다는 비판도 있다.

산후우울증postpartum depression 원인으로는 앞으로 닥칠 양육과 관련된 정신적·사회적인 스트레스, 호르몬의 변화와 유전적인 요인들이 작용한다. 대체로 자신은 몰랐겠지만 과거에 우울증이 있었던 경우에

산후우울증이 생길 가능성이 더 많다. 일반적으로 산후우울증의 가벼운 증상은 약 50%의 여성에게서 발생하는데, 출생 후 며칠 내에 또는 수주일 내에 시작하여 비교적 짧고 정도도 심하지 않으며 주변에서 잘 위로해 주고 도와주면 호전된다. 그러나 산모 중 10%는 심한 우울증을 앓기도 한다. 출산 후 3주 정도부터 시작하여 여러 달 동안 지속되기도 한다. 보통 정신치료와 항우울제 치료와 같은 전문적인 치료가 필요하다.

상관계수correlation coefficient 두 개의 변수가 관련된 정도를 숫자로 표시하는 지수. 점수가 긍정적일 때(+0.1에서 +1.0)는 한 현상의 빈도가 다른 현상의 빈도와 연관된다는 것을 의미한다. 점수가 부정적일 때(−0.1에서 −1.0)는 한 현상의 높은 빈도가 다른 현상의 낮은 빈도와 연관된다는 것을 의미한다. 두 변수 사이의 완전한 일치는 +1.0으로 표시된다. 완전한 반대의 상호관계는 −1.0으로 표시된다. 상관계수가 0.0일 경우는 어떤 명백한 관계도 없음을 의미한다.

상관관계correlation 조사에서 사용되는 것으로 상호관계를 의미한다. 두 개의 현상 사이에서 하나의 변화는 다른 변화와 연결되며, 두 현상 사이에서 일어나는 변화의 유형, 높은 상관관계는 반드시 인과관계를 의미하지는 않는다.

상담counseling 심리적인 문제나 고민이 있는 사람에게 실시하는 상담활동. 상담원이 전문적인 입장에서 조언·지도를 하거나 공감적인 이해를 보여 심리적 상호 교류를 함으로써 상담자의 문제를 해결하거나 심리적 성장을 돕는다.

상대적 빈곤선relative poverty line 동일한 사회 내에서 다른 사람들과 비교했을 때 상대적으로 생활수준이 떨어지는 상태를 상대적 빈곤이라 한다. 즉, 문화적 맥락에 따라 상대적인 측면을 고려하여 임의로 설정한 기준선인 상대적 빈곤선 이하의 상태를 가리킨다.
사회가 발전하여 경제적으로 풍요로워질수록 상대적 빈곤의 기준도 항상 조정된다. 따라서 상대적 빈곤의 기준선은 나라마다 다르다. 우리나라에서는 경제협력개발기구(OECD)의 기준에 따라 중위 소득의 50%를 상대적 빈곤선으로 설정하여 그에 미달하면 상대적 빈곤층으로 정의한다. 우리나라에서는 특히 상대적 빈곤이 문제가 되는데, 절대적 빈곤보다 상대적 빈곤의 비율이 더 높기 때문이다.
상대적 빈곤은 상대적 박탈감과도 밀접한 관계가 있다.

상병급여benefits salary 실업급여 수급자격이 있는 근로자가 실업 신고를 한 후 질병 또는 부상으로 7일 이상 구직활동을 할 수 없어 실업의 인정을 받지 못한 경우 실업급여를 지급받을 수 없게 되므로 예외적으로 근로자의 생활안정을 위하여 실업급여 대신 지급하는 급여를 말한다.

상실loss 사망, 이혼, 재해나 범죄피해 등을 겪음으로써 한때 소유하였던 것이 박탈된 상태를 뜻함. 사회복지사와 다른 전문가들은 상실이 위기(crisis)를 일으키는 결정적인 요소로 보며, 여러 형태의 우울증(depression)을 촉진하는 개인, 가족, 지역사회가 단기적 또는 장기간 동안 겪게 되는 상실을 보상하거나 대체하여 줌으로써 이들이 상실에 적응하도록 전문적으로 돕는 데 대부분의 시간을 할애한다.

상평창Sangpyeongchang 흉년에 곡가가 올라가면 곡식을 싸게 내다 팔아 곡가를 떨어뜨리고, 풍년에 곡가가 하락하면 시중의 곡식을 비싼 값으로 사들여 시중의 곡가를 올림으로써 곡가가 심하게 오르거나 내리는 일 없이 항상 적정 가격을 유지하도록 조절하던 물가조절 기관. 상평창이 우리나라에 처음으로 실시된 것은 고려시대인 993년으로 이때 금 1,000냥을 기금으로 삼아 시작되어 개경과 서경 및 12목에 설치되었다. 그러나 치폐를 거듭한 듯하다. 조선시대에는 1409년 전라도 관찰사 윤향에 의한 상평보 설치를 시작으로 상평법, 사창법 등이 정해졌다. 그러나 시일이 경과함에 따라 비록 곡가가 오를 때라도 농민에게 양곡만 좀 더 대여해주면 같은 효과를 거둘 수 있어, 양곡을 위주로 한 대출과 회수 그리고 매매에 치중하여 이자를 거두는 기관으로 바뀌었다.

상호원조집단mutual aid groups 어떤 문제점을 공유한 사람들이 서로 충고하고, 정서적으로 지원하고, 정보 및 여러 도움을 주고받기 위해 정기적으로 만나는 공식·비공식 소모임. '상호원조집단'이라는 용어는 보육, 운송, 구매력, 집안수리, 또는 그와 비슷한 행위들처럼 좀 더 손에 와 닿는 봉사나 물자를 주고받는다는 것 말고는 자조집단(self-help group)과 비슷한 말이다.

상호작용reciprocal interactions 상호작용은 둘 이상의 물체나 대상이 서로 영향을 주고받는 일종의 행동을 의미한다. 한쪽 방향으로 영향이 나타나는 인과관계와는 달리 양쪽 방향으로 영향이 나타나야 한다. 관련된 용어로 '상호연관'(interconnectivity)되어 있는 체계(system)와 체계 사이의 관계를 나타낸다.

상호협력mutual help 비슷한 문제를 가진 사람들이 서로 도움을 주려고 노력하는 것. 사회복지사들은 흔히 그러한 노력을 클라이언트 집단들 사이에 고무시키고 촉진시킨다. 예를 들어, 시민집단의 연락망들이 모두 서로 잘 지내도록 격려하기 위해 정기적으로 날을 잡아 그 날은 종일 전화를 하고 서로 도움을 주기도 한다.

생계비cost of living 일정한 사회에서 일정한 생활수준을 유지하는 데 드는 화폐적 비용을 말한다.
최저생계비 산출액은 구호금과 사회보장금, 가족수당, 세금공제, 최저임금 등을 결정하는 데 필수적이다.

생계비지수cost-of-living index 일정한 사회에서 일정한 기간에 화폐가 갖는 상대적 구매력을 결정하는 측정수단. 미국의 경우는 사람들의 전반적인 욕구를 충족시키는 데 가장 중요하거나 대표적이라고 생각되는 296개 상품의 평균가격을 평가해서 지수를 계산한다.

생계수준subsistence level 살아남는 데 필요한 최소한의 돈 또는 자원의 양.

생태계ecosystem 생태계는 상호작용하는 유기체들과 서로 영향을 주고받는 주변의 무생물 환경을 묶어서 부르는 말이다. 생태계를 연구하는 학문을 생태학(ecology)이라고 한다.

생태도ecomap 클라이언트 및 클라이언트와 관련된 사람, 직접 관련 있는 사회사업기관과 환경적 영향 사이의 상호작용 변화를 묘사하기 위해서 사회복지사, 가족치료 전문가, 기타 전문가들이 사용하는 도표.

생태학적 관점ecological perspective 요약 인간과 자연은 상호적으로 영향을 주고받는다는 관점. 생태학은 생물과 환경의 상호관계를 연구하는 학문이다. 산업화 이후 인간과 사회가 직면하는 인구팽창, 식량부족, 환경오염 등과 이와 관련된 모든 사회적·정치적 문제들이 생태학적 문제와 연관됨이 밝혀지면서 생태학적 관점이 중요하게 부각되었다. 환경결정론은 환경이 인간의 생활양식을 결정한다고 보고, 환경가능론이 인간의 자연극복 측면을 강조하는 데 비해, 생태학적 입장은 상호적인 입장에서 인간이 지나치게 자연을 훼손했을 때 생기는 생태계 파괴를 우려한다. 이런 관점은 인문, 사회, 행동 등에 다양하게 적용된다. 브론펜브레너는 개인과 환경 둘 다 인간 발달에 영향을 미친다는 생태학적 접근방식을 썼다.

생활모델life model 클라이언트와 환경 간의 양면에 초점을 맞추기 위해 환경적 상관관계를 사용하는 사회사업 접근방법이다. 이 접근법을 사용하는 사회사업가는 생활 가운데 심각한 문제를 개인이나 환경의 상호작용의 연속성으로서 간주한다(주생활 변화, 대인 간 상호과정, 환경장애 등). 이 접근법은 개인능력을 향상시키고, 환경적인 스트레스를 감소시키며 상호 의사 거래를 증진하고 성장토록 회복시키는 통합적인 방법이다.

생활주기life cycle 가족의 변화과정으로서 즉, 남녀가 결혼으로 새로운 가족을 형성하고 자녀를 갖게 되면서 가족은 확대되고, 자녀들이 성장한 후 결혼하여 가족을 떠나게 되면서 가족은 축소하기 시작하며, 노부부가 사망함으로써 소멸된다. 즉, 사람이 가족생활에서 경험하는 결혼, 출산, 육아, 노후의 각 단계에 걸친 시간적 연속을 말함.

서비스 접근성accessibility of service 욕구를 가진 사람들이 관련서비스를 획득하는 상대적 기회.

서스톤척도thurstone scale 서스톤이 제안한 척도제작방법으로서 유사동간법(method of equal appearing interval), 연속적 동간법(method of successive interval) 및 상대적 비교판단척도(paried comparision method). 흔히 서스톤척도라고 하면 주로 앞의 두 가지 척도를 의미한다.
우선 유사동간법은 주어진 태도를 나타내는 진술문이나 대상을 척도화함에 있어서 대상을 판단하는 심판자(또는 평정자)가 어느 정도의 오차를 가지고 대상 간의 동간성을 판단할 수 있는 능력이 있다는 것을 가정하는 척도제작법이다. 따라서 대상이나 진술문에 대한 척도의 동간성은 어떤 유도적인 방법으로 도출해 내는 것이 아니라 평정자의 판단결과에서 직접 얻어지게 된다. 척도의 제작은 어떤 측정에 관심이 되고 있는 심리적 변인(또는 태도)을 나타내는 여러 수준의 진술문을 작성한 다음 여러 명의 평정자로 하여금 11개의 유목을 가진 척도상에서 각 진술문을 수준에 따라 분류하게 한 다음 각 진술문의 척도치는 각 유목에 배당되는 유목 점수의 중앙치나 평균치가 진술문의 척도치가 된다.
이 유사동간법은 리커르트의 척도 제작 방법보다는 논리가 합리적이고 보다 명료하다는 특징을 갖고 있으나 얻어진 척도의 동간성을 가정하기는 어려운 제한점을 갖고 있다. 이 유사동간법은 평정자의 주관적 판단에만 의존하여 척도의 동간성을 가정하는 양적 판단방법에 속한다.
이에 반하여 연속적 동간법은 평정자의 판단의 변산이 척도의 단위를 유도해 내는 데 이용되는 변산적 판단방법이다. 따라서 척도제작을

ㅅ

위한 자료의 수집과정은 유사동간법과 동일하나 다른 점은 유사동간법에서는 대상 간의 동간성 또는 비율성까지도 판단할 것을 요구하고 있는 반면, 연속적 동간법에 있어서는 대상 간의 서열 정도의 판단만을 요구하고 있다.
연속적동간법에 의한 척도 제작의 핵심은 일련의 주어진 진술문(또는 대상)들의 평정 빈도 분포에 대한 누가 백분율 분포로부터 심리적 연속성을 이루고 있는 각급 간의 간격을 추정하는 과정이 된다. 이 척도제작법의 기본가정은 각 진술문에 대한 누가 백분율은 측정하고자 하는 심리적 변인의 연속상에서 정상분포를 이루고 있다는 것이다. 따라서 각 진술문에 대한 척도치는 이러한 심리적 변인의 연속상에 반영된 누가 백분율 분포의 중앙치나 평균치로서 정의된다.

서열측정ordinal measurement 조사연구에서 관찰보고들을 순서를 정할 수 있는 어떤 기준에 따라 서로 배타적인 범주로 분류하는 측정수준. 사회경제적 지위가 하나의 예가 될 수 있다.

선별적 프로그램selective programs 사회사업 수혜의 자격기준을 개별화된 평가(사정)에 바탕을 두고 결정하는 사회복지 프로그램. 즉, 자산조사(means test)가 적용되는 프로그램이 모두 여기에 포함된다.

선택적 무언증selective mutism 언어발달이 정상적으로 이루어져 있음에도 불구하고 특정한 상황에서 말을 하지 않음.

설문지questionnaire 조사를 하거나 통계 자료 따위를 얻기 위하여 어떤 주제에 대해 문제를 내어 묻는 질문지.

섬망delirium 의식장애와 내적인 흥분의 표현으로 볼 수 있는 운동성

흥분을 나타내는 병적 정신상태. 급성 외인성(外因性) 반응증세로서 나타난다. 동시에 사고장애(思考障碍), 양해나 예측의 장애, 환각이나 착각, 부동하는 망상적인 착상이 있고, 때로는 심한 불안 등을 수반한다. 환자의 환각은 때로 무대 위의 몽환적(夢幻的)인 정경을 보고 있는 것 같이 감지되는 경우가 많다. 섬망상태에 있을 때는 환각이나 착각 등에 의한 착오 때문에 주위와 교섭이 어렵다. 고열이 나는 질병에 의한 의식장애 때의 열성섬망[이때 나오는 무슨 뜻인지 모르는 말을 흔히 헛소리, 즉 섬어(譫語)라고 한다]이나, 알코올의 과음을 주원인으로 하는 진전섬망 등은 잘 알려져 있으며, 특히 후자의 환각은 작은 동물의 환시(幻視)의 형태를 취하는 일이 많다.

섬망증delirium tremens(d.t.'s) 장기간 음주하던 사람이 갑자기 음주를 중단 혹은 감량했을 때 나타나는 진전과 섬망상태. 급성 알코올중독증의 일종으로 알코올 금단섬망이라고도 한다. 만성 알코올중독자의 5% 정도에서 나타나는데, 대부분 5~15년의 음주경력을 갖고 있는 30~40대에서 발병한다. 불안과 초조, 식욕부진, 진전, 공포에 의한 수면장애가 선행하며 주증상은 섬망이다.

성격장애character disorder 인격장애 또는 성격장애는 고정된 습관이나 성격, 사고방식이 사회적 기준에서 극단적으로 벗어나 사회생활에 문제를 일으키는 경우를 말한다. 미국정신의학회는 인격장애를 "개인이 속한 문화에서 기대되는 것과는 상당히 편중되고, 전반적이며 융통성이 없으며, 청소년기나 초기 성인기에 발생하여 시간이 지나도 변화되지 않으며 고통이나 장애를 초래하는 내적 경험과 행동의 지속적인 양상"(DSM-Ⅳ, 1994, p. 629)이라고 정의한다.

성기능 장애sexual dysfunction 성행위 과정에서의 여러 기능장애

① 성욕구장애(sexual desire disorder): 성적 욕구를 느끼는 과정에서 어려움, 성욕감퇴장애(hypoactive sexual desire disorder), 성혐오장애(sexual aversion disorder)

② 성흥분장애(sexual arousal disorder): 성행위를 수행할 수 있는 신체적 흥분상태에 도달하는 데에 어려움. 여성 성흥분장애, 남성 발기장애

③ 절정감장애(orgasmic disorder): 성적 행위에서 절정감을 느끼는 데에 어려움을 겪는 장애. 여성 절정감장애, 남성 절정감장애, 조루증(premature ejaculation)

④ 성통증장애(sexual pain disorder): 신체적 결함이 없음에도 불구하고 성행위 과정에서 통증을 느끼는 장애. 성교통증(dyspareunia), 질경련증(vaginismus).

성도착증paraphilia 성행위 대상이나 성행위 방식에서 비정상성을 나타내는 장애. 변태성욕증.

① 노출증(exhibitionism): 자신의 성기를 낯선 사람에게 노출시킴으로써 성적 흥분을 느낌.

② 관음증(voyeurism): 남이 옷을 벗고 있거나 성행위를 하고 있는 모습을 몰래 훔쳐봄으로써 성적 흥분을 느낌.

③ 물품음란증(fetishism): 무생물인 물건에 대해서 성적 흥분을 느낌.

④ 마찰도착증(frotteurism): 원치 않는 상대에게 몸을 접촉하거나 문지름으로써 성적 흥분을 느낌.

⑤ 소아애호증(pedophilia): 사춘기 이전의 소아를 상대로 한 성행위

를 통해 성적 흥분을 느낌.

⑥ 성적 가학증(sexual sadism): 상대에게 고통이나 굴욕감을 느끼게 함으로써 성적 흥분을 느낌.

⑦ 성적 피학증(sexual masochism): 상대로부터 고통이나 굴욕감을 느낌으로써 성적 흥분을 느낌.

성문법the statute law 제도상 입법권을 가진 자에 의하여 만들어지고, 내용이 문서로 작성되어 일정한 형식과 절차를 거쳐서 공포된 법을 말한다. 이와 같은 성문법은 입법기관에 의하여 특별한 절차를 거쳐서 제정되므로 제정법이라고도 한다. 성문법은 일반적·추상적인 문장으로 표현되며, 고정적이라는 면에서 입법자의 의사를 규범에 반영시킬 수 있으므로 어떠한 정책적인 목적에 따라서 입법을 하는 경우에 편리하다는 장점을 갖고 있다.

오늘날 문명국가는 원칙적으로 성문법을 법의 연원으로 하고, 예외적으로 불문법을 병용하는 것이 일반적이다. 또한 영국이나 미국과 같은 불문법주의 국가들도 점차 성문법을 법원으로 하는 경향이 있다. 한국은 성문법주의 국가로서 가장 중요한 법원을 성문법으로 하고 있다. 현행의 성문법으로는 헌법, 법률, 명령(대통령령, 총리령, 부령 등), 조례, 규칙·조약 등이 있다.

성인교육adult education 일반적인 공공교육 받을 나이를 넘어선 사람들이 지식, 기술, 가치 등을 획득하고 전수하는 과정. 성인교육 프로그램은 문맹을 퇴치하고 직업적·경제적 기회를 향상하고, 인간의 잠재력을 고양시키기 위하여 활용되어 왔다.

성인기adulthood 성숙기(보통 18세)에 시작하여 사망에 이르기까지 인생주기의 한 단계. 사회과학자들은 성인기를 성인 초기(18~44세), 중년기(45~64세), 노년기(65세~사망)로 분류한다.

성인발달adult development 성숙한 나이에서부터 사망할 때까지 개인에게 발생하는 정상적 변화. 여기에는 청년기 이후에 나타나는 신체적, 선천적, 사회적, 감정적 성격 변화가 있다.

성인보호 서비스adult protection services 스스로 자신을 보호할 수 없거나 보호해줄 중요한 타자(significant others)가 없는 성인들에게 제공되는 사회적, 의료적, 법적, 주거적, 관리적 보호 등의 인간서비스. 이러한 성인들은 보통 자신의 이익을 위한 현명한 행동을 할 수 없고, 그래서 다른 사람들에게 해로운 영향을 끼치거나 다른 사람한테서 상처받기 쉽다. 일반적으로 그런 상황에서 합법적인 결정이 내려진 후, 사회기관 및 다른 보호시설의 보호가 더 이상 필요 없다고 판단될 때까지 적절한 서비스를 제공한다.

성인 주간보호adult day care 일차적인 후견인을 얻을 수 없고 스스로를 돌볼 수 없는 성인에게 개인적·사회적 서비스와 가정 조성 서비스를 제공하는 프로그램. 대개 이런 보호를 필요로 하는 사람들은 신체적·정신적으로 장애를 가진 사람이고 그들의 보호자는 매일 많은 시간 동안 떨어져 있어야 한다. 성인 주간보호를 제공하는 시설로는 양로원, 요양소 등이 있다.

성정체감장애gender identity disorder 자신의 생물학적 성과 성역할에 대해서 지속적으로 불편감을 느끼는 경우와 반대의 성에 대해서 강한 동일시를 나타내거나 반대의 성이 되기를 소망하는 경우.

성차별sex discrimination 성차별은 성이 다르다는 이유만으로 이성에 대해 차별하는 것을 의미한다. 대체로 남자들에게는 특별한 편익을 주고, 여성들에게는 열등하게 처우하는 것을 말한다. 동등한 능력을 소유하고 있는데도 남성을 여성보다 더 유리하거나 높은 위치에 기용하는 행위가 바로 성차별이다.

성차별주의sexism 성적 역할 기능에 의한 고정관념(sex role stereotypes) 또는 일반화된 관념 때문에 여성이나 소녀들을 차별하는 개인적인 태도와 제도적 장치.

성평등sexual equality 성별에 구애받지 않고 모든 권리, 기회, 혜택이 평등하게 주어져야 한다고 주장하는 사상.

성학대sexual abuse 어린이에게 성적인 착취, 유희 또는 가해를 함으로써 가해자인 성인이 성적인 만족을 얻는 행위. 가해자는 성격장애(personality disorders), 정신병(psychosis), 또는 성도착(paraphilia)과 같은 심각한 심리적인 문제들을 가지고 있는 경향이 있다. 피해자는 가해자의 이러한 행위를 잘 이해하지 못하고 이해하려고도 하지 않으며 가해자로부터 도피하기도 어렵다. 성(적)학대는 미성년 아동과 성적인 관계를 이룰 수도 있고, 생식기 희롱, 포르노 사진을 찍거나 보여주는 행위 등 여러 형태의 성적인 행동화(acting out)를 포함한다. 사회복지사에 따라서는 강간, 유혹, 성희롱(sexual harassment), 강제적인 성행위의 요구 등도 성학대에 포함시킨다.

세계대공황Great Depression 대공황(The Great Depression, The Great Slump)은 1928년부터 일부 국가에서 일어나기 시작한 공황이 1929년

10월 24일 뉴욕 주식시장의 대폭락에 의한 이른바 검은 목요일에 의하여 촉발되어 세계로 확대된 전 세계적 공황을 의미한다. 이로 인하여 기업들의 도산, 대량 실업, 디플레이션 등이 초래되었다. 개별 국가경제가 밀접하게 연결되어 있었고, 자본의 흐름도 자유로웠기 때문에 공황은 세계적 규모로 짧은 시간 내에 확대된 반면, 그 당시 시장을 통제할 수 있는 규제가 없어 피해의 규모는 걷잡을 수 없이 커졌다. 세계자본주의는 대공황에 의하여 1920년대의 황금기가 종언을 고하였다.

세계보건기구World Health Organization(WHO) 약칭은 WHO이다. 1946년 61개국의 세계보건기구헌장 서명 후 1948년 26개 회원국의 비준을 거쳐 정식으로 발족하였다. 1923년에 설립한 국제연맹(League of Nations) 산하 보건기구와 1909년 파리에서 개설한 국제공중보건사무소에서는 약물을 표준화하고, 전염병을 통제하며 격리 조치하는 업무를 수행하였다. WHO에서는 이 업무를 이어받아 세계 인류가 신체적·정신적으로 최고의 건강 수준에 도달하는 것을 목적으로 활동한다. 이를 위해 중앙검역소 업무와 연구자료 제공, 유행성 질병 및 전염병 대책 후원, 회원국의 공중보건 관련 행정 강화와 확장 지원 등의 일을 맡아 본다.

세대 간 재분배 세대 내 재분배generational redistribution within-generational redistribution 세대 내 재분배란 젊은 시절의 소득을 적립해 놓았다가 노년기에 되찾는, 즉 한 세대 내에서 이루어지는 재분배를 말한다. 비교적 잘나가던 시기에 얻은 소득의 일부를 부족한 시기에 이전하게 하는 방식으로서, 젊은 시절 소득을 적립해 놓았다가 노년기에 되찾는 적립방식 연금이 대표적인 방법이다. 세대 간 재분배는 한 세대에서 다음 세대로의 소득의 이전을 말하는데 청년집단에서 노인집단으로, 또는 성인으로부터 아동에게 이전되는 소득을 말하며 저금과 같은 적립방식의 연금이 아닌, 퇴직자가 수령하는 연금을 현재 일하는 근로계층이 부담하는 부과방식의 연금과 기초노령연금도 대표적인 예이다.

소년원reformatory 소년원은 「소년법」에 의거하여 가정법원 또는 지방법원 소년부의 보호처분결정에 의하여 송치된 14세 이상 20세 미만의 범죄소년, 형법에 저촉되는 행위를 한 12세 이상 14세 미만의 촉법소년, 성격 또는 환경에 비추어 장래 형법에 저촉되는 행위를 할 우려가 있는 12세 이상 20세 미만의 우범소년 등을 보호하여 교정교육을 하는 법무부 소속 특수교육기관이다.

소득분배income distribution 부의 재분배(富의 再分配) 또는 소득 재분배(所得 再分配)는 사회복지정책이 기타 다른 정책과 차별화되는 것 중 하나로 개인 또는 집단의 소득 이전을 말한다.

- 공적 소득 이전과 사적 소득 이전: 공적 소득 이전은 정부의 소득 이전으로 사회보험, 사회복지 서비스와 조세 등이 이에 속한다. 이에 비하여 사적 소득 이전은 민간 부분에서의 자발적인 동기에 의해 이루어지는 현금의 이전으로 가족구성원 간의 소득 이전이 가장 중요한 사적 재분배에 속한다. 민간의 보험도 민간 부분이라는 점에서 사적 소득 이전의 형태이다.
- 수직적 재분배와 수평적 재분배: 수직적 재분배는 서로 다른 소득집단 사이의 소득 이전을 말하는 것으로 부유층에서 빈곤층으

ㅅ

로, 고소득자에서 저소득자로의 재분배를 말한다. 대표적인 예로 공공부조가 있으며, 연금과 의료보험 또한 수직적 소득재분배 효과가 이루어지고 있다. 수평적 재분배는 소득과 관계없이 욕구가 큰 사람들에게 자원이 이전되는 것으로, 위험 발생집단으로 지원되는 재분배를 말할 수 있다. 즉, 취업자로부터 실업자가 받게 되는 실업급여나 근로자로부터 산업재해자가 받는 각종 산재보험 혜택, 그리고 모든 가족에게 가족(아동) 수당을 제공하는 것과 같다.

- 세대 내 재분배와 세대 간 재분배: 세대 내 재분배란 젊은 시절의 소득을 적립해 놓았다가 노년기에 되찾는, 즉 한 세대 내에서 이루어지는 재분배를 말한다. 비교적 잘 나가던 시기에 얻은 소득의 일부를 부족한 시기에 이전하게 하는 방식으로서 젊은 시절 소득을 적립해 놓았다가 노년기에 되찾는 적립방식 연금이 대표적인 방법이다. 세대 간 재분배는 한 세대에서 다음 세대로의 소득의 이전을 말하는데 청년집단에서 노인집단으로, 또는 성인으로부터 아동에게 이전되는 소득을 말하며, 저금과 같은 적립방식의 연금이 아닌, 퇴직자가 수령하는 연금을 현재 일하는 근로계층이 부담하는 부과방식의 연금과 기초노령연금이 대표적인 예이다.
- 장기적 재분배와 단기적 재분배: 시간을 기준으로 하여 나타나는 재분배 효과로 장기적 재분배는 생애에 걸친 장기간의 재분배로서 특히, 적립방식의 연금과 관련이 많다. 젊어서 일할 때의 소득의 일부분을 적립하였다가 정년 후 적립했던 돈을 연금의 급여로 되돌려받음으로써, 개인으로 보면 청년에서 노년기로의 소득을 재분배하는 것이 된다. 이에 비하여 단기적인 재분배는 현재 드러난 욕구에 대한 충족을 목적으로 하고 있으며, 공공부조가 대표적인

예이다. 즉, 현재 문제가 되는 것을 해결하기 위하여 조세로 조달되는 공공부조의 급여를 저소득층에게 지급함으로써, 수직적 재분배인 동시에 단기적 재분배가 된다.

소득유지income maintenance 예정된(predetermined) 삶의 기준을 유지하기 위한 충분한 돈이나 상품과 서비스를 개인들에게 제공하기 위해 고안된 사회복지 프로그램.

소비세excise tax 소비세는 본래 모두 소비자에게 부과되는 것은 아니지만 생산자나 분배자에게 부과되는 소비세가 상품의 가격에 포함됨으로써 소비자에게 전가된다.
일반적으로 소비세율은 소비지출 수준에 비례하고 고소득 집단은 저소득 집단보다 소득에 대한 소비비율이 낮다. 따라서 소비세는 고소득층보다 저소득층에게 더 부담을 주기 때문에 역진적이라고 할 수 있다. 반면 소비는 소득보다 더 안정적인 특성을 나타내기 때문에 소비세는 정부의 확실한 수입원이 되며, 징수비용이 상대적으로 낮고 사치품의 소비 등을 규제할 수 있다는 이점이 있다.
소비세는 부가가치세, 부당이득세, 주세, 특별소비세, 관세 등을 포함한다. 이 가운데 특별소비세는 특별한 재화와 용역의 소비에 높은 세율로 과세하는 소비세를 말한다.
한국에서는 1977년에 개정된 「특별소비세법」에 의해 물품세, 직물류세, 통행세, 입장세, 유흥음식세, 석유류세, 전기·가스세 등을 하나의 세목으로 통합하여 운용하고 있다. 단, 주세와 전화세는 특수성과 징세행정상의 편의상 별개의 세목으로 규정하고 있다.

소비자운동consumerism 서비스나 재화 사용자로서, 소비자들의 이익을 변호하고 보호하며, 재화나 서비스를 제공하는 활동, 훈련, 기술, 효과, 결과를 자세히 조사하기 우해 고안된 사회운동 내지 지향점.

소시오그램sociogram 집단사회복지사나 기타 전문가가 집단성원들이 서로에 대해 어떻게 느끼며, 집단이나 조직의 어떤 성원들에게 적대적이며, 어떤 성원들에게 동조하는지를 나타내기 위해 쓰는 다이어그램 또는 그래프.

소시오메트리socio-metri 사회심리학이나 사회학, 때에 따라서는 사회인류학과 정신의학에서 쓰이는 측정기법. 사회적 선택과 사람들 사이에 끌어당기는 힘의 평가에 바탕을 두고 있다. 이 용어는 오스트리아 출신의 정신과 의사 J. C. 모레노가 했던 작업과 깊이 연관되어 있다. 그는 이것을 연구와 치료법으로 개발했으며, 그 후 여러 가지 뜻으로 사용되었다. 대개는 선택적인 인간관계를 수량면에서 다룬다는 뜻으로 쓰이나 모든 종류의 인간관계를 수량적으로 취급한다는 뜻으로도 사용하고 있다. 어느 쪽에 중점을 두는가에 따라 심리학적인 방법으로 쓰이기도 하고 사회학적인 방법으로 쓰이기도 한다. 소시오메트리는 일정 집단 안에서 작용하는 끌어당기는 힘(때로는 밀어내는 힘)을 측정하고 평가한다.

보통 집단에 속한 각 구성원에게 일정 활동에 같이 참여하고 싶은(또는 참여하고 싶지 않은) 다른 구성원들을 지칭하도록 하는 방법을 쓴다. 여기에서 변형된 기법으로 사회적 선호가 보여주는 여러 가지 양상을 연구하기도 한다.

사회관계의 존재를 나타내는 지위라는 개념에 관해서도 여러 가지 많은 연구가 이루어졌다. 연구대상으로는 지도력, 사회적으로 고립된 인물이라고 할 수 있는 선택되지 않은 개인들과 많은 사람들에게 선택되는 사람들의 사회적응의 차이, 소시오메트리 측면에서 본 지위와 다른 인성변수, 인구학적 변수, 지능들 사이의 관계, 소수집단의 편견, 태도, 믿음, 가치 등이 있다.

소외alienation 일반적으로는 사귐이 멀어진 상태이며 좁은 의미로는 정신 착란. 프로이트학파에서는 문화기구에 대한 개인의 적응장애로서 '개성의 해체'의 한 특징으로 본다. 또한 철학에서는 자기소외의 뜻으로 사용하는데, 자기가 자기의 본질을 잃은 비본질적 상태에 놓이는 것을 일컫는다.

소진burnout 직업상의 스트레스. 좌절과 관련된 우울증과 무관심의 한 형태. 노동자가 지루해하고 의욕을 상실하며, 비창조적이 되고, 조건이 개선되어도 잘 적응하지 못한다.

속박constraint 사회계획과 정책 발달에서 권리의 수준을 제한하는 것. 예를 들어 벌금, 투옥 기간, 기타 다른 형벌.

수단적 일상생활 동작능력IADL 외출 및 대중교통 이용, 은행 및 관공서 이용, 사회적 관심 등의 독립적 생활을 영위하는 데 필요한 도구적 활동능력.

수렴이론convergence theory 기술과 산업화에 의한 경제 수준이 사회복지의 수준을 결정한다는 이론이다. 사회복지와 관련된 이론으로, 산업화이론(logic of industrialism) 또는 기술결정론(technological determination)이라고도 한다. 윌렌스키(Wilensky), 르보(Lebeaux) 등의 학자가 주장하였다.

ㅅ

일반적으로 수렴이론은 사회복지를 산업화의 산물로 간주한다. 다시 말해 선진 산업사회의 복지체계와 내용은 이데올로기나 법적·정치적 제도, 사회적 양심이나 권리 등이 아니라 오로지 기술과 산업화의 수준에 달려 있다고 주장한다. 자본주의 체제이든 사회주의 체제이든 정치·경제적 체제에 관계없이 경제발전 수준이 비슷하면 사회복지의 수준 또한 비슷해진다는 것이다.
하지만 고도의 경제성장을 이룬 부유한 국가 사이에서도 사회적 분배 정도, 즉 사회복지의 수준이 서로 다른 이유를 설명할 수 없다는 점에서 수렴이론의 오류가 있다.

수면이상증parasomnia 수면상태에서 일어나는 비정상적인 행동

① 악몽장애(nightmare disorder): 수면 중에 악몽을 꾸게 되어 자주 깨어나게 됨.

② 경악장애(sleep terror disorder): 수면 중에 심장이 빨리 뛰고 호흡이 가빠지며 진땀을 흘리는 등 자율신경계의 흥분과 강렬한 공포를 자주 느껴 잠에서 깨게 되지만 꿈의 내용을 기억하지 못함.

③ 수면 중 보행장애(sleep-walking disorder): 수면상태에서 일어나 걷고 여러 가지 행동을 하지만 다음날 전혀 기억하지 못함

수면장애sleep disorder 수면과 관련된 여러 가지 부적응적 문제를 포함, 수면의 양, 질, 적절성 등에 문제가 있는 경우.

① 불면증(insomnia): 원하는 시간에 잠을 이루지 못하거나 밤중에 자주 깨어 1개월 이상 수면 부족 상태가 지속됨.

② 과다수면증(hypersomnia): 충분한 수면을 취했음에도 졸린 상태가 지속되거나 지나치게 많은 잠을 자게 됨.

③ 수면발작증(narcolepsy): 주간에 갑자기 근육이 풀리고 힘이 빠지면서 참을 수 없는 졸림으로 인해 부적절한 상황에서 수면상태에 빠지게 됨.

④ 호흡관련 수면장애(breathing-related sleep disorder): 수면 중 자주 호흡곤란이 나타나 수면이 방해받게 됨.

⑤ 일주기 리듬 수면장애(circadian rhythm sleep disorder): 평소의 수면 주기와 맞지 않는 수면 상황에서 수면에 곤란을 경험하게 됨.

수명longevity 생명의 길이나 지속기간.

수용acceptance 수용이란 사회복지사가 클라이언트의 장점과 단점, 잠재력과 제한, 바람직한 행동이나 바람직하지 않은 행동, 긍정적 감정과 부정적 감정 등을 가진 실제로 있는 그대로의 모습을 받아들이는 것을 뜻한다. 수용의 특징은 온정, 정중한 태도, 경청, 존경, 관심, 변함없는 중립성과 확고한 태도, 그리고 다른 사람의 생활체험 속으로 의식적으로 들어가고 분합하려는 의지이다.

수용시설asylum 정신적인 장애나 육체적인 병, 혹은 경제적 결핍으로 고생하는 사람들을 보호하려고 만든 기관.

수용자inmate 감옥이나 병원 또는 다른 시설에 감금된 사람들로, 죄수나 환자들이 있다.

수용치료residential treatment 자신의 집이 만족스러운 역할을 수행하지 못하거나 수행할 수 없는 사람들을 위한 치료적 개입과정을 말한다. 이러한 치료는 전형적으로 사립학교, 의료센터, 교도소, 은신처 등과 같은 특별한 환경에서 이루어진다. 이러한 치료에는 통상적으로 개별 또는 집단심리치료, 정규 학교교육, 사회적 기술훈련, 레크리에이션, 그리고 자신의 집에서 늘 해결해온 욕구의 충족 등과 같은 다양한 전문적 원조가 포함된다.

수직적 재분배, 수평적 재분배vertical redistribution, horizontal redistribution 수직적 재분배는 서로 다른 소득집단들 사이의 소득 이전을 말하는 것으로, 부유층에서 빈곤층으로, 고소득자에서 저소득자로의 재분배를 말한다. 대표적인 예로 공공부조가 있으며, 연금과 의료보험 또한 수직적 소득재분배 효과가 이루어지고 있다. 수평적 재분배는 소득과 관계없이 요구가 큰 사람들에게 자원이 이전되는 것으로, 위험 발생집단으로 지원되는 재분배를 말할 수 있다. 즉, 취업자로부터 실업자가 받게 되는 실업급여나 근로자로부터 산업재해자가 받는 각종 산재보험 혜택, 그리고 모든 가족에게 가족(아동) 수당을 제공하는 것과 같다.

수치료hydrotherapy 물을 이용하여 질병을 치료하거나 예방하는 대체의학. 물을 직접 마시거나 사우나와 목욕 등을 통해 물로 몸을 씻거나 운동을 통하여 땀을 흘리는 등 다양한 방법이 있다. 순환활동을 돕고 노폐물이나 독소를 제거하는 효과를 얻는다. 물을 통한 치료원리는 매우 오래된 것으로, 고대 그리스의 의사 히포크라테스도 기원전 4세기경 치료효과를 위해 샘물을 마시고 목욕을 하는 등의 처방을 내놓은 바 있다. 또한 고대 로마인들은 온천을 활용하였고, 16세기에는 무기염류 온수를 이용한 물치료법이 유행하였다. 오늘날에 들어와서는 온천은 물론 광천수나 약수 등을 건강증진에 많이 이용하고 있다.

수혜지역catchment area 한 사회기관이 모든 잠재적 클라이언트에게 서비스를 제공할 수 있는 지역.

순응habituation 개인이 되풀이되는 괴로운 자극에 대한 반응을 제거하도록 학습하는 적응유형. 예를 들면, 학대받는 아동이 계속되는 물리적인 처벌에 무관심해 보이는 것 등이다. 몇몇 사회복지사들 및 다른 전문가들은 또한 개인이 물질적으로 중독된 것 이상으로 심리적으로 열망하는[금단증상(withdrawal symptoms)으로 명백히 나타나는] 약물 의존(drug dependence)의 한 형태를 언급하는 데 이 용어를 사용한다.

쉼터shelters 정상적인 숙소가 없는 사람 또는 동물들이 일시적인 거주나 보호를 제공받는 시설. 대체로 쉼터는 구타 또는 학대받는 여성, 무주택자, 유기 또는 학대받는 아동, 범죄나 자연재해의 피해자, 길 잃은 개와 고양이 등을 위해 대부분의 지역사회에 설치되어 있다.

슈퍼비전supervision 사회복지기관의 종사자가 업무를 수행하는 데에 지식과 기능을 최대로 활용하고 능력을 향상시켜 효과를 높이기 위하여 원조와 지도를 행하는 일.

스키너 이론 Skinnerian theory 스키너 행동주의 이론이라 부른다. 아동의 도덕성 발달은 보상과 처벌에 의해 이루어진다. 보상은 행동의 반복가능성을 증가시키는 반면, 처벌은 반복가능성을 감소시킨다. 스키너는 미국의 심리학자로 펜실베이니아 주(州) 서스퀴애나에서 출생. 1922년에 영문학을 전공하기 위해 해밀턴 대학에 입학하였으나 얼마 있다가 행동주의 심리학의 아버지라 불리는 왓슨(J. B. Watson)에 관한 글을 읽고 심리학에 입학했다. 그 후 미네소타와 인디애나 주립대학에서 잠시 교편생활을 하다가 1948년 하버드로 돌아온 뒤 오늘날까지 가장 영향력 있는 행동주의 심리학자로서 군림하고 있다. 조건반사의 원리에 입각해서 학습을 연구하여 독특한 경지로 발전시켰으며 흔히 알려져 있는 '스키너 상자(Skinner Box)는 바로 그의 창안에 의해서 제작된 것이다. 이 상자는 쥐가 빗장을 누르고 문을 열게 마련한 학습 실험의 상자이다. 그가 주장하는 조건화에 있어서의 골자는 반응과 작동적 행동은 엄격히 구별하려는 의도이다. 그의 저서로서는 1938년의 『유기체의 행동(*The Behavior of Organism*)』을 출판했고, 1948년 『*Walden Two*』라는 유토피아 소설을 출판했으며 이 소설은 20세기 창의적 사상가 중의 한 사람으로서 그의 위치를 확고히 해 주었다. 1953년 『과학과 인간행동(*Science and Human Behavior*)』을 출판했으며 『유기체의 행동』과 더불어 행동주의 심리학의 고전으로 읽히고 있는 저서들이다. 1971년 9월에 발간된 『자유와 존엄성의 피안(*Beyond Freedom and Dignity*)』은 전문적인 내용임에도 불구하고 계속 베스트셀러의 상위권(上位)을 차지해 왔으며 심리학은 물론 철학, 신학, 교육학, 사회학 등의 영역에서 논쟁의 초점이 되고 있다.

스태그플레이션(불황)stagflation 경제 불황 속에서 물가상승이 동시에 발생하고 있는 상태. 스태그네이션(stagnation, 경기침체)과 인플레이션(inflation)을 합성한 신조어로, 정도가 더 심한 것을 슬럼프플레이션(slumpflation)이라고 한다.

제2차 세계대전 전까지 불황기에는 물가가 하락하고 호황기에는 물가가 상승하는 것이 일반적이었다. 그러나 최근 호황기에는 물론 불황기에도 물가가 계속 상승하여, 이 때문에 불황과 인플레이션이 공존하는 사태가 현실적으로 나타나게 되었다.

예를 들어 미국에서는 1969~1970년 경기 후퇴가 지속되는데도 소비자 물가는 계속 상승하였다. 이 현상은 다른 주요국에서도 일어나고 있는데, 이는 직접적으로는 물가(특히 소비자물가)의 만성적 상승경향에 의한 것이다.

만성적 물가상승은 물가안정을 경제정책의 첫째 목표로 여겼던 전전의 풍조가 후퇴하여 지금은 물가안정보다 경기안정을 우선시했다는 점, 소수의 대기업에 의하여 주요산업이 지배되고, 제품가격이 수급상태 등과는 거의 관계없이 고정되는 경향(독과점가격의 下方硬直性)이 강해졌다는 점 등과 관련이 있다. 특히 1970년대에 들어와서는 석유파동이 경기를 침체시키면서도 물가는 계속 상승하였다.

스태그플레이션의 그 밖의 주요 원인으로는, 경기정체기에 군사비나 실업수당 등 주로 소비적인 재정지출이 확대되는 일, 노동조합의 압력으로 명목 임금이 급상승을 계속하는 일, 기업의 관리비가 상승하여 임금상승이 가격상승에 비교적 쉽게 전가되는 일 등을 들 수가 있다.

스트레스stress 스트레스 상태에서 사람은 정신적인 반응, 행동적인 반응, 신체적인 반응 등을 다양하게 나타낸다. 스트레스 강도가 아주 심하거나 스트레스 상황이 오래 지속되면 자율신경계나 면역기능, 내분비기능의 균형을 잃게 되어 여러 가지 질병에 걸릴 수 있다.

스핀햄랜드법Speenhamland Law 18세기의 인도주의적 제도의 하나로 1795년 버커셔주 스핀햄랜드 지역의 치안판사 회의에서 제정된 「스핀햄랜드법」은 빈민에 대한 처우 개선을 위해 임금보조를 시행했다. 이 법은 전국적으로 실시되었는데, 생활비와 가족 수에 따라 연동제적 비율로 저임금 노동의 임금을 보충해 주었으며 노령자, 불구자, 장애자에 대한 원외구제가 확대되었다. 스스로 삶을 영위할 수 없는 자와 도움이 필요한 자를 적절히 구분하는 데 있어서 최초로 대가족(가족수)을 고려했다는 점에서도 중요성을 갖는다.

쓰레기통모형waste bin model 조직의 구성단위나 구성원 사이에 응집력이 아주 약한 상태에서 이루어지는 의사 결정의 특징을 강조한 모형. 쓰레기들이 우연히 한 쓰레기통에 모이듯이, 문제, 선택, 해결, 참여자의 흐름 따위가 우연히 모여서 의사 결정이 이루어진다고 보는 것으로, 조직화된 무질서 상태에서의 결정을 다루는 모형이다.

승화sublimation 승화라는 말은 프로이트 정신분석학에서 성적인 충동이 원래의 목적이 아닌 다른 목적으로 전향됨으로써 성적인 충동의 주체가 스스로 사회적이거나 종교적인 혹은 도덕적 규범들에 순응하는 과정(대개는 무의식적인)을 의미한다. 예를 들면, 수녀들이 자신의 성적인 욕망을 신에 대한 사랑이나 가난한 사람을 돕는 방향으로 승화시키는 것이다. 또한 위대한 예술작품들은 일반적으로 승화된 리비도를 재현하는 것이며, 외과수술이 폭력적 충동의 승화라면 운동경기는 공격적인 충동의 승화라는 것이다. 프로이트의 영향력 있는 에세이 가운데 하나인『레오나르도 다빈치의 유년기의 기억』은 잠재적이고 정신적인 동성애적 충동이 과학 탐구와 예술적 창조행위로 승화되는 과정에 대한 세심한 분석을 보여준다. 프로이트에게 모든 긍정적이고 창조적인 행위는 성적인 충동을 탁월하게 승화시킨 것이다.

시민권 이론citizenship theory 영국의 사회학자 마셜(T. H. Marshall)이 개념화시킨 '사회적 시민권 이론'은 기본적으로 사회통합의 이론이다. 개인의 기본권, 정치참여권, 그리고 사회의 경제성장 성과를 분배받을 권리로서 시민권은 이 권리를 획득하지 못하고 있는 개인 또는 집단을 사회 내로 포섭 또는 통합하는 것을 중심 내용으로 하기 때문이다. 다시 말해서, 사회적 시민권 이론은 성장의 효율성, 개인주의적 시장경쟁의 경제적 가치만이 아니라 분배적 정의를 통해 공동체의 성원을 사회 내로 통합할 수 있는 사회적·도덕적 가치를 사회발전의 필수적인 요건으로 상정한다. 여기서 중요한 것은 시민권이 비경제적 개념이라는 것이다. 경제과정에 기여하는 정도에 비례하여 부여되는 가치와는 독립적으로, 다시 말해 시장의 변덕에 영향을 받지 않는 사회적 지위를 부여하는 것을 의미하기 때문에 그것은 무조건적이기도 하다. 즉 시민권은 사회의 성원이기 때문에 권리를 부여받는 것(그러므로 동시에 의무도 부여받는 것)을 의미한다. 그러므로 사회적 시민권의 핵심은 '사회적 권리로서의 복지권 부여'라 하겠다.

특히, 진정한 민주하는 사회적 시민권을 실현하는 계기에서부터 출발하여야 한다고 주장한다. 노동자와 사회적 소외계층에게 사회적 시민권을 부여하여 이들을 사회체세 내로 통합시킬 때에야 비로소 경제적·사회적 불평등이 완화되고 사회통합을 이룰 수 있기 때문이다.

신경안정제barbiturates 중추신경계를 안정시키는 약. 의사들은 환자가 편히 잠들게 하고, 강박적인 상애를 소절할 수 있도록 이 약을 임상적으로 사용한다. 흔히 진정제(downers)로 잘 알려져 있다.

신구빈법(1834년) Poor Law of 1834 1830년대 「빈민법」을 개정하고자 한 일차적인 목적은 구빈비용의 감소에 있었다. 「길버트법」과 「스핀햄랜드법」이 제정되면서 증가한 구빈 비용을 줄이기 위해 구빈 제도 전반을 개편할 필요성이 생겨서 왕립위원회를 구성하는데, 1832년에 발족된 왕립위원회의 조사를 토대로 하여 1834년 개정 「빈민법」이 제정되었다.

신뢰 대 불신trust versus mistrust 에릭슨(Erikson) 학파의 심리사회 발달 이론(psychological development theory)에 따르면, 출생에서 대략 2세 사이에 발생하는 인간성장의 첫 단계에서 발견되는 기본갈등을 말한다. 유아는 자신을 돌봐주는 사람에게서 안정감을 느끼고 자신을 발달시킨다. 그러나 일관되지 않은 양육을 제공하는 사람은 믿지 않게 된다.

신뢰도reliability 동일한 검사 또는 동형의 검사를 반복 시행했을 때 개인의 점수가 일관성 있게 나타나는 정도이다.
신뢰도는 측정하려는 것을 얼마나 안정적으로 일관성 있게 측정하였느냐의 문제이며, 검사도구가 오차 없이 정확하게 측정한 정도를 의미한다. 오차가 적을수록 신뢰도가 높은 것으로 본다. 신뢰도는 또한 관찰변량과 오차변량에 의해서 정의될 수 있다.

신마르크스주의Neo-Marxism 신마르크스주의는 이탈리아의 그람시, 헝가리의 루카치 등이 1920년대에 주장한 마르크스주의의 분파 사상이다. 1960년대의 신좌익 사상에 영향을 주었으며 독일 프랑크푸르트학파 등 막스 호르크하이머를 중심으로 한 아도르노, 마르쿠제에 의해 1930년대에 계승된 신좌익 사상이다.
초기 마르크스주의 사상은 20세기 초반까지 최초의 논리적 사회주의 사상이란 이유로 명성을 얻었지만, 자본주의 사회에서 나타나는 문제를 사회의 하부 구조인 경제 부분(마르크스주의의 경제결정설)만을 언급하는 것으로 발전되었기 때문에 확실한 사회·정치 이론이 없다는 한계에 봉착했다. 이에, 상부 구조인 사회·정치 이론을 정립화하기 위해 이탈리아의 공산주의자인 안토니오 그람시가 자본주의 사회에서 나타나는 비인간적인 문화와 인간 소외를 중점으로 문제를 다뤄 신마르크스주의 사상의 토대를 마련했다.
신마르크스주의의 성립배경은, 근대자본주의 사회에서 국가의 역할을 제대로 설명하지 못한 마르크스주의에 대한 비판으로부터 시작하여 마르크스-레닌주의, 마오쩌둥주의 등 유사개념의 마르크스주의가 탄생하게 되고, 이 개념을 총칭해서 와이스(V. Weiss)는 후속 마르크스주의라고 정의했다. 포괄적으로 후속 마르크스주의에 속하지만 속한 요소들과는 차별화된 개념이 신마르크스주의이며, 마르크스주의에 대한 재해석 및 왜곡된 마르크스주의를 바로잡는 사회철학적 사조 및 현상을 뜻한다. 이러한 신마르크스주의는 후속 마르크스주의에 대한 무반성(無反省)적 태도와 사회철학적 강제성에 대해 비판하며 태동(胎動)하였다. 신마르크스주의에 대한 정의와 주장은 학자별로 조금씩 다르나 대체로 인간 소외, 탈인격화, 개인화 등의 문제에 대한 휴머니즘적(humanism) 요소를 강조하며 인간 중심의 인본적 사상을 주장한다는 점, 주관과 객관, 이론과 실천을 통합하여 마르크스주의 유물론에 대한 과학적 체계화를 주장한다는 점은 대동소이하다.
사회 문제를 전문적으로 분석한 신마르크스주의는 이런 특징 때문에 사회 개혁에 중점을 두는 좌익 운동인 신좌익 운동의 토대가 되는 사상이 되었다.

신보수주의neoconservatism 1970년대에 등장, 1980년대 미국에서 팽배했던 지배적 정치조류. 원래는 20세기 초 서유럽에서 진보주의에 대립하여 자유주의적 전통을 보존하려는 정치적 신념체계를 지칭하였다. 서유럽 제국과는 달리, 귀족제와 신분제의 경험이 없고 자유주의와 더불어 시작된 미국이 지켜야 할 전통은 자유주의밖에 없다. 따라서 미국의 보수주의는 처음부터 '뉴딜'(New Deal)과 '거대정부'(巨大政府)에 반대하여 자유방임주의를 옹호하는 것으로 나타났다.
1960년대 이래 다시 유력한 조류로 등장한 보수주의는 정부 역할에 대한 견해 차이로서 B. 골드워터와 R. 레이건 등의 고(古, palaeo)보수주의, R. 닉슨 등의 중(中, meso)보수주의, H. 잭슨과 J. 코넬리 등의 신(新, neo)보수주의로 나누기도 하지만, 최근에는 통틀어 신보수주의라고 한다.

신자유주의neoliberal 국가권력의 시장개입을 비판하고 시장의 기능과 민간의 자유로운 활동을 중시하는 이론. 1970년대부터 케인스 이론을 도입한 수정자본주의의 실패를 지적하고 경제적 자유방임주의를 주장하면서 본격적으로 대두되었다. 케인스 경제학은 제1차 세계대전 이후 세계적인 공황을 겪은 많은 나라의 경제정책에 이론적 기초를 제공하였다. 미국과 영국 등 선진국가들은 케인스 이론을 도입한 수정자본주의를 채택하였는데, 목적은 정부가 시장에 적극적으로 개입하여 소득평준화와 완전고용을 이룸으로써 복지국가를 지향하는 데 있다. 케인스 이론은 이른바 '자본주의의 황금기'와 함께하였으나, 1970년대 이후 세계적인 불황이 다가오면서 이에 대한 반론이 제기되었다. 장기적인 스태그플레이션은 케인스 이론에 기반한 경제정책이 실패한 결과라고 지적하며 대두된 것이 신자유주의 이론이다. 시카고학파로 대표되는 신자유주의자들의 주장은 닉슨 행정부의 경제정책에 반영되었고, 이른바 레이거노믹스의 근간이 되었다. 신자유주의는 자유시장과 규제 완화, 재산권을 중시한다. 곧 신자유주의론자들은 국가권력의 시장개입을 완전히 부정하지는 않지만 국가권력의 시장개입은 경제의 효율성과 형평성을 오히려 악화시킨다고 주장한다. 따라서 '준칙에 의한' 소극적인 통화정책과 국제금융의 자유화를 통하여 안정된 경제성장에 도달하는 것을 목표로 한다. 또한 공공복지제도를 확대하는 것은 정부의 재정을 팽창시키고, 근로의욕을 감퇴시켜 이른바 '복지병'을 야기한다는 주장도 편다. 신자유주의자들은 자유무역과 국제적 분업이라는 말로 시장개방을 주장하는데, 이른바 '세계화'나 '자유화'라는 용어도 신자유주의의 산물이다. 이는 세계무역기구(WTO)나 우루과이라운드 같은 다자 간 협상을 통한 시장개방의 압력으로 나타나기도 한다. 신자유주의 도입에 따라 케인즈 이론에서의 완전고용은 노동시장의 유연화로 해체되고, 정부가 관장하거나 보조해오던 영역들이 민간에 이전되었다. 자유방임경제를 지향함으로써 비능률을 해소하고 경쟁시장의 효율성 및 국가 경쟁력을 강화하는 긍정적 효과가 있는 반면, 불황과 실업, 그로 인한 빈부격차 확대, 시장개방 압력으로 인한 선진국과 후진국 간의 갈등 초래라는 부정적인 측면도 있다.

신체적 일상생활 동작능력PADL 개인위생, 옷 입기, 식사하기, 화장실 이용, 보행능력 등의 기본적인 자기 관리 능력.

신체형 장애somatic disorder 심리적 원인으로 인해 다양한 신체적 증상을 나타내는 장애. 다양한 형태의 신체적 고통, 증상이 자각되지만, 의학적 검사에서 아무런 신체적 결함이 발견되지 않음.

① 신체화 장애(somatization disorder): 다양한 종류의 신체적 증상 호소

② 전환장애(conversion disorder): 신경학적 손상을 시사하는 운동기

능과 감각기능의 이상

③ 통증장애(pain disorder): 한 가지 이상의 신체부위에 현저한 통증(두통, 복통, 요통 등) 호소

신프로이트 학파neo-Freudian 기본적으로 프로이트 이론을 따르지만, 사회문화적 요소나 대인관계, 성인 세계의 사회심리적 발달에 더욱 중점을 두는 이론의 방향을 말한다. 이 이름이 붙여지는 사람들조차 서로 갈래가 나뉘듯이 신프로이트학파는 하나가 아니다. 신프로이트학파를 주도하는 인물들로는 설리번(Harry Stack Sullivan), 호르네이(Karen Horney), 아들러(Alfred Adler), 프롬(Erich Fromm) 등이 있다.

실무교육field instruction 사회사업 교육에서 학생들에게 직접 사회사업 실무에 종사하도록 하고 지도·감독을 하는 것.

실무능력competency-based practice 사회사업에서 클라이언트, 지역사회, 전체사회, 전문직에 대한 전문가의 의무를 충족시킬 수 있는 입증된 능력. 이러한 능력과 자격은 면허증(licensing)을 획득하거나, 평생교육(continuing education)을 통해 현재의 상태를 유지하거나, 기관의 지도감독(supervision) 및 현임훈련(in-service training)에 참여함으로써 입증된다.

실무분야fields of practice 전문가의 다양한 실무분야와 그것에 필요한 전문적 능력을 의미하는 사회사업 용어. 사회복지사업의 실무분야가 개개인이 포괄적으로 맡기에는 너무 커졌기 때문에 실무분야는 1920년대에 설정되었다. 맨 처음 실무분야로는 가족복지(family welfare), 아동복지(child welfare), 정신의료 사회사업(psychiatric social work), 의료

사회사업(medical social work), 학교사회사업(school social work)이 있다. 이러한 분야는 어느 정도의 확장을 포함하여 계속적으로 그들 관심의 변화를 가져오게 하였고, 새로운 분야가 나타나기도 하였다. 또한 현재 실무분야로는 산업사회사업(industrial social work), 직장사회사업(occupational social work), 노인사회사업(gerontological social work), 농촌사회사업(rural social work), 경찰사회사업(police social work), 법정사회사업(forensic social work) 등이 포함된다.

실무이론practice theory 신체적·심리적 행동과 사회체계 간의 상호작용, 성취되어야 할 가치와 목표 그리고 원하는 행동을 할 수 있게 하는 특정한 기술 등에 관한 모든 개념을 체계적으로 종합한 이론.

실무지식practice wisdom 사회사업 관계자들이 업무를 완수하는 데 실제로 유용하다고 생각하는 정보, 예측, 이념 및 판단을 설명하는 용어. 실무지식은 종종 '상식'과도 일맥상통하며, 경험분석 또는 체계분석을 할 때 유효할 수도 있고 그렇지 않을 수도 있다.

실버산업elderly industry 실버(silver)란 은을 지칭하는 말로서 이 단어는 노인의 흰머리를 미화시켜 표현한 단어로 대중에게 인식되어 중년층과 노년층을 지칭하는 뜻이다. 그러나 실버산업이란 실무계에서 두루 쓰이고 있는 말일 뿐 학문적으로 정의된 개념은 아니다. 현재 일본에서는 실버산업이란 용어 대신 '시니어 비즈니스'(senior business)란 용어로 대체하여 사용하고 있다.
실버산업은 50세 이상의 장·노년층 사람들이나 다소 젊더라도 특별한 정신·신체적 이유로 노인들이 생활과 유사한 생물학·사회학적 특성을 보이는 사람들(예: 장애인)을 주 고객 대상으로 하는 영리 목적의 사업을 총칭하는 말이다. 또한 철저한 영리 목적사업이므로 사회사업이나 사회복지활동의 범주에 포함시켜서는 안 되며, 실버산업경영에 있어 대상자가 노인이나 장애인일지라도 '구매자'(consumer)이지 결코 '수혜자'(beneficient)는 아니다.

실버타운silvertown 사회생활에서 은퇴한 고령자들이 집단적 또는 단독적으로 거주가 가능하도록 노인들에게 필요한 주거 및 서비스 기능을 갖춘 노인 주거단지를 말함. 즉, 고령화 사회의 도래로 고령자를 위한 주거 수요의 증가와 함께 생겨난 노인 주거단지로, 각종 휴양·여가 시설, 노인용 병원, 커뮤니티 센터 등 노인들을 대상으로 하는 다양한 서비스 기능 시설이 갖추어져 있다. 실버타운이라는 단어는 흰 머리카락을 비유하여 노인들과 관련된 산업을 표현하기 위하여 실버(silver)와 타운(town)을 합성한 것으로, 비슷한 개념의 유료 노인주거시설로는 일본의 유료노인홈, 미국의 노인촌락(retirement community) 등이 있다.

실버타운의 종류는 입지유형에 따라 도시형, 도시근교형, 전원형 등으로 구분되며, 주거유형 기준으로 단독주거형, 공동주거형으로도 구분된다. 서강훈의 『실버타운이 해답이다』란 저서에서 한국형 실버타운 모델을 제시하였는데, 도시형은 기존의 도시형과 유사하고, 도시근교형과 전원형을 통합화한 도시외곽형을 제시하였다.

실버타운 개발사업은 단지 및 시설 건설을 통한 분양·임대사업 측면보다는 시설의 운영·관리 등 서비스 산업의 특징을 가지고 있으므로 서비스 기능은 수요자가 필요시설을 선택할 수 있도록 다양해야 한다. 따라서 이러한 시설들을 체계적으로 관리·운영할 수 있는 운영수단과 다양한 프로그램이 필요하게 된다.

이러한 실버타운의 설치 등과 관련하여『노인복지법』에서는 노인에게 주거시설을 분양 또는 임대하여 주거의 편의, 생활지도, 상담 및 안전관리 등 일상생활에 필요한 편의를 제공함을 목적으로 하는 시설을 노인복지주택으로 정의하여 설치에 따른 신고 및 분양, 임대, 양도 입소자격 등을 규정하고 있다.

실비요양시설expense medical 노인을 입소시켜 저렴한 요금으로 급식, 요양, 기타 일상생활에 필요한 편의를 제공.

실업unemployment 노동할 의욕과 능력을 가진 자가 자기의 능력에 상응한 노동의 기회를 얻지 못하고 있는 상태.

실업률unemployment rate 전체 인구에서 취업인구 수와 비교해서 일하려는 의지나 능력은 있으나 직업이 없는 사람들에 대한 경제학 및 통계학적 측정 비율.

실업보상unemployment compensation 실업에 의해 일시적으로 소득이 없고 자격요건을 갖춘 사람에게 지원하는 재정 원조.

실업보험unemployment insurance 사회보험의 한 형태로 노동할 능력이 있고 노동하려는 의사가 있음에도 불구하고 적당한 직업을 얻지 못하여 생활의 위협을 받는 자에게 생활을 보장해 주는 보험. 실업상태에 놓인 근로자의 생활안정을 목적으로 하는 보험으로 고용개발과 고용촉진사업 등을 추가하여 고용보험이라고 부르기도 한다. 재원은 사업장의 노사보험료 및 국가의 보조금에 의하여 조달한다. 실업보험의 지급기간은 보통 1년 이내이며, 보험료의 수준은 기존의 임금 수준에 따라 일정한 비율을 지급하는 것이 원칙이다. 실업보험을 운영하는 기관은 보험금의 지급뿐만 아니라 직업 소개 업무를 연결하여 운영하기도 한다.

실업수당the dole 근로자가 실직했을 때 일정기간 급여를 지급함으로써 실업으로 인한 생계불안을 극복하고 생활의 안정을 도와주며 재취업의 기회를 지원해 주는 제도이다.

- 해당조건 및 혜택
  - 실직 전 18개월 중 고용보험가입 사업장에서 180일(피보험 단위기간) 이상 근무
  - 회사의 경영사정 등과 관련하여 비자발적인 사유로 이직(자발적 이직, 중대한 귀책사유로 해고된 경우는 제외)한 경우
  - 근로의 의사 및 능력이 있고 적극적인 재취업활동에도 불구하고 취업하지 못한 상태

심리극psychodrama 집단치료(group therapy) 방법 중 중요하게 사용되는 기술을 말한다. 심리극 속에서 클라이언트는 사회적으로 억압된 여러 가지 상황에서 자신의 일부 또는 상대자의 일부 역할을 수행한다. 이것은 그들을 근심에서 벗어나도록 내적 감정을 표출할 기회를 주며, 상황에 잘 대처할 수 있는 연습을 하며, 다른 사람의 관점에서 상황을 볼 수 있는 경험을 하게 한다. 다른 집단 성원이나 심리극 참여자들은 모두에게 다른 견해가 서로 관련을 맺을 기회를 제공하는 역할을 한다.

심리사회 발달이론psychological development theory 모든 인간이 인생주기를 통해 경험하는 다양한 단계와 인생과정, 그리고 도전 등을 기술하기 위해 에릭슨(Erik Erikson)과 다른 학자들이 사용한 개념

들. 이 사전의 다른 부분에서 정의된 바에 따르면, 그러한 단계에 따른 인생과업을 신뢰 대 불신(trust versus mistrust), 자율성 대 수치심과 의심(autonomy versus shame and doubt), 창의성 대 죄책감(initiative versus guilt), 근면성 대 열등감(industry versus inferiority), 정체성 대 역할 혼란(identity versus role confusion), 친밀감 대 고립감(intimacy versus isolation), 생식 대 정체(generativity versus stagnation), 성실성 대 절망감(integrity versus despair) 등이다.

심리사회치료psychosocial therapy 전문가와 개인, 가족, 집단 또는 지역사회 간에 일어나는 관계(relationship)를 중심으로 특별한 정서적·사회적 문제를 극복하고 행복(well-being)을 성취하려는 클라이언트를 돕는 것을 목적으로 하는 치료요법. 심리사회치료는 클라이언트와 환경 간의 공유영역을 강조하는 심리치료(psychotherapy)의 한 형태이다. 심리사회 치료기는 정신 내부(intrapsychic)의 관심사와 함께 인간의 상호관계 또는 사회관계의 문제에 초점을 맞추고 있다. 터너(Francis J. Turner, 1978)에 의하면 심리사회 치료는 또한 개인의 행동, 퍼스낼리티, 환경 등을 수정하려는 사람들을 돕고자 가용자원을 동원하거나, 필요한 자원을 발굴하여 그들을 개인, 집단, 가족관계와 결합시켜주는 것을 모색한다. 이것은 개인의 가치와 목표 그리고 사회의 가용자원의 구조(framework) 내에서 기능상 만족과 성취감을 얻도록 돕기 위해 행해진다.

심리치료psychotherapy 정신장애, 심리사회적 스트레스, 관계력 문제, 사회환경을 극복하는 데 겪는 어려움 등을 해결하도록 도와주기 위해 사회복지사, 기타 정신건강 전문가 그리고 클라이언트(개인, 부부, 가족 또는 집단) 간의 전문화되고 공식적인 상호작용을 바탕으로 수립된 치료관계(therapeutic relationship). 심리치료의 몇 가지 중요한 형태로는 심리분석(psychoanalysis), 가족치료(family therapy), 집단심리치료(group psychotherapy), 지지적 치료(supportive treatment), 게슈탈트 치료(Gestalt therapy), 경험치료(experiential therapy), 일차적 치료(primal therapy), 의사거래(transactional analysis, TA), 심리사회 치료(psychosocial therapy), 심리극(psychodrama), 인지치료(cognitive therapy) 등이 있다. 최근 조사에 따르면 정신건강과 관련하여 200개가 넘는 독특한 개입유형과 이론적 학파가 있는 것으로 나타났다.

심리치료자psychotherapist 심리치료(psychotherapy)를 사용하는 정신건강 전문가. 심리치료를 행하는 전문가의 주요 학문분야는 사회사업(social work)을 포함해서 정신의학, 임상심리학 등이다. 그 밖에 전문간호사(nurse practitioners), 외과의사, 가족치료(family therapy) 전문가, 목사(성직자), 상담지도자(guidance counselors), 교육자 등도 심리치료 전문가에 포함된다. 심리치료자로서 법적 자격요건은 나라마다 다르게 규정하고 있다.

심리학자psychologist 인간과 동물의 마음과 행동을 연구하는 학자. 대한민국에서 심리학은 사회과학으로 분류되는데, 미국 등의 해외에서는 심리학의 학문적인 성격상 자연과학으로 분류되기도 한다.

심상image 감각에 의하여 획득한 현상이 마음속에서 재생된 것.

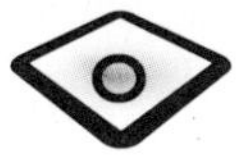

아너 소사이너티honor society 2007년 사회복지 공동모금회가 설립한 고액 기부자 모임이다. 개인 기부 활성화를 통한 노블레스 오블리주 실현이 목적이다. 사무국은 서울특별시 중구 사랑의 열매 회관에 있으며, 전국 17개 지역에서 지부가 운영되고 있다.

아너 소사이어티 회원은 정회원, 약정회원, 특별회원으로 나뉜다. 정회원은 일시 또는 누적으로 1억 원 이상 기부금을 완납한 개인 기부자로 약정회원은 5년 이내에 1억 원 이상을 내기로 약정한 개인 기부자로, 약정회원의 경우 최초 가입 금액은 300만 원 이상이며 매년 20%를 기부해야 한다. 특별회원은 가족이나 제삼자가 1억 원 이상을 기부한 뒤, 대표자를 아너 소사이어티 회원으로 추대한 경우이다. 유가족이 고인의 이름으로 유산 일부를 기부하는 등의 사례가 해당한다.

아니마, 아니무스anima, animus 무의식의 구조를 구성하는 심상을 일컫는 용어이다.

스위스의 분석심리학자인 칼 구스타프 융에 의해 처음 고안된 용어이다. 융은 사람들이 서로의 차이에도 불구하고 반복적, 지속적으로 보여주는 사고 및 행동의 패턴이 있다고 보았으며, 이를 토대로 인간의 정신 구조를 형성하는 '원형'(archetypes)들이 있다고 주장하였다. '아니마'(anima), '아니무스'(animus)는 '그림자'(shadow), '자기'(self)와 함께 네 가지 주요 기본 원형에 속하며, 융은 기본적으로 모든 인간에게서 네 가지 원형들이 모두 발견된다고 보았다.

1. 정의

아니마와 아니무스는 인간의 심상을 일컫는 것으로, 사회적 관계 속에서 보여주는 가면 같은 자아와 달리 진정한 자아를 지칭한다. 창조력 혹은 파괴력의 원천이기도 하여, 아니마와 아니무스로 인해 한 개인은 보통 사람들과 다른 특이하거나 비상한 면모를 가진 사람으로 보이기도 한다. 즉, 아니마와 아니무스는 개인이 타인과 차이를 형성하는 내면의 깊숙한 심상이다. 융은 한 개인이 개별화(individuation)의 과정을 거쳐 완전한 인간이 되기 위해서, 자신 내면의 아니마 혹은 아니무스를 포용해야 한다고 보았으며, 개별화를 곧 자기 이해라고 생각했다.

2. 아니마

아니마는 남성의 무의식의 한 부분을 구성하고 있는 여성적 심상이다. 사회화와 교육에 의해 아니마는 남성 안에 억압되어 정신의 깊은 곳에 발달되지 않고 잠재해 있다. 융은 정신적으로 발전하고 자아의 균형을 이루기 위해 남성이 자신의 아니마를 알아차리고 그것을 발달시키며 포용해야 한다고 보았다. 이후 융의 영향을 받은 정신분석학자들은 자신의 아니마를 발달시킨 남성은 부드럽고 인내심이 강하며, 타인에 대한 이해와 배려 그리고 동정심을 보인다고 보았다. 반면 아니마를 지속적으로 억압할 때, 허영심, 변덕스러움 그리고 타인의 감정을 상하게 하는 경향을 보인다고 주장하였다.

3. 아니무스

아니무스는 여성의 무의식의 한 부분을 구성하고 있는 남성적 심상이다. 사회문화적 가치를 습득하며, 수동적이고 의존적인 여성상을 이상화하는 사회에서 아니무스는 여성 안에 억압된 채 발달되지 않고 잠재해 있는 상태에 머물러 있게 된다. 반면 성공적인 사회생활을 위해 남성적 가치를 지나치게 권장하고 이상화하는 사회 속에서 아니무스는 과하게 발달하게 된다. 두 경우 모두 아니무스가 균형 있게 발달하지 못하게 되어, 여성은 호전적이고 파괴적이거나 눈감한 경향을 보이게 된다. 하지만 아니무스가 여성 안에서 균형 있게 발달한다면 강인하고 이성적이며 적극적인 경향을 보이게 된다.

4. 영향

융의 아니마/아니무스 개념은 페미니즘에 영향을 주었다. 페미니즘의 관점에서 융의 아니마/아니무스 개념과 개별화 과정은 엄격한 남성의 자아와 여성의 자아라는 이분법과 이를 토대로 한 사회 속 여성의 역할과 남성의 역할을 비판할 수 있는 방향을 제공해 주었다.

아동기childhood 인간 생활주기의 첫 단계인데 특징으로서 빠른 신체적 성장, 그리고 정규 교육과 놀이를 통해 어른의 역할을 습득하기 위한 노력이 나타난다. 많은 발달심리학자들은 이 단계가 유아기 이후에서 사춘기(puberty)(약 18~24개월부터 12~14세까지) 혹은 성인기(adulthood)(18~21세)까지라고 말한다. 이 단계는 때때로 초기 아동기(유아기 말부터 6세)와 중기 아동기(6세~청년기 이전), 후기 아동기(청년기)로 분류되기도 한다.

아동방임child neglect 신체적, 정서적, 사회적으로 건전한 발달에 필요한 최소한의 보호 및 책임을 완수하지 못하는 것. 예를 들어 불충분한 영양섭취, 부적절한 감독, 불충분한 건강 보호, 불충분한 교육 등을 말한다.

아동보호child care 성공적인 발달과 생활을 위한 일상적인 필요물을 공급하고 양육하는 것. 이것은 부모나 보호자가 아동의 욕구를 위해 제공하는 모든 행위에 적용될 수 있지만, 특히 일반시설이나 24시간 동안 집단주거시설에 수용된 아이들에게 적용되는 용어이다. 여기서 아동보호 행위는 신체적 보호(급식, 의류), 습성개발(인성개발, 사회화), 자기 관리(훈련), 치료적 보호(상담), 개별교육을 포함한다.

아동보호서비스child protective service 보호제공자(caregiver)에게서 자신의 요구를 충족시킬 수 없는 아동에게 제공되는 사회적, 의료적, 법률적, 주거적, 관습적 보호 등과 같은 인간 서비스. 정부기관의 아동보호서비스 분야에서 일하는 사회복지사들은 아동에게 이런 서비스가 필요한지를 결정하려는 사법당국의 조사활동을 도와주거나 그런 서비스 자체를 제공하기도 한다.

아동복지child welfare 아동의 건전한 발달, 양육, 보호를 지향하는 인간서비스와 사회복지 프로그램 및 이데올로기의 한 부분. 아동복지 사업은 연방, 주, 지방 프로그램에서 볼 수 있으며 흔히 건전하고 긍정적인 아동발달을 방해하는 상황을 방지하기 위해 계획된다.

아동 성적 학대child sexual abuse 초등학생 이하(1~13세)의 미성년자를 대상으로 한 성폭력 행위이다. 소년의 1/9, 소녀의 1/4이 성학대의 피해자가 될 가능성이 있다. 아동에 대한 성범죄가 사회적 현상으로 받아들여지기 시작한 것은 20세기 후반부터였다. 여성운동의 결과로 여성들이 어려서 성학대를 받았던 희생자였음을 폭로하면서 알려지기 시작하였다. 이에 따라 이와 관련된 연구도 많이 진행되고 있다.

아동수당children's allowances 0~5세 아동에게 일정액을 지급하는 제도다. 2018년 9월부터 시행한다. 소득인정액 하위 90%(2인 이상 가구 기준)에 해당하는 가정에 매월 10만 원씩 지원한다. 소득인정액은 소득과 재산을 소득으로 환산한 금액을 합한 것이다.

1. 지급 대상

아동수당 지급 대상은 0~5세 아동이다. 6세 생일 전월까지 최대 72개월 지원받을 수 있다. 기존에 양육수당이나 보육료를 받고 있는 아동도 중복으로 받을 수 있다.

2. 지급 기준

아동의 연령과 소득 기준에 따라 아동수당을 받을 수 있다. 아동 연령 기준은 0~5세, 소득 기준은 2인 이상 전체 가구의 소득인정액 하위 90% 가구다. 소득인정액은 재산을 소득으로 환산한 금액과 소득을 합산한 것이다. 맞벌이 부부는 소득의 25%를 빼고 산정한다. 단, 부부 한 측의 월소득 이상 공제할 수는 없다. 예를 들어, 부부가 각각 월 800만 원, 월 200만 원을 벌고 있다면 전체 소득의 25%인 250만 원이 아니라, 200만 원까지만 공제하는 식이다. 다자녀 가구는 소득 기준에서 양육비를 제외한다. 공제액은 둘째부터 자녀 1인당 월 65만 원이다. 한편, 소득 기준과 관계없이 90일 이상 해외 체류하거나 국적을 상실할 경우에는 아동수당을 받을 수 없다. 단, 신청 후 장기간 해외 체류로 지급이 정지됐더라도 아동이 귀국하면 다음 달부터 아동수당을 받을 수 있다.

3. 신청

보호자나 대리인이 신청해야 지급된다. 구체적으로는 친권자와 후견인, 실제 아동을 보호하는 보호자 등이다. 아동수당 신청은 읍, 면, 동 주민센터 및 온라인으로 가능할 전망이다. 2017년 8월 기준 신청 가능 시기와 구체적인 방법은 정해지지 않았다.

4. 지급 시기와 방식

아동수당은 신청한 달부터 지급된다. 단, 행정절차로 인해 아동수당 지급 시기가 늦어졌다면 신청한 달의 아동수당을 다음 달에 받을 수 있다. 또한, 출생 후 60일 이내 아동수당을 신청하면 출생일이 포함된 달까지 소급해 지급한다. 출생신고 기간을 감안한 부분이다. 지급액은 신청할 때 제출한 아동이나 보호자의 계좌로 입금된다.

아동양육보호권custody of children 이혼하는 부모 중 누가 아동을 맡을 것인지, 혹은 부모 외에 다른 보호자가 아동을 맡을 것인지를 지정하는 법적 결정. 이 결정은 아동의 이익을 가장 잘 반영한다고 생각되는 것에 근거해야 한다. 어떤 경우에는 부모 양쪽이 모두 책임을 공유하는 공동보호양육권(joint custody) 결정이 내려진다. 공동양육보호가 결정되면 아동은 일정 기간 동안은 어머니, 또 일정 기간 동안은 아버지와 함께 살게 된다.

아동유괴child snatching 피부양 아동이 법적으로 인정된 부모나 보호자의 보호와 감독을 받지 못하게 하는 불법적인 행위를 설명하는 일반적인 용어로서, 흔히 아동의 친척에 의해서 발생한다. 이것은 이혼이나 입양 등의 가족해체나 과거의 보호자 중의 한 사람이 타인에 대한 법적인 양도조치를 받아들이지 않는 경우에 주로 발생한다. 자격을 인정받지 못한 사람은 아동을 데리고 다니며 숨김으로써 당국으로 하여금 아동에게 정당한 보호를 제공하기 어렵게 한다.

아동 정신분석child psychoanalysis 아동의 건전한 발달에 악영향을 미치는 정신적 갈등과 정서적 분열을 극복할 수 있도록 도와주기 위해 정신분석 이론과 방법을 이용하는 것. 아동분석으로 알려진 이 분야의 실천가들은 주로 정신분석학 교육을 받고 아동을 대상으로 실무 훈련을 쌓은 의사들이다.

아동 정신치료child psychotherapy 훈련받은 전문가가 정신질병, 정서적 갈등, 손상된 정신발달, 부적응행동을 하는 아동에게 행하는 치료방법. 아동 정신치료는 다른 정신치료에서 쓰이는 모든 이론과 방법을 포함하지만, 특히 놀이치료(play therapy), 소집단치료, 지원적이고 재교육적인 치료를 강조한다. 아동 정신치료 서비스를 제공하는 전문가들로는 특별히 훈련받은 정신과 의사, 사회복지사, 심리학자, 정신건강 간호사, 교육받은 전문가 그리고 기타 정신건강 전문가 등이 있다.

아동학대child abuse 아동이 부모 혹은 부모를 대신하는 보호자로부터 받는 학대 행위. 아동학대는 신체에 폭행을 가하는 신체적 학대, 부모가 고의나 태만으로 밥을 주지 않는 영양학적 학대, 근친상간 등 성폭행을 가하는 성적 학대, 심리적으로 학대하는 감정적 학대 등이 있다.

아들러 개인심리이론 Adler's personal psychology theory 아들러는 사람의 사고와 행동의 주된 동기가 우월성과 권력에 대한 욕구에 있으며, 이러한 욕구는 부분적으로는 열등감을 보상하려는 데서 오는 것이라고 주장했다.
이 관점에서 보면 모든 개인은 독특하며, 독특한 목표와 그것을 추구하는 방식을 포함한 개인의 성격구조는 생활양식으로 표현되는데, 이는 자기 자신의 창조성의 산물이다. 그러나 전반적인 인간관계, 직업, 사랑 등을 포함하여 모든 중요한 문제들은 사회적이기 때문에 개인을 사회와 분리하여 생각할 수는 없다.
이 이론을 통해 심리학적 정상과 비정상을 설명할 수 있다. 잘 계발된 사회적 관심을 가진 정상인은 생활의 유용한 측면에 노력을 기울여 (즉, 공공복지에 공헌함으로써 공통된 열등감을 극복하여) 보상을 하는 반면 신경증이 있는 사람은 열등감 증대, 사회적 관심 저하, 과장되고 비협동적인 우월감 등을 특징으로 하며 이러한 증상들은 불안과 다소간의 공격성으로 나타난다. 따라서 그런 사람은 문제를 과제중심적이고 상식적인 방식에 의하지 않고 해결하려 하기 때문에 결국 문제해결에 실패하게 된다.
모든 형태의 적응장애는 이런 특징을 가지고 있다. 치료법은 정신요법의 면접 때 환자가 제공하는 자료를 통해 환자에게 자신의 잘못된 생활양식을 깨닫게 하는 것이다.

아젠다agenda '토의할 일련의 과제들', '해야 할 일련의 일들'이란 뜻을 가진 단어로, 라틴어의 'agere(하다)'에서 유래.

안락사euthanasia 극심한 고통을 받고 있는 불치의 환자에 대하여, 본인 또는 가족의 요구에 따라 고통이 적은 방법으로 생명을 단축하는 행위. 위법성에 관한 법적 문제가 야기되는 경우가 있다.

알츠하이머병Alzheimer's disease 알츠하이머병은 초로 치매의 주요원인인 동시에 노인성 치매의 주요 요인이기도 하다. 이 병에 걸리면 언어장애, 심한 단기 기억상실, 정신기능의 진행성 상실에 이르는 지남력 상실 등이 나타난다. 20세기 말까지 효과적인 치료법이 없는 상태이다.

이 병은 원래 1906년 독일의 신경병리학자인 알로이스 알츠하이머가 처음 기술했다. 심한 치매증상을 보인 55세의 환자를 부검한 후 알츠하이머는 뇌에 2가지 비정상적인 신경염성 판과 신경원섬유 덩어리가 있다는 데 주목했다. 신경염성 판은 이전에는 노인의 뇌에서 발견되던 구조물이었다. 현재는 신경염성 판이 퇴행성 신경종말, 반응성 신경교세포, 아밀로이드라는 섬유성 물질로 구성되어 있다고 알려져 있다.

신경세포 안의 섬유성 구조물인 신경원섬유 덩어리는 은으로 염색하면 지밀한 구조로 나타난다. 신경원섬유 덩어리는 이전에 보고된 적이 없었으며, 알츠하이머는 이런 비정상적 조직을 발견하여 새로운 질병의 실체를 정의할 수 있었다. 알츠하이머병에 걸린 환자가 상대적으로 나이가 적었기 때문에 이 병을 오랫동안 초로 치매의 한 형태라고 생각했다. 그러나 많은 고령의 환자들에게도 똑같은 병리학적 뇌 위축이 나타난다는 것이 밝혀져, 현재 대부분의 전문가는 알츠하이머병이라는 용어를 초로의 환자들에게만 한정시켜 적용하지 않는다.

원인은 아직 밝혀지지 않았지만 신경전단물질인 아세틸콜린 결핍과 관계가 있다고 생각되는데, 알츠하이머병에 걸린 환자의 일부 뇌에서는 이 물질이 정상의 40~90% 감소한다. 어떤 연구에 의하면 바이러스와 유사한 원인물질이 존재할 가능성도 있으며, 또 다른 연구는 뇌 조직의 비정상적인 알루미늄 농도와 비정상적인 사실과 질병을 연관시켜 추정하기도 했다.

1980년대 후반 연구자들은 이 병의 유전적 성분에 대한 증거를 발견했다. 전체 알츠하이머병 환자의 10%나 그보다 약간 많은 정도만이 유전적 요인에 의해 발병하지만, 이 병에 걸린 환자의 대부분 또는 전부에서 유전적 소인이 어떤 역할을 하리라고 믿어진다. 가족성으로 발생한 사례들을 연구한 바에 의하면, 상염색체 우성형질로 유전되며 치매의 징후는 전형적인 경우보다 상당히 빠른 50대와 60대의 환자에게 나타난다.

과학자들은 DNA 표지를 사용하여 이 병의 가족성 형태에서 21번 염색체에 결함이 있다는 사실을 증명했다. 이러한 결과는 다운증후군(21번 염색체 이상과 관계된 돌연변이)과 알츠하이머병 사이의 연관성을 입증하는 것이기도 한데, 다운증후군을 가진 거의 모든 성인은 알츠하이머병의 전형적인 뇌병변을 나타내기 때문에 이미 다운증후군과 알츠하이머병이 어떤 관계가 있을 것이라고 추측해 왔었다. 또한 알츠하이머병이 발병한 가족에서는 다운증후군을 갖고 있는 경우가 정상인들보다 3~4배 정도 많은 것이 밝혀졌다.

알코올 남용alcohol abuse 알코올 남용과 알코올 의존은 흔히 알코올 중독(alcoholism)으로 불리나 이는 정확한 정의가 결여되어 있는 것이며, 미국 정신의학회(American Psychiatric Association)의 정신장애 진단 통계편람(DSM-IV-TR)에서는 알코올 중독이라는 용어를 사용하지 않는다. 알코올 남용은 과도한 음주로 인한 정신적, 신체적, 사회적 기능에 장애가 오는 것을 일컫는 말이며, 알코올 남용이 심한 경우 알코올 의존에 이르게 된다. 알코올 남용 및 의존은 다른 정신질환과 마찬가지로 한 가지 원인으로 설명할 수 없으며, 심리사회적, 유전적, 그리고 행동적 요소가 복합적으로 작용하여 생기게 된다. 각 요소의 중요도도 개인마다 차이가 있을 것으로 추정된다.

알코올 남용 및 의존의 원인에 관해서는 정신역동 이론, 사회문화적 이론, 그리고 행동 및 학습이론 등이 원인 모델로서 연구 보고되어 있다. 생물학적 이론으로는 유전적 요소가 관심의 대상인데, 심한 알코올 남용의 가족력이 있는 경우 3~4배 위험도가 증가하는 것으로 되어 있고, 쌍생아 연구나 입양 연구 결과도 이러한 유전적 요인을 지지하고 있다. 한 개인이 정상적인 기능을 유지하기 위해서 상당한 양의 음주를 매일 해야만 하는 경우, 주말 등 특정 시간에 집중하여 과음을 하는 패턴을 규칙적으로 보이는 경우, 수주에서 수개월 폭음을 한 후 일정기간 금주를 하는 패턴을 반복하는 경우 등은 알코올 남용이나 의존을 의심해보아야 한다. 음주 습관이 특정 행동과 연관된 경우가 흔한데, 가령 일단 시작하면 통제하지 못하고 폭음하게 되는 경우, 금주를 위해 반복되는 노력을 하는 경우, 최소 이틀 이상 하루 종일 취해 있는 경우, 흔히 필름이 끊긴다고 말하는 음주와 연관된 기억 장애를 보이는 경우, 심각한 신체질환이 있음에도 지속적으로 음주를 하는 경우 등이 이에 포함된다.

알코올 남용 및 의존 상태에 이르게 되면 직업적·사회적 기능이 저하되고 법적인 문제나 교통사고를 자주 일으키고 가족 구성과의 마찰이 커지게 된다.

알코올중독alcoholism 급성중독과 만성중독이 있는데, 일반적으로는 장기간의 음주에 의한 만성중독을 말한다. 급성중독은 알코올을 한

꺼번에 다량 섭취함으로써 일어난다.

암페타민amphetamine 중추신경계를 자극하며 교감신경계를 흥분시키는 약물이다. 신경계에 작용하는 물질로 몸 전체의 작용이 일시적으로 활성화되는 효과를 가진다. 각성제는 몸속에 들어갔을 경우에 아드레날린과 비슷한 방식으로 작용하기 때문에 교감신경계가 흥분된다. 교감신경계의 흥분을 통해 심장박동이 빨라지고, 혈압이 높아지는 등의 효과를 얻을 수 있으며, 이러한 작용으로 잠을 쫓고 피로를 회복할 수 있기 때문에 각성제라는 이름이 붙었다. 약으로 쓰이는 각성제는 암페타민(페닐아미노프로페인) 계열이 가장 유명하며 여기에는 필로폰(히로뽕)이라는 상표명으로 널리 알려져 있는 메스암페타민(페닐메틸아미노프로페인)도 포함되어 있다. 또한 자연물질에 들어 있는 코카인, 니코틴, 카페인도 모두 각성 효과를 가지고 있기 때문에 넓은 의미로는 모두 각성제에 들어간다.

애착attachment 매력과 의존에 바탕을 둔 개인들 간의 정서적인 연대. 이것은 인생의 중요 시기에서 발전되었다가 한 사람이 다른 사람과 관계를 더 이상 갖지 못할 때 사라진다.

야콥병치매Jacob's disease 크로이츠펠트-야콥병은 전 세계적으로 1백만 명당 한 명꼴로 발생한다. 이 병은 대개 40세에서 70세 사이의 성인에게서 발병한다. 첫 증상은 대개 미약한 정신적 또는 행동상의 변화로 나타나며, 수주 혹은 수개월 내에 점차 치매가 진행된다. 종종 시각장애 및 자신의 의사와는 상관없는 움직임 등이 나타날 수 있다. 크로이츠펠트-야콥병은 1920년대에 독일의 두 의사 한스 크로이츠펠트(Hans G. Creutzfeldt)와 알폰스 야콥(Alfons M. Jakob)이 처음으로 기술했다. 그것은 사람이 걸리는 쿠루나 양과 염소가 걸리는 스크래피 같은 다른 신경퇴행성 질환과 비슷하다. 이 3가지 질환은 전염성 해면상 뇌질환에 속한다. 해면상 뇌질환은 신경 파괴 양상이 두뇌 조직에 구멍이 숭숭 뚫려 해면과 같은 특정한 형태로 나타나기 때문에 그러한 이름이 붙여졌다. 정신기능과 운동신경 제어가 점차 상실되는 것은 이와 같이 신경이 파괴되기 때문이다.

신경퇴행을 일으키는 원인은 많은 논란의 대상이 되었다. 병원체는 발병 전까지 아무런 증상 없이 몇 년이고 잠복해 있는 슬로우바이러스(slowvirus)로 생각되었다. 그러나 후에 크로이츠펠트-야콥병은 다른 해면상 뇌질환과 마찬가지로 바이러스 감염질환이 아니라 프라이온(prion)이라는 색다른 병원체에 의해 발병한다는 증거가 나왔다. 프라이온은 포유류와 조류의 두뇌에서 발견되는 것으로, 정상적으로는 무해한 단백질의 변형체이다. 프라이온은 정상 단백질을 자신과 같은 형태로 변형시키며 복제하여 그들이 신경세포 내에 축적되면 그 결과 신경퇴행을 초래한다.

크로이츠펠트-야콥병은 프라이온 단백질에 감염돼 걸릴 수 있지만, 전체 사례 중 약 1%를 제외하고는 유전성이거나 산발성이다. 그중에서도 산발성이 전체 발병 사례의 대부분인 85~90%를 차지한다. 이 경우, 변형 단백질이 맨 처음 발생하는 데 어떤 분자 과정이 관여하는지 분명하게 밝혀지지 않았다. 연구자들은 신체가 늙어가면서 돌연변이가 발생하거나 단백질의 모양에 자연발생적인 변화가 일어나 변형 단백질이 생기는 것이 아닌가 추측한다.

전체 발병 사례 중 나머지 10~15%는 가족 간에 유전을 통해 나타나는 양상을 보인다. 유전성인 경우에는 단백질을 암호화하는 유전자에 생긴 돌연변이가 우성 형질로 부모로부터 자식에게 전달된다. 인간과 동물 사이에 프라이온이 전염된다는 사실이 실험실에서 증명되었지만, 어떤 동물에게 질환을 일으키는 프라이온이 인간에게서도 프라이온 질환을 일으키는지는 확실하지 않다.
1990년대 중반 영국에서 많은 젊은이가 크로이츠펠트-야콥병에 걸리면서 이러한 유형의 전염에 대한 관심이 고조되었다. 1986년에 영국의 소들 사이에 광우병이 퍼지기 시작했는데, 그 병원체인 프라이온에 감염된 소고기의 섭취가 크로이츠펠트-야콥병을 일으키는 것이 아닌가 의심되고 있지만 증명되지는 않았다. 다만 크로이츠펠트-야콥병과 비슷하면서도 증세가 다른 변종 크로이츠펠트-야콥병(vCJD)의 발생으로 영국에서 환자가 사망하면서 많은 과학자가 광우병이 인간에게 전염될 가능성이 크다고 보고 있다.
한국은 2001년에 크로이츠펠트-야콥병과 변종 크로이츠펠트-야콥병을 법정전염병으로 지정하여 예방 대책을 강화하고 있다.

약물남용drug abuse 육체적 또는 정신적 안녕에 해로운 화학물질의 부적절한 사용.

약물의존drug dependence 사용된 약물에 심리적 또는 신체적 의존성을 보이는 증상을 말한다. 정신질환 진단 및 통계편람은 약물의존증을 1. 몰입/갈구의 단계, 2. 만취/의존의 단계, 3. 금단 증세의 세 단계로 구분하였다. 약물의존증은 육체적 금단 현상이 사라져도 약물에 대한 강렬한 갈망을 느끼며 결과적으로 계속적으로 약물을 사용하게 된다.

약물중독drug addiction 신체조직이 원활한 기능을 발휘하는 데 필요하지만, 결과적으로 생리적 의존을 유발하는 화학물질의 남용을 말함. 그 물질이 부족하면 금단증상(withdrawal symptoms)을 겪는다.

약물탐닉drug habituation 심리적 의존을 초래하고 신체적 의존과는 무관하며, 이 약물의 결핍 시 금단증상(withdrawal symptoms)은 생기지 않으나 심리적 불안을 초래하는 약물을 병적으로 갈구하는 화학물질의 남용.

약속appointment 사회복지사나 다른 전문가가 클라이언트와 만날 것에 동의한 특정 시간대에 대한 명칭.

양가감정ambivalence 논리적으로 서로 어긋나는 표상의 결합에서 오는 혼란스러운 감정. 어떤 대상, 사람, 생각 따위에 대하여 동시에 대조적인 감정을 지니거나, 감정이 이랬다저랬다 하는 따위이다.

양극장애bipolar disorder 부적응적인 감정이나 정동상태를 보이는 정신병의 한 범주로, 이전에는 조울병(manic-dcpressive illness)으로 알려졌다. 이것은 조증(mania)의 형태[(행동과다증(hyperactivity), 다행증(euphoria), 주의산만증(distractibility), 언어촉박(pressured speech), 떠벌림 증상)]와 울증의 형태(비애, 무관심, 불면증, 식욕부진, 자기 비하, 사고장애), 그리고 조증과 울증이 혼합된 형태(빈번히 조증과 울증이 교차되는 유형)로 구분된다.

양극화polarization 둘 이상의 물체나 사람 또는 집단이 서로 상반되는 경향으로 분리되는 현상. 사회행동주의와 지역사회 조직(community organization)에서 이 용어는 조직의 구성원들이 한 가지 문제나 정책을 놓고 양 진영으로 대립하여 조직이 의사결정을 할 수 없는 상태에 이르는 과정을 지칭할 때 사용된다. 그러나 양극화는 조직에 활력을 줄 수도 있다. 숙련된 사회복지사는 더욱 열띤 경쟁과 보다 적극적인 참여 그리고 파벌 간의 강력한 협력을 이루기 위해 파벌 간의 차이를 지적하거나 강조할 수 있다. 또한 각 경쟁 집단은 집단 내부의 협조와 충성을 더 잘 이루어낼 수 있어 집단의 목표를 달성하기에 더욱 유리하다. 그러나 이와 같은 양극화를 이용하기 위해서는 집중적인 노력과 매우 숙달된 전문가의 도움이 필요하다.

양성애bisexuality 일반적으로 이성애의 욕망과 동성애의 욕망을 함께 가지고 있는 상태를 말하며, 양성소질이라고도 한다. 정신분석이론에서는 흔히 유아 성욕의 미분화된 성격과 성인(여성)의 히스테리(정신신경증) 상태를 가리킨다.

양적 연구quantitative research 양적 연구는 계량화된 자료를 통하여 증거를 제시하고 분석하여 연관성을 밝히는 문화 연구 방법이다. 양적 연구는 인간의 내면적인 특성까지 계량화함으로써 사실을 지나치게 단순화시키고, 심지어 인간의 자율적이고 역동적인 상호 관계를 수량적 관계로 바꾸어 놓음으로써 사회 현상에 내재되어 있는 인간의 의도나 가치로부터 분리하여 이해하려고 한다는 지적을 받고 있다.

양적 조사quantitative survey 조사 결과가 통계숫자로 나타나는 조사. 일반적으로 많은 사람을 대상으로 하여 모든 사람에게 똑같은 질문을 한 결과를 분석하여 데이터를 산출한다. 시청률 조사, 선거조사 등이 양적 조사의 대표적인 것이다. 이에 반해 질적 조사(qualitative survey)는 심층면접법 같이 계량화할 수 없는 질적인 정보를 얻기 위한 조사다.

억압repression 의식에서 고통스럽고 불쾌한 관념, 사고, 기억을 무의식 속에 가두어 넣으려는 마음의 작용으로 정신분석학 용어. 이 작용은 의식적으로 행하여지는 것이 아니라 무의식적·자동적으로 행하여진다. 이 점이 의식적·의지적으로 행해지는 억제와 다르다. 억압의 결과, 고통스러운 사고·관념은 의식 안에 존재하지 않게 되지만(망각되어) 그 힘은 없어지지 않고 무의식 안에 남아서 인간의 행동을 지배한다.

억제containment 경계를 유지하거나 이탈하려는 운동을 감소시키려는 노력. 동료집단으로부터 이탈하려는 일련의 집단에 특별한 혜택을 주어 이탈 유인을 줄이는 사회통제 방법.

언어심리학psycholinguistics 심리사회적 요인에 영향을 받는 것으로서의 언어, 의사소통, 초커뮤니케이션(metacommunication)을 연구하는 학문. 의사소통 이론(communication theory).

언어장애language disorder 말을 바르게 발음하지 못하거나 정확하게 이해하지 못하는 상태. 인간은 말(언어 표상·심볼)로 의사소통을 하는데, 이와 같은 커뮤니케이션이 잘 되지 않는 경우를 넓은 뜻으로 언어장애라고 한다. 말에는 형식면인 음성과 내용면인 의미의 두 측면이 있는데, 커뮤니케이션은 말하는 사람이 말을 하고 듣는 사람이 그것을 받아들이는 것으로 성립된다.

따라서 증상면에서 언어장애는 형식면의 장애와 내용면의 장애로 대별되며, 전자에는 구음장애(構音障碍), 말더듬이, 토순(兎脣: 언청이)과 구개열(口蓋裂)에 의한 장애, 조구증(早口症)이 있고, 후자에는 실어증(失語症), 언어발달의 지연이 있으며, 양자에 수반되는 것으로는 뇌성 소아마비에 의한 언어장애를 들 수 있다. 말을 산출하는 과정에서 보면,

전자는 생리학적 과정, 후자는 언어학적 과정의 장애에 거의 해당되는 셈이지만, 정신병이나 치매(痴呆)와 같은 사고과정에 문제가 있어서 일어나는 장애도 있다. 장애의 성인은 실어증, 마비성 구음장애, 언청이, 구개열, 청력장애, 뇌성 소아마비와 같은 기질적(器質的)인 것과 기능적 구음장애, 말더듬이, 언어발달의 지연 등과 같이 기질적 소견이 인정되지 않는 것이 있다. 말은 인간의 정신활동 중의 고차적인 능력인 동시에 학습에 의하여 획득해가는 것이므로 실제의 증상은 가령 최대의 요인은 생각할 수 있어도 많은 요인이 복잡하게 얽힌 결과라고 생각된다. 따라서 이 장애의 진단이나 치료는 전문의가 해야 한다.

에릭 에릭슨 심리발달이론 Erik Erikson Psychological Development theory 에릭 에릭슨(E. Erikson)이 제시한 것으로서, 프로이트의 이론을 확장하고 개인이 기능하는 데 자아의 중요성을 강조한 이론이다. 에릭슨은 인간의 발달은 성숙과정인 생물학적 요구와 사회적 압력 간의 상호작용에서 비롯된다고 하면서 사회화의 차원을 강조하였다. 태어나서 죽을 때까지의 전 생애를 발달 과정으로 본 최초의 이론가로, 그는 『*Childhood and Society*』에서 문화권에 따라 다소 차이가 있지만 보편적으로 거치게 되는 인생의 8단계를 제시하였다. 또한 성숙의 힘에 지배되는 발달단계가 존재하며, 단계마다 각각 개인과 그를 둘러싼 사회환경 간의 상호작용이 빚어내는 심리사회적 위기가 있다고 주장하였다. 궁극적인 자아정체감과 심리적 건강을 획득하기 위해서는 각 단계의 위기를 극복해야 하며, 여기에서 자아가 중요한 역할을 한다고 보았다.

1. 1단계

기본적 신뢰감 대 기본적 불신감의 단계. 에릭슨에 따르면, 자신과 타인에 대한 신뢰의 감각은 인생 처음 1년 동안의 경험에서 파생된다. 이 시기에 처음으로 맺는 사회적 관계에서 욕구와 필요가 적절히 일관성 있게 충족되면 유아는 돌보는 사람뿐만 아니라 그 외의 타인도 신뢰한다. 기본적 신뢰감의 형성은 세상에 대한 태도를 형성하는데, 이 시기의 신뢰감 형성은 인생 후기 모든 사회적 관계의 성공적 적응과 밀접한 관련이 있다고 하였다. 한편으로는 불신감의 효용도 언급하였다.

2. 2단계

1~3세경의 자율성 대 수치심의 단계. 신경계의 발달로 배변조절이 가능해지며 걸을 수 있고 혼자서 먹을 수 있게 된다. 이때 유아는 스스로 선택하고자 하며 자신의 의지를 드러내려고 한다. 유아는 자율성을 갖고자 하며 새로운 힘의 감각을 익힌다. ‘나’, ‘내 것’ 같은 말을 자주 하고, ‘아니야’, ‘안 해’, ‘내가’ 등을 써서 자기주장을 한다. 배변을 주무르거나 혼자 먹는다고 밥상을 엉망으로 만드는 등 자신의 의지대로 행동하고자 할 때 사회화의 수행자인 부모는 유아가 사회적으로 적합한 행동을 하도록 훈련시킨다. 이러한 사회적 기대와 압력을 의식하면서 수치심과 회의가 나타날 수 있는데, 훈련을 빌미로 삼아 아동의 노력을 묵살하거나 실수를 과장하는 것 등은 아동에게 스스로 하고자 하는 충동을 능가하는 수치심과 회의를 유발한다.

3. 3단계

3~6세경의 주도성 대 죄책감의 단계. 이 시기의 유아는 언어를 능숙하게 구사하고 활동영역도 넓어지며 새로운 것에 대해 무한한 호기심을 나타낸다. 주도성이란 대범하고 호기심이 많으며 경쟁적인 특성을 말한다. 주도성을 지닌 아동은 계획을 세우고 목표를 설정한 다음 그것을 달성하려고 한다. 예를 들어, 5세 아동은 블록을 얼마나 높이 쌓을 수 있는지에 도전하고 침대에서 누가 높이 뛰어오를 수 있는지 내기를 하며 처음에 보는 것은 무엇이든 호기심을 가지고 이것저것 캐묻곤 한다. 이들의 행동은 목표지향적이고 경쟁적이며 상상력이 풍부하고 대범하다.

4. 4단계

7~12세경의 근면성 대 열등감의 단계. 자아성장이 결정적인 시기로, 이때의 아동은 기초적인 인지적 기술과 사회적 기술을 습득하며, 사회에서 통용되고 유용한 기술을 배우는 데 전념한다. 학교생활을 하면서 꾸준한 주의집중과 지속적인 근면을 유지하는 자아력을 발달시키고, 또래와 어울려 놀고 일하는 것을 배우게 된다. 이 단계에서 지나친 부적절감이나 열등감을 경험하면 문제가 나타난다. 아마도 많은 사람의 기억 속에 초등학교 시절 교실이나 운동장에서 겪은 실패의 아픔이 하나 둘쯤 있을 것이다. 심한 열등감은 여러 가지 원인에서 오는데, 전 단계의 갈등이 해결되지 못하여 어려움을 겪기도 하고 때로는 아동에 대한 학교와 지역사회의 편견 때문에 근면성의 발달이 방해를 받기도 한다.

5. 5단계

청년기로 정체감 대 정체감 혼미의 단계. 에릭슨은 모든 시기 중 청년기에 가장 주목했는데, 이때는 급격한 생리적 변화로 성적, 공격적 충동이 자아를 위협할 만큼 강해지는 격동의 시기라고 보았다. 청년기의 가장 중요한 과제는 새로운 자아정체감, 즉 나는 누구인가 또 거대한 사회 속에서 나의 위치는 어디인가에 대한 느낌을 확립하고 자신의 능력, 역할, 책임에 분명한 인식을 갖는 것이라고 생각하였다. 정체감의 형성은 전 생애에 걸친 과정이지만 정체감의 문제는 청년기에 위기를 맞는다. 왜냐하면 청년기는 내외적인 변화(신체적, 사회적)가 많이 일어나고 미래와 관련된 여러 가지 선택이 이루어지는 시기이기 때문이다. 청년기에는 사춘기 동안의 급격한 신체적 변화에 따른 자신의 모습에 당황한다. 10대가 거울 앞에서 많은 시간을 보내는 것도 이 같은 이유이다.

그러나 정체감의 문제는 이러한 신체적 변화나 본능적 충동 외에 사회적인 측면을 함축하고 있다. 이들은 다른 사람들 눈에 자신이 좋게 보이지 않으면 어쩌나, 다른 사람의 기대에 어긋나면 어쩌나 하는 생각을 한다. 그리고 사회에서의 자기 진로에 대해서도 생각한다. 급속하게 성장하는 정신능력을 갖춘 청년들은 자기 앞에 놓인 무수한 선택의 가능성에 압도되어 버린다. 이 시기의 청년들은 자신의 의문에 답을 찾으려고 노력하지만 그 과정은 결코 쉽지 않다. 에릭슨은 고민과 방황의 시간이 길어질 때 정체감 혼미가 온다고 말하였다. 이와 같이 자신이 누구인가에 대한 확신을 갖기가 힘들기 때문에 청년들은 소속 집단에 동일시하는 경향을 보이고, 당파적이면서 편협하고 동지와 적을 구분하므로 다른 사람들에게 배타적일 수 있다. 방황이 계속되면 부정적인 정체감이 형성되기도 한다.

6. 6단계

성인기로 친밀감 대 고립감의 단계. 에릭슨은 성인기 단계를 고려한 최초의 프로이트학파 학자이며 발달연구자 중 한 사람이다. 청년기 이후의 단계는 사람들이 다른 사람에 대한 사랑과 보살핌을 넓혀 가고 심화시켜 가는 과정을 나타낸다. 성인기에 이르면 상대방에게서 공유된 정체감을 찾으려 하기 때문에 타인과의 친밀감을 형성하는 일이 중요한 과제가 된다. 물론 청년기에도 사랑에 빠지는 경우가 있다.

하지만 청년은 자신이 누구인지, 다른 사람 눈에 어떻게 보이는지, 자신이 어떤 사람이 될 것인지 등에 대한 관심으로 사랑을 하면서도 한편으로는 자기몰두적이다. 이처럼 청년은 상대방을 통해 자기를 정의하려고 하고 자신을 해명하는 문제에 골몰하기 때문에 타인과의 관계에서 진정한 친밀감에 도달하기는 쉽지 않다. 정체감을 확립하지 못한 사람은 스스로에 대해 자신이 없어지고 타인과의 관계에서 친밀감을 형성하지 못하면서 고립되어 자기 자신에게만 몰두하게 된다.

7. 7단계

중년기로 생산성 대 침체성의 단계. 두 사람이 친밀감을 형성하게 되면 그들의 관심은 두 사람의 관계를 넘어서서 확대되며, 다음 세대를 이끌고 가르치고 키워나가는 데 관심을 갖기 시작한다. 생산성은 자녀를 낳고 기르는 것뿐만 아니라 넓게는 다른 사람이나 그들의 다음 세대를 위해 일을 하고 그들에게 보다 나은 세상을 만들어 주는 데 기여하는 것을 뜻하기도 한다. 이때 생산성이 결핍되면 성격이 침체되고 불모화된다. 이러한 사람들은 종종 유사 친밀상태로 퇴행하거나 타인에 대한 관심보다는 자신의 욕구에 더 치중하는 경향이 있어서 타인에 대한 관대함을 잃고 스스로에게만 빠져든다.

8. 8단계

8단계는 통합성 대 절망감의 단계. 때때로 노인은 오랜 경륜의 지혜를 갖춘 존재로 생각되기도 했지만 이제는 옛날이야기가 되고 말았다. 노인은 은퇴로 인해 직업과 수입원을 잃고 체력과 건강도 잃는다. 시간이 지나면 친구나 배우자를 잃기도 한다. 급변하는 현대사회는 오랜 경륜의 가치를 많이 약화시켰다. 성공적인 노년은 이러한 신체적·사회적 후퇴에 어떻게 적응하느냐에 달려 있다. 에릭슨이 강조하는 적응은 외적인 것이 아니라 성숙과 지혜에 대한 잠재력을 갖기 위한 내적인 투쟁을 의미한다. 대부분의 경우 노년기에 들어서면 자신의 생애를 되돌아보며 자신의 인생이 가치 있었는지 생각하게 된다.

이러한 과정에서 이미 살아온 생애가 후회되고 되돌리기에는 너무 늦었기 때문에 보다 나은 삶을 선택할 수 없다는 궁극적인 절망감에 이르게 된다. 이 절망감은 사소한 일에 대한 혐오로 나타나기도 한다. 또한 노인은 다른 사람의 실수나 잘못을 참지 못하는데, 이것은 스스로에 대한 경멸과 관련이 있다고 한다. 이와 같은 절망감 속에서도 노인은 통합감을 찾고자 한다.

자아통합감이란 지나온 인생에 대해 그럴 수밖에 없었음을 받아들이고 인생의 의미를 찾아 인생에 대한 참다운 지혜를 획득하는 것이다. '그래, 그때 그렇게 해서는 안 되는 거였는데 내가 실수를 했다. 그러나 나는 그때 그럴 수밖에 없었고 그것이 내게는 최선이었다.'는 태도를 갖는 것이다. 사람들은 노인의 외적인 쇠퇴에 초점을 두어 노인에게 연민을 가지기 쉬운데 에릭슨은 노인의 내적인 투쟁에 초점을 맞추었다. 그는 노인은 죽음을 면전에 두고 인생의 의미를 되묻고 있으며, 무엇이 인생을 의미 있게 해 주는지에 대한 답을 하기 위해 애쓰고 있는 존재라고 하였다.

에이즈AIDS 인간 면역 결핍 바이러스에 의하여 면역 세포가 파괴됨으로써 인체의 면역 능력이 극도로 저하되어 병원체에 대하여 무방비 상태에 이르는 병. 최초 감염으로부터 증상이 나타나기까지는 평균 10년 정도 걸리며 사망률이 대단히 높다. 성적 접촉, 오염 주사기 사용, 오염 혈액 및 혈액 제제 사용, 에이즈 산모로부터 수직 감염 따위에 의하여 감염된다.

에코주택echo housing 자녀와 부모세대가 같은 울타리 안에서 살도록 계획된 주택으로, 기존의 주택이 위치한 대지에 노인을 위해 지은 작고 이동 가능한 조립식 주택.

엔트로피entrophy 자연 물질이 변형되어, 다시 원래의 상태로 환원될 수 없게 되는 현상을 말한다. 조직의 해산 또는 해체에 관한 체계이론(system theories)에서 쓰이는 개념.

엘렉트라 콤플렉스 Electra complex 딸이 아버지에게 애정을 품고 어머니를 경쟁자로 인식하여 반감을 갖는 경향을 가리키는 정신분석학 용어. 정신분석학에서 오이디푸스 콤플렉스와 대비되는 개념이다. 프로이트가 이론을 세우고 융이 이름을 붙였다. 프로이트에 따르면 3~5세의 남근기(男根期)에 여자아이들은 자신에게는 남동생이나 아버지가 갖고 있는 성기(penis)가 없다는 사실을 알고 남성을 부러워하는 한편 자신에게 남성 성기를 주지 않은 어머니를 원망한다고 한다. 프로이트는 이와 같은 음경선망(penis envy)이 여자아이로 하여금 엘렉트라 콤플렉스를 갖게 하는 적극적인 원인으로 보았다. 이러한 욕구는 어머니의 여성적 가치를 자기와 동일시하고 초자아(超自我)가 형성되면서 사라진다. 오이디푸스 콤플렉스와 대비되지만 그만큼 중요시되지는 않는데, 이는 최악의 상황이라도 어머니가 딸을 거세(去勢)할 수는 없으므로 남자아이들만큼 거세 콤플렉스를 느끼지 않는다고 보기 때문이다. 이런 관점에서 프로이트는 여성의 초자아가 남성보다 약하다고 믿었다. 명칭은 그리스신화에서 아가멤논의 딸 엘렉트라가 보여 준 아버지에 대한 집념과 어머니에 대한 증오에서 유래하였다. 미케네 왕 아가멤논은 10년 동안의 트로이전쟁을 마치고 귀국한 날 밤에 아내인 클리타임네스트라와 간부(姦夫) 아이기스토스에게 살해당하였다. 엘렉트라는 동생인 오레스테스와 힘을 합쳐 어머니와 간부를 죽이고 복수하였다.

엘리자베스 구빈법 Elizabethan Poor Laws 「엘리자베스 구빈법」은 이전까지의 빈민구제를 위해 제정된 여러 법령을 집대성한 영국 구빈법의 기본토대라 할 수 있으며, 교내의 자선에 의한 구빈에는 한계가 있다고 판단하여 빈민구제의 책임을 교회가 아닌 국가(정부)가 최초로 지게 되었으며, 이 점이 「엘리자베스 구빈법」의 가장 큰 의의이다.

엘리트이론eliteism 특수한 자격을 갖춘 개인이나 집단이, 그렇지 아니한 일반 대중을 지배하고 사회 발전을 주도한다는 이론.

엘버펠프제도Elberfelphe system 함부르크 구빈제도의 미비점을 수정하고 보완하여 1852년 엘버펠트(Elberfeld)시에서 채택·시행한 것이 엘버트제도이다.
공공의 조세로 운영되었으며, 또한 빈민구제를 조직화하였는데 이 제도는 훗날 영국의 자선조직협회 설립(1869)에 영향을 미쳤다.

여론조사opinion survey 사회성원이 각종 사회적 문제나 정책·쟁점(issue) 등에 관하여 가지고 있는 신조(信條), 견해, 태도, 의향 등을 밝히려는 목적에서 행하는 사회조사.

역기능dysfunction 적절한 실행을 방해하는 제도상 결함. 기능장애(malfunction)와도 같은 말이다.

역소득세negative income tax 소득수준이 면세점에 미달하는 모든 저소득자에게 면세점과 과세 전 소득과의 차액의 일정비율을 정부가 지급하는 소득보장제도. 보통의 소득세는 납세자로부터 징수하는 데 반해, 이것은 역으로 저소득자에게 지급하기 때문에 부의 소득세 또는 역소득세라 부른다.

역연령chronolongical age 출생 이후부터 달력상의 나이.

역전이countertransference 보통 임상 분야에서 사회복지사 혹은 다른 전문가들이 한 명의 클라이언트에게서 경험하는 일련의 의식적 혹은 무의식적인 정서적 반응. 정신역동 이론에 따르면, 이러한 감정들은 사회복지사의 발전적 갈등 속에서 생성되어 클라이언트에게 투영된다고 본다. 프로이트(S. Freud)도 이 용어를 썼는데 분석가가 클라이언트의 전이(transference) 감정에 반응하여 취할 수 있는 치료행위를 지칭하는 의미로 사용하였다.

역진세regressive tax 과세 물건의 수량 또는 금액이 많아짐에 따라 세율이 낮아지는 조세. 누진세(累進稅)와 대립되는 개념이다. 과세 물건의 크기에 따라 상대적 부담을 배분하는 방법에는 비례세율, 누진세율 및 역진세율에 의한 3가지 과세방법이 있다.

역차별reverse discrimination 역차별은 부당하게 차별을 당하는 쪽의 차별을 막기 위한 제도나 방침, 행동 따위가 너무 강해서(급진적이어서) 도리어 반대편이 차별을 당하게 되는 경우이다.

역할role 특정한 지위에 있는 개인이 행해야 할 문화적으로 결정된 행동양식 또는 어떤 사회적 위치에 속해 있는 사람에게 따라다니는 사회적 규범. 예를 들면, 클라이언트, 슈퍼바이저, 동료 전문 사회복지사나 일반대중은 모든 사회복지사에게 보편적으로 규정되는 행동을 해 줄 것을 기대한다.

역할갈등role conflict 두 개 이상의 사회적 위치를 가진 사람이 서로 상충되는 기대를 수행함으로써 겪게 되는 경험. 예를 들면, 클라이언트는 위기상태에 놓인 경우 지체없이 사회복지사와 상담하기를 희망하는 반면, 슈퍼바이저는 사전에 결정된 계획에 따라서만 클라이언트를 상담할 수 있다고 주장하는 경우이다.

연계linkage 사회사업에서 다른 기관과 요원, 자발적 집단, 그리고 관련된 개인들과 같은 자원을 결합시키고, 클라이언트나 사회목표를 위하여 그들의 노력을 중개하거나 조화시키는 기능, 합동.

연극성 성격장애histrionic personality disorder 과도하고 극적인 감정표현, 지나치게 타인의 관심과 주의를 끄는 행동, 외모에 신경을 많이 씀.

사람들 사이에서 주목받는 위치에 서고자 노력, 자신을 과장된 언어로 나타내는 경향이 있다.

연금pension 피용자(被傭者) 또는 국민이 소정의 기여금을 일정 기간 납부하고 퇴직하거나, 노령·장애 혹은 사망 등의 보험사고가 발생했을 때, 일정 기간마다 계속해 지급받는 급여를 말한다. 공무원연금 제도는 공무원의 퇴직 또는 사망과 공무로 인한 부상, 질병, 폐질에 대해 적절한 급여를 실시함으로써 공무원 및 유족의 생활 안정과 복리 향상을 목적으로 하는 공무원들에 대한 사회보장제도를 말한다.

연령차별ageism 나이로 사람을 일반화하고 정형화하는 것. 주로 나이가 더 많은 사람과 구별하는 방법이다.

연역적 추론deductive reasoning 진리라고 믿는 일반적인 원칙으로부터 출발하여 특정한 결론에 이르는 과정. 예를 들어 사회복지사는 모든 강간 희생자는 결국 어느 정도의 정서적 불안을 겪는다고 생각한다. 사회복지사는 강간 당한 클라이언트를 보고 그 여자가 고통을 겪고 있다고 말하지 않아도 어느 정도의 불안을 갖고 있다고 추론한다.

열등처우의 원칙less-eligibility principle 국가의 도움을 받는 사람의 처우는 스스로 벌어서 생활하는 최하위 노동자의 생활보다 더 높지 않아야 한다는 원칙.

영향분석impact analysis 사회정책 수립가가 관련 지역사회에 대한 새로운 법률이나 정책의 효과를 결정하는 데 쓰는 평가.

예방prevention 사회사업 관계자 및 다른 사람들이 신체 및 정서적 결함 또는 사회경제적 문제를 야기한다고 알려진 사회적·심리적 상태를 극소화하거나 제거하려고 취하는 조치. 여기서는 긍정적인 성과를 달성코자 개인, 가족, 지역사회를 위한 기회 증진의 여건조성 등이 포함된다.

예산budget 사회기관 혹은 조직이 수령할 것으로 예상하는 모든 예산과 조직운영에 필요하다고 예상되는 총예산과 지출에 대해 항목별로 작성한 목록. 즉, 특정기간 동안의 가능한 예산과 지출의 대차표.

예측변수predictor variable 사회과학 연구에서 차후 목표의 달성 가능성을 예측하는 데 사용할 수 있도록 체계적으로 측정된 성과, 등급 또는 점수. 예를 들면 상당수의 사회사업학과에서는 응시생이 학과에 대한 적성검사를 받도록 요구하는데, 이 적성검사의 결과가 바로 학생이 학과의 교육과정을 성공적으로 이수할 가능성을 나타내는 예측변수가 된다.

오대 악five giants 베버리지는 결핍, 질병, 무지, 불결, 나태를 5대 악으로 규정하고, 사회적 해결과제로 삼았으며, 그중 결핍을 핵심과제로 꼽았다.

오이디푸스 콤플렉스 Oedipus complex 출생 후 3세에서 6세까지 해당되며 아동이 자신의 성기를 만지고 자극하는 데에서 쾌감을 느끼는 시기이다. 이 시기부터 원초아, 자아, 초자아가 역동적으로 작용하기 시작하며, 이성의 부모에게 성적 동일시를 하므로 남자아이는 남자답게 굴고 여자아이는 여자답게 행동하려 애쓴다. 남근기의 두드러진 특징은 아동이 이성의 부모에게 성적 관심을 갖고 접근하는 욕망을 갖는데, 남아가 어머니를 애정의 대상으로 느끼고 아버지를 경쟁상대로 느끼는 오디프스 콤플렉스가 있다. 남자아이는 어머니에 대해 애정을 느끼면서 아버지에 대해서는 강한 적대감을 느끼는데 자신의 이러한 감정을 아버지가 알아채고 해칠지도 모른다는 거세불안에 휩싸이게 된다. 그 결과 남자아이는 아버지에게 느꼈던 적대감을 억압하고 자신을 아버지와 동일시함으로써 경쟁 관계를 해소하고 콤플렉스를 극복하게 되는데 이를 통해 초자아가 확립된다.

온정주의paternalism 노사 관계를 대등한 인격자 상호 간의 계약에 의한 권리·의무 관계로 보지 않고, 사용자의 온정에 따른 노동자 보호와 이에 보답하고자 노동자가 더욱 노력하는 협조관계로 보는 것이며, 합리적인 계약 관계 대신에 서로의 정감(情感)에 호소함으로써 노사관계를 원활하게 하려는 노무관리 방법이다.

유럽에서는 상여(賞與)·복지시설 등을 충실하게 함으로써 협조관계를 유지하는 방법이 제1차 세계대전 이후로 독점자본의 노무관리 정책으로서 중시되어 왔다. 한국에서는 8·15 광복과 6·25 전쟁 이후로 주종(主從) 간의 정의(情誼), 가족주의 등의 형태로 온정주의가 노무관리의 기조(基調)로 되어 있어, 온정주의가 노무관리의 주요 부분을 차지하는 경우가 적지 않았다. 그러나 근래에는 세계적으로 온정주의 대신 파트너십(공동의 사업추진자) 사상이 점차 강조되고 있다.

옴부즈맨ombudsman 정부나 민간기관에서 채용한 사람들이 저지르는 불법적, 비윤리적 혹은 불공정한 업무들을 조사하고 보고하는 임무를 부여받은 정부나 민간기관이 임명한 사람.

외상 후 스트레스 장애posttraumatic stress disorder 급성 스트레스 장애(acute stress disorder)라고도 한다. 충격적인 사건을 경험하고 난 후에 불안감이 지속되는 장애.

요양보호사convalescent nurse

1. **요양보호사**

① 요양보호사란 요양보호사를 양성하는 교육기관에서 소정의 교육과정을 이수하고 보건의료인 국가시험원에서 시행하는 국가시험에 합격한 후 국가가 부여한 요양보호사 자격을 취득한 자를 말한다.

② 요양보호사는 노인 의료복지시설이나 재가노인 복지시설 등에서 의사 또는 간호사의 지시에 따라 장기요양급여 수급자에게 신체적, 정신적, 심리적, 정서적 및 사회적 보살핌을 제공한다.

③ 요양보호사는 의사, 간호사 및 가족들로부터 대상자에 대한 정보를 수집하여 요양보호서비스 계획을 세우고 대상자의 청결유지, 식사와 복약보조, 배설, 운동, 정서적 지원, 환경 관리 및 일상생활 지원 업무를 수행한다.

2. **자격 특징**

2008년 노인장기요양보험 제도가 도입되면서 요양보호사 제도가 시행되었다. 초기에는 인력확보를 위해 누구나 일정기간 소정의 교육과정만 이수하면 요양보호사 자격증을 취득할 수 있었으나 2009년 말 요양보호사 자격시험제를 골자로 하는 「노인복지법」을 개정하여 요양보호사 교육기관에서 교육과정만 이수한 후, 자격시험에 합격해야만 자격증을 취득할 수 있다.

3. 시험정보

1) 응시자격: 요양보호사 교육과정 이수자

① 요양보호사 교육과정 이수자: 시·도지사로부터 지정받은 요양보호사 교육기관에서 일정시간의 교육과정을 이수하여야 한다.

신규자	이론, 실기, 실습을 각 80시간 씩 총 240시간을 이수해야 한다.
국가자격(면허)증 소지자	간호사는 40시간을, 사회복지사와 간호조무사, 물리치료사, 작업치료사는 50시간의 교육을 받아야 한다.
요양 및 간병 업무에 종사한 경력자	경력 종류에 따라 교육시간이 120~160시간으로 차등 감면된다.

② 응시 제한: 「정신보건법」 제3조 제1호에 따른 정신질환자(다만, 전문의가 요양보호사로서 적합하다고 인정하는 사람은 그러하지 아니하다), 마약, 대마, 향정신성의약품 중독자, 금치산자, 한정치산자 등은 응시할 수 없다.

2) 시험 과목

시험 종별	시험 과목 수	문제 수	배점	총점	문제 형식
필기	1	35	1점/1문제	35점	객관식 5지선다형
실기	1	45	1점/1문제	45점	객관식 5지선다형

3) 시험 시간표

구분	시험 과목(문제 수)	시험 형식	입장 시간	시험 시간
1교시	1. 요양보호론(필기시험) [35] (요양보호개론, 요양보호관련 기초지식, 기본요양보호각론 및 특수요양보호각론)	객관식	~09:30	10:00~10:40 (40분)
2교시	1. 실기시험 [45]	객관식	~11:05	11:20~12:10(50분)

4) 합격 기준

종류	합격자
필기시험	만점의 60퍼센트 이상 득점한 자
실기시험	만점의 60퍼센트 이상 득점한 자

요양원nursing home 아프거나 자신을 스스로 돌보지 못하는 사람들에게 넓은 의미의 의료혜택을 제공하는 수용시설.

욕구needs 생존이나 안녕, 충족을 위한 물리적, 심리적, 경제적, 사회적인 필요.

욕구사정needs assessments 사회복지사들이나 전문가들이 클라이언트를 진단하면서 문제점, 기존의 자원, 잠재적 해결능력, 또는 문제 해결에 장애가 되는 것 등에 대해 체계적으로 평가하는 것. 사회기관에서 욕구사정은 임상서비스를 받는 클라이언트를 위해 만들어진다. 일반적으로는 모든 거주자를 위해서 만들기도 한다. 욕구사정의 목적은 욕구를 기록하여 서비스의 우선순위를 설정하는 것이다. 자료는 상담이나 연구를 통해서뿐만 아니라 인구조사나 정부통계 같은 기존 자료를 통해서 뽑기도 한다.

우울증depressive disorder 우울증은 가장 흔한 정신과적 질환으로 인구의 1~5% 정도가 전문가의 도움을 받아야 할 정도이며, 남자는 평생 10~15%, 여자는 15~20%가 우울증을 앓을 가능성이 있는 것으로 보고되고 있다.
노령화가 빠르게 진행되고 있는 우리나라에서도 노인 우울증 환자가 지속적으로 증가하고 있다. 우울증은 저조한 기분 상태를 말하며, 기분이란 외적 자극과 관계없이 자신의 내적인 요인에 의해서 지배되는 인간의 정동(情動) 상태를 말한다.
일반적으로 외적인 어떤 자극 때문에 반응성으로 생기는 일시적인 '반응성 우울증'은 정상적이다. 여기서 말하는 우울증은 특별한 이유 없이 생기며 상황에 맞지 않는 '정신병적 우울증'을 의미한다. 우울증의 가장 특징적인 증상으로는 우울 정서를 들 수 있다.
이는 환자의 90% 이상에서 나타나며 일상적인 관심과 흥미가 상실되고 식욕이 감퇴하며 열등감, 절망감에 사로잡혀 자살 충동까지 느끼게 된다. 또한, 인지기능 및 사고의 장애가 나타나며 자신감 결여, 장래에 대한 불안, 사회적 지위에 대한 절망감, 이유 없는 죄책감, 망상 등도 나타난다.
우울증이 심해지면 사고, 흐름의 장애, 행동장애, 판단력 장애, 사회대처 능력 감소, 집중력 감소와 아울러 자살을 시도하게 된다. 일반적으로 우울증 환자 5명 중 4명은 자살을 생각하며 6명 중 1명은 실제로 자살을 시도하는 것으로 보고되고 있다.

원예치료horticultural therapy 원예를 활용하여 사회적, 정서적, 신체적 장애가 있는 사람을 치료하는 전문 종사자. 식물을 이용하여 사회적, 정서적, 신체적 장애를 겪고 있는 사람의 육체적 재활과 정신적 회복을 추구하는 활동을 원예치료라고 하며, 이러한 치료를 담당하는 사람들을 원예치료사라고 한다.
원예치료는 정원과 경작을 뜻하는 원예와 몸과 마음의 질병을 약물투여나 수술 없이 고친다는 뜻인 치료의 합성어이다. 씨를 뿌리고, 이것이 잘 자라도록 온갖 정성으로 가꾸고, 그 결과로 활짝 핀 꽃을 보면서 사람들이 느끼는 기쁨과 희열을 치료 목적에 이용하는 것이다.

원예치료에는 정원 가꾸기, 식물 재배하기, 꽃을 이용한 작품 활동 등이 포함된다. 치료 대상자는 이런 활동을 통하여 운동능력을 향상시키고, 성취감과 자신감을 증진시킬 수 있으며, 재배하는 꽃이나 식물의 향기를 맡음으로써 정신적인 안정을 얻는다. 이 밖에도 원예치료활동을 통해 원예작물 재배기술을 습득함으로써 향후 직업을 얻는 데 도움이 되기도 한다. 원예치료사는 업무의 성격상 원예학과 더불어 정신의학, 상담심리학, 재활의학, 사회복지학, 간호학 등 다양한 분야를 이해하고, 이를 적용할 수 있는 능력이 있어야 한다.

2004년 교육기관으로는 현재 1개 대학, 2개 대학원, 14개 이상의 대학 부설 평생교육원에 원예치료사 교육과정이 개설되어 있다. 원예치료사에 관한 국가공인 자격증은 아직 없으며, 한국원예치료협회나 한국원예치료 연구센터 등의 민간단체에서 발급하고 있는 민간 자격증이 있을 뿐이다.

위기crisis 사회복지사들이 두 가지의 다른 의미로 사용하는 용어로서 첫 번째는 정서적 변화와 고통을 겪는 내부적 경험이라는 의미가 있으며, 두 번째는 기존의 사회제도에 의해 수행되는 어떤 필수적 기능을 와해시키는 파국적 사건이라는 의미로 사용된다. 위기를 첫 번째 의미로 보게 되면, 특정 개인이 주로 사용하는 대처전략이 효과가 없는 내적 불일치를 가져오는 주요 목표에 대한 생활상의 문제나 장애를 인식함으로써 위기가 촉진된다고 생각한다. 익숙하지 않은 사건을 해결하는 새로운 대처거제(coping mechanisms)를 찾아내면 위기는 긍정적인 결과를 가져올 수도 있으며 따라서 효과적인 적응기술을 더 갖게 되는 것이다.

위기개입crisis intervention 긍정적인 성장과 변화를 유도할 수 있는 효율적인 대처기술을 개발시켜줌으로써 위기에 처해 있는 클라이언트를 원조하는 데 사용되는 치료방법. 효과적인 대처기술의 개발은 클라이언트에게 문제를 인식시켜 주고, 그 문제가 가져올 충격을 깨닫게 하며, 또한 유사한 경험에 직면했을 때 이에 대처하는 새롭고 더욱 효과적인 행동을 학습시킴으로써 이루어진다.

위기개입모델crisis entry model 위기는 개인의 현재 자원과 대처 기제로는 감당하기 어려운 사건이나 상황을 지각하거나 경험하는 것으로, 상황이나 사건 자체보다는 그것에 대한 반응에 초점을 둔다. 즉, 동일한 사건에 대해서도 사람에 따라 위기라고 느낄 수도 있고, 그렇지 않을 수도 있다. 위기개입은 이러한 위기상황을 멈추게 하고 더 심각하게 진행될 수 있는 개인의 상황을 막기 위한 외부의 의도적인 도움이다.
위기개입이라는 개념은 1942년 11월 28일 미국 보스턴의 유명한 술집 코코넛 그로브(Coconut Grove Linde Night Club)의 대화재 이후, 정신의학자 린더만(Lindermann, 1944)과 그의 동료들이 이 사건에서 살아남은 생존자들을 돕는 과정에서 시작되었다. 이후, 린더만의 〈사별에 따른 슬픔 반응에 관한 연구〉와 더불어, 캐플런(Caplan, 1964)의 〈지역사회 수준에서의 예방정신의학 연구〉 등을 바탕으로 1950~1960년대에 이론적 토대를 형성하면서 위기개입 개념이 급격히 성장했다. 린더만과 캐플런을 중심으로 발전한 위기개입모델은 특정한 진단명은 없지만 병리적인 증상으로 고통스러워하는 사람들에게 제공되었다. 특히, 상실로 애도의 위기를 경험하는 사람들의 행동을 이해하고, 애도 관련 행동반응이 정상적인지 일시적인지, 혹은 단기적 개입을 통해 경감될 수 있는지를 인식할 수 있도록 도왔다. 또한, 명백한 위기 반응을 보이는 클라이언트를 비정상 혹은 병리적으로 취급해서는 안 된다고 강조했으며, 위기 반응이 6주 이상 지속되면 전문가의 개입이 필요하다고 린더만은 말한다.

캐플런은 린더만의 위기 개념을 외상적 사건 전체로 확장했다. 위기란 생활상의 장애에 있을 때 유발된다고 보았으며, 위기 상황을 두 가지로 분류했다. 하나는 결혼, 출산, 퇴직 등과 같은 발달 과정상의 변화 때문에 유발되는 것이고, 다른 하나는 질병 및 사고 등과 같은 위험한 사건에 의해 발생하는 것이다. 또한 그는 위기개입 과정에서 정신건강의 내적 자원인 자아가 중요하다고 강조했고, 1970년대 이후에는 위기를 해결한 후 적응 과정에서 환경 자원도 중요하다고 보았다. 이처럼 린더만과 캐플런은 위기를 병리적이 아닌 상황적 또는 발달적 관점으로 보고 위기 개입을 설명했다.

위기교섭crisis bargaining 불안하거나 위험을 당하고 있을 때 상황을 완화하고 갈등을 최소화하기 위해 취하는 제반 행동을 의미한다. 이 개념은 퀴블러로스 사망단계(Kubler-Ross death stages) 이론에서 가장 분명하게 설명되어 있다. 이 이론에서 교섭은 임박한 죽음에 대한 반응에서 나타나는 세 번째 위기단계이다. 개인은 거부(denial)와 분노(anger) 기간을 거친 후에 약속 혹은 '거래'를 하거나 혹은 다른 기준에 동조함으로써 죽음을 회피하거나 연기하려고 시도한다.

위기보호센터crisis care centers 단기간의 긴급 보호를 제공하거나 개인과 집단을 위기 이전의 상태로 돌아갈 수 있도록 도와주기 위해 설치된 대인 서비스 분야나 보건의료 분야의 시설. 이러한 센터에서는 재해 구호, 자살 예방, 비상식량과 임시거처 제공, 약물 남용자에 대한 치료와 여타의 많은 서비스를 제공한다.

위기이론crisis theory 새롭고 익숙하지 못한 사건에 직면했을 때 나타나는 사람들의 반응과 연관된 제반 개념. 이러한 사건들은 자연적 재앙, 중요한 것의 상실, 사회적 지위의 변화, 생활주기의 변화와 같은 형태로부터 발생할 수 있다.

위탁referral 필요한 서비스를 제공할 수 있을 것으로 알려진 기관, 자원, 또는 전문가에게 클라이언트를 직접 연결시켜주는 사회사업의 한 과정. 이 과정은 유용한 자원이 무엇인가와 클라이언트의 욕구가 무엇인지를 알아보고, 서비스에 클라이언트가 참여할 수 있도록 기회를 제공하고, 그러한 접촉(연결)이 이루어졌는가를 계속 확인하는 것을 포함한다.

유기desertion 어떤 의무를 지고 있는 사람이나 사물을 저버리는 행위. 결혼한 부부 중 한 사람이 상대방의 동의 없이 떠나 다시 돌아올 의사가 없을 때 일어난다. 유기는 부양거부(법적인 의무가 있는데도 고의로 음식, 주택, 부양비 제공을 하지 않는 것)를 동반할 수도 있고 그렇지 않을 수도 있다. 유기는 종종 이혼의 사유가 된다.

유랑생활nomadism 흔히 좀 더 나은 환경이나 경제기회를 찾아 개인이나 집단이 거주지를 옮겨 다니는 것.

유사빈곤층'near poor' population 고용되기는 했으나 공공원조나 사회보장의 혜택을 받는 사람들보다 겨우 조금 더 버는 정도밖에 되지 않는 사람들(개인이나 가족).

유아사망률infant mortality rate 전체 인구 또는 가임 여성인구(fecundity rate, 다산율)에 비례하여 일어나는 신생아 사망의 총수를 인구 통계학적으로 추적하는 것. 유아 사망률은 종종 한 국가나 지역사회의 건강과 건강보호 프로그램을 사정하는 데 중요한 요소로 이용된다.

유전heredity 유전은 부모의 형질이 자손으로 전달되며 그 과정에 일정한 법칙이 있다는 것이다.

유전병genetic diseases 유전병은 유전자나 염색체와 같이 유전에 관련된 인자가 원인이 되어 일어나는 질환을 말한다. 적혈구성 빈혈(sickle-cell), 테이색스병(Tay-Sachs disease), 헌팅턴 무도(Huntington's chorea) 등과 같이 유전되는 질병.

유효수요effective demand 재화(財貨)와 용역(用役)을 구입하기 위한 금전적 지출을 수반한 수요. 인간의 물질에 대한 욕구는 무한하지만 구매력을 수반하지 않는 욕망은 단지 잠재적 수요에 지나지 않는다. 유효수요는 크게 2종류로 나누어진다. 하나는 소비 물자에 대한 수요, 즉 소비(수요)와 다른 하나는 공장설비나 원료를 증대시키기 위한 수요, 즉 투자(수요)이다. 이런 경우 기업이 경영적인 생산 활동을 계속하기 위하여 필요로 하는 원료 등의 중긴수요는 포함되지 않는다. 소비와 투자로 이루어지는 유효수요의 크기에 따라 사회경제활동의 수준이 정해진다고 하는 이론을 유효수요의 이론이라고 한다.

기업의 생산 활동은 생산에 참가한 사람들에게 임금·이윤 등의 소득을 주게 되는데, 이 소득을 지출 측면에서 보면 소비지출과 저축으로 나누어진다. 소비로 향한 부분은 소비수요가 되어 기업으로 되돌아오나, 저축된 부분은 되돌아오지 않는다. 그러므로 이 저축을 메울 만큼의 투자수요가 생기지 않으면 유효수요의 총액은 생산규모를 유지하기에 부족하게 되므로, 경제활동의 수준은 낮아지고 투자수요가 크면 유효수요도 커져서 경제활동의 수준은 상승한다.

윤리ethics 옳고 그름에 대한 도덕적 원리와 지각의 체계. 그리고 개인, 집단, 전문가, 혹은 문화에 의해서 실천되는 행위의 철학이다.

윤리강령code of ethics 전문직으로서의 교직의 사명과 권익옹호를 역설한 규정.

은퇴촌retirement community 기후조건이 좋은 지역에 중상류층 은퇴자들이 독립주택이나 서비스 주택 또는 요양시설에서 거주하는 대표적 노인주택, 실버타운과 유사하다.

음모이론conspiracy theory 피븐(F. F Piven)과 크로워즈(R. A. Coward) 등이 주장. 이 이론은 대규모 실업 등으로 인해 사회가 불안정할 경우 사회복지정책을 실시·확대하고, 고용이 확대되는 등 사회가 안정될 경우 사회복지정책을 축소·폐지하자는 것으로, 이러한 요인을 지배계급의 빈민규제책으로 보는 것이다. 즉, 사회복지가 인도주의나 지배계급 동정주의의 결과라는 기존의 통념과 차별되는 것으로, 사회복지정책의 확대는 서민들이 생활처지 추락으로 궁핍에 대해 저항하고 투쟁하는 것을 막기 위한 대응책으로 보는 것이다. 대표적인 사례가 비스마르크의 사회보험이다. 군사정부(Korea)가 쿠데타로 정권을 잡을 경우, 정권의 정당성을 확보하기 위해서 국민에게 각종 사회복지정책을 펼치는 것도 음모이론과 그 맥락을 같이한다고 할 수 있다.

음악치료music therapy 음악치료자가 치료적인 상황에서 체계적으로 내담자에게 음악을 듣게 하거나 적절한 연주 행동을 하게 함으로써 개인의 신체적, 심리적, 정서적 통합과 바람직한 행동 변화를 가져오게 하는 등의 치료적 효과를 보게 하는 특수한 심리치료법. 그 효과는 내담자의 기분뿐만 아니라 신체적 기능에까지도 작용하는데, 음악을 통해서 심신의 건강이 심리적 원인에 의해서 영향받는다는 것을 이해시키고 음악의 기능을 통해 건강을 회복, 증진시키는 것이다. 음악치료 프로그램은 개인적인 표현과 정서적 욕구를 위하여 안전한 환경과 구조를 마련한 것이어서 내담자의 고통스러운 정서를 표현하게 하고 받아 주기 위한 그릇이라 할 수 있으므로 자신을 되돌아보는 데 안정감을 가지게 하고 현실을 그대로 받아들이도록 도와준다. 장애아동의 문제 가운데 하나는 언어적인 수준에서의 소통이 매우 곤란하다는 것인데, 이때 비언어적 전달 수단으로써 음악이 치료자와 아동을 서로 결부시키는 유효한 매체 기능을 한다. 이것은 치료를 유효하게 추진하는 데 필요하고, 특히, 자폐증 아동의 경우 아동과 다른 사람들과의 인간적인 접촉을 가능하게 하며, 상호 간에 의사소통의 기회를 넓힐 수 있게 도와준다. 비음악적인 행동을 수정하고, 정신 건강, 사회성 발달, 사회 적응을 위해 이뤄지는 모든 형태에서 음악을 사용하는 것을 말한다. 때로 음악요법은 재활에서 치료적 기구로 사용되며 레크리에이션이나 교육 목적을 위해서도 사용된다. 특수교육에 있어 음악의 가장 중요한 공헌은 활동을 통해 학습을 즐겁게 촉진시켰다는 것을 들 수 있다. 치료적으로 볼 때 음악은 장애아동의 성격에 심리적·생리학적인 면에 있어 중요한 영향을 미치는 것으로 알려져 왔고, 행동주의자들은 행동을 바꾸고자 할 때 음악을 사용한다고 한다. 프로이트 학파는 불안감을 감소시키고, 카타르시스, 승화 그리고 효과적인 상태로의 변화를 위해서는 음악 사용이 효과적임을 제시하였다. 음악치료는 병원, 학교, 기관, 1:1로 치료·교육하는 임상센터 등에서도 다양하게 적용되고 있으며 이에는 음악, 음악 기구, 춤, 음악회 참석, 작곡, 노래 부르기, 노래 듣기 등이 포함된다. 특수교육에 있어 음악요법은 보상적인 목적으로 장애아동에게 논리적인 연속으로 운동하고, 발생하며, 음악에 대해 반응하고, 참여하기, 지시 따르기 등의 능력을 증가시키기 위해 사용된다. 따라서 모든 아동에게 심리적이고 즐겁고 풍부한 경험을 위해 지식과 기술을 가르치는 음악교육과는 구분된다.

응보retribution 나쁜 행동에 대해 처벌받는 것. 이 용어는 착한 행동에 대한 미래의 보상에도 적용할 수 있다.

응용조사applied research 잠재적 결과들이 당면한 문제를 해결하는 데 이용되는 체계적 연구.

의도적인 감정표현purposeful expression of feelings 사회복지사-클라이언트 간의 관계(relationship)에서 기본적인 요소 중의 하나. 즉, 사회복지사는 클라이언트와 정서(감정)를 교류할 때 클라이언트를 격려해주어야 한다. 이러한 교류가 이루어지지 않을 때 표현하도록 의도적으로 노력한다. 사회복지사는 클라이언트의 진술을 경청하고, 관련사항에 대해 질문하며, 주의 깊게 답변을 경청하고, 비관적 용어나 심판자처럼 보이는 행동을 하지 않음으로써 의도적인 감정표현을 격려한다.

의사소통이론communication theory 의사소통은 둘 또는 그 이상의 사람들 사이에 사실, 생각, 의견 또는 감정의 교환을 통하여 공통적 이해를 도모하고 클라이언트의 의식이나 태도 또는 행동에 변화를 일으키게 하는 활동이다. 커뮤니케이션 이론의 주요 요소로는 내용분석(content analysis), 인공두뇌학(cybernetics), 숨은 의도 해석(decoding), 환류(feedback), 동작학(kinesics), 메타메시지(metamessage), 주변언어학(paralinguistics), 인간공학(proxemics) 등이다.

의사소통장애communication disorder 의사소통에 필요한 말이나 언어의 사용에 결함이 있는 경우, 지능 수준은 정상적이나 언어사용에 문제가 나타남. 표현성 언어장애, 혼재형 수용–표현성 언어장애, 음성학적 장애, 말 더듬기 등이다.

의식화conscientization 교육학자 프레이리(Paolo Freire)가 만든 용어로서 클라이언트나 다른 사람이 자신의 문제, 목적, 가치를 깨닫고 관심을 가지도록 돕는 과정.

의욕conation 의지 혹은 결단력을 포함한 정신기능의 일부를 말한다.

의존성anaclitic 아기가 양육자에게 의존하는 것과 같은 의존형태에 관한 용어. 어린이의 전형적인 특성인 의존성이 성인이 되어서도 나타나면 병리증세이다.

의존성 성격장애dependent personality disorder 타인으로부터 보살핌을 받고자 하는 과도한 욕구, 타인에게 지나치게 순종적이고 굴종적인 행동을 통해 의존.

의창Ui Chang 평시에 곡식을 저장했다가 흉년이 들면 그것으로 빈민을 구제하던 기관 또는 곡식을 저장해두는 창고를 가리킨다. 대개 춘궁기에 곡식을 빌려주었다가 추수 후에 회수했다. 기민에게는 죽을 쑤어 먹이는 등 진제하고, 궁민에게는 종자곡과 양식을 무이자로 빌려주는 진대가 원칙이었다.
우리나라에서는 삼국시대부터 빈민구제제도가 있었다. 고려에 들어서는 태조가 흑창을 설치하여 가난한 농민에게 진대하는 법을 만들었는데, 986년 의창이라고 이름을 바꾸었다. 의창이라는 이름은 이때에 처음 사용되었다. 조선은 고려의 제도를 그대로 계승했다. 1525년 진휼청을 설치하여 일체의 구호사무를 통일해 관리하게 하고, 진휼을 위한 곡물은 광흥창, 풍저창의 저곡 등으로 충당하게 함에 따라 순수한 진휼을 목적으로 했던 의창은 폐지되었다.

이데올로기ideology 가치관, 경험, 정치적 신념, 도덕적 발달 수준 그리고 인간애에 대한 열망의 산물인 사고의 체계. 사회복지사의 이념은 모든 사람을 위한 평등권(equal rights)과 관계되며, 특권이 적은 사람들에게 더 큰 기회를 제공하는 데 관심을 갖는 경향이 있다.

이민immigration 주로 영구 정착을 목적으로 새로운 나라나 지역으로 이주하는 것.

이민노동자migrant laborer 주로 영주 또는 장기간의 노동을 목적으로 외국으로 이주하는 것. 대부분은 가족, 재산을 수반하여 이주한다. 인구의 국제적 이동인 이주의 한 형태이다. 보통, 국책적 성격이 강한 식민과는 구별되며 또한 개인의 자유로운 의사에 의하지 않는 이주민인 난민과도 구별된다. 이민의 취급에 대한 일반적인 국제적 제도가 없고 당사국 간의 이민에 관한 조약이 없으면 접수국의 국내법에 의해 적용된다. 또한 이민, 난민 등의 조직적인 수송, 기타 이주 서비스의 제공 등을 위한 목적으로 국제이주기구(International Organization for Migration, IOM)가 1989년에 설립되었다. 또한 국제노동기구(ILO)는 일찍부터 이민노동자의 권리보호를 위한 조약, 권고, 결의를 하고 있다.

이야기치료narrative therapy 1980년대 이후, 포스트모더니즘과 함께 사회구성주의의 영향을 받아 가족치료사인 화이트(M. White)와 문화인류학자인 엡스턴(D. Epton)에 의해 호주와 뉴질랜드를 중심으로 발전해 온 심리치료 이론 중의 하나이다.
인간은 자신의 삶에 대해서 끊임없이 의미를 부여하고 해석하여 이야기하는 존재이며, 또한 그러한 이야기들로 구성된 인생을 살아가는 존재라는 생각을 기본 바탕으로 하고 있다.

이용자부담user fee 사회보장제도가 제공하는 급여를 받을 때 이용자가 일정한 액수(비율)의 이용자 부담을 한다. 한국의 건강보험의 경우 이용자 부담은 40~60%로 대단히 높은 수준이다. 한편, 2008년 7월부터 시행한 노인 장기요양보험의 경우 본인부담금(이용자부담금)은 재가급여 15%, 시설급여 20%이며, 총비용이 법정 한도액을 초과하는 금액에 대해서도 본인이 부담하도록 되어 있다. 이용자 부담이 필요한 이유는 다음과 같다. 첫째, 이용자 부담을 통해 사회복지서비스의 남용을 방지하는 데 있다. 둘째, 이용자부담은 과대한 정부부담의 한계를 극복하는 데 도움이 된다. 셋째, 사회복지서비스의 질을 높일 수 있다. 넷째, 서비스를 이용할 때 본인이 일부라도 부담을 하면 수치심을 극복하고 자아존중감을 높일 수 있다. 그러나 이용자 부담은 소득재분배에 역진적이며, 저소득층에게 부담이 되어 필요한 서비스 이용이 어려울 수 있고, 이용자의 선택 폭을 줄일 수 있다는 단점을 가지고 있다.

이익집단이론interest group 경제적 이익, 주의(主義) 주장, 관심 등의 총칭으로서의 이익을 공유하는 자가 주체적으로 모여 집단으로서 어떤 사회적 활동을 전개하는 단체. 일반적으로 게마인샤프트 또는 커뮤니티라는 말로 표현되는 지연·혈연 등의 공동생활의 기초적인 것을 공유하는 집단은 포함되지 않는다. 단, 이러한 단체일지라도 특정의 이익을 위해 사회에 대해 활동을 전개하는 경우 정치분석의 틀 속에서는 이익집단으로 취급된다.

오늘날의 사회는 고도로 정치화되어 있으며 사회생활의 거의 모든 측면이 정치적 결정이나 행정조치의 영향하에 놓여 있다. 따라서 어떠한 이익도 실현을 보다 확실하게 하기 위해서는 정치, 행정 또는 사회에 대한 압력활동이 불가결하다. 즉, 압력활동이란 무연의 목적에 의해 만들어진 단체일지라도 때로는 압력활동을 전개하는 경우가 있으며 적어도 가능성은 어느 단체에나 있다. 이와 같이 실체적으로는 결코 압력단체라고 할 수 없는 단체의 활동이 정치적 결정에 영향을 주어 정치분석상 무시할 수 없는 존재가 되는 경우가 있다. 사회 복잡성의 증대로 이익의 다양화는 이 경향을 보다 일반적인 것으로 하고 있다. 그리고 어느 단체가 압력단체이고, 어느 것이 그렇지 않은가의 구분이 어려워져 실체개념으로서의 압력단체는 의미를 갖지 않게 되었다. 오늘날의 정치과정론을 발전시킨 트루먼(David Bicknell Truman)은 압력단체보다 이익집단이라는 말을 사용하였다. 이익을 공유하고 있는 단체가 정부에 작용하여 이익의 실현을 도모한 경우 압력단체로 전환하였다는 견해를 갖는다.

이타주의altruism 행위의 목적을 타인을 위한 선(善)에 두는 윤리학상의 한 학설. 즉, 타인을 위한 선(이익)을 행동의 정칙, 의무의 기준으로 생각하는 입장으로서, 윤리적 이기주의(에고이즘), 그리고 부분적으로는 공리주의(功利主義)와 대립한다.

이혼divorce 혼인한 남녀가 생존 중에 성립된 결합관계를 해소하는 행위. 이혼은 혼인의 본래 목적인 부부의 영속적 공동생활을 파기하고 사회 기초단위인 가족의 해체를 초래한다. 이는 혼인제도와 함께 나타나는 일반적인 현상으로 각 사회의 습속, 도덕, 종교, 정치 등의 존재양시에 따라 변천해 왔다.

인간적 빈곤선human poverty line 인간의 수명에 영향을 미치는 것들(물, 음식) 또는 생계에 필요한 물품.

인공수정artificial insemination 출산을 위해 성적 접촉이 아닌 다른 방법으로 정자와 난자를 결합하는 것. 자연적으로 임신할 수 없었던 많은 여성이 이 방법을 통해 임신하게 되었다. 의사는 외과용 기구를 이용하여 해당 여성의 남편이나 타인에게 받아낸 정액을 나팔관이나 자궁에 주입하는 것을 인공수정이라 한다.

인구통계학demography 인구 변동과 그 특징을 체계적으로 연구하는 학문.

인권human rights 사람이 사람답게 사는 데 필요한 것으로서 당연히 인정된 기본적 권리(기본적 인권). 인권에는 모든 개인에게 보편적으로 해당하는 광범위한 가치들이 포함된다. 인권의 개념은 헬레니즘 시대의 스토아 학파의 자연법 사상에서 유래했다. 스토아 학파는 모든 창조물에는 어떤 보편적인 힘이 스며들어 있기 때문에 인간의 행동은 자연법과 만민법에 따라 평가되어야 한다고 보았다.

인두세payroll tax 임금이나 봉급에 부과되어 고용주가 지불하는 세금으로서 보통 실업보상(unemployment compensation)과 같은 프로그램을 말한다. 일부 경제학자는 이를 소득세(income tax)라고도 한다.

인보관운동human storage movement 인보사업의 주요목적은 지역사회 또는 지역사회 주민의 복지증진과 개선이다. 인보관은 한정된 도움을 주기보다는 지역주민 생활전체에 관심을 기울인다는 점에서 다른 사회기관과 다르다. 이곳의 종사자들은 개인, 가족, 집단을 상대로 일하며 스스럼없는 대화를 통해 상담활동을 하고 가정방문을 실시하며 친목단체, 연구모임, 운동경기단체, 취미모임 등의 활동을 후원한다. 전문성을 필요로 하는 문제가 있을 때는 생활환경 조사원, 심리학자, 정신과의사, 가정, 직업상담원을 고용하기도 한다.
인보관 운동은 1884년 런던에 토인비 홀이 세워지면서 시작되었다. 그 당시 세인트주드 교구의 목사였던 새뮤얼 어거스터스 바넷과 그의 아내는 많은 대학생들에게 도시 빈민 지역에서 벌이는 인보사업에 참여할 것을 호소했다. 이 운동은 찰스 B. 스토버와 웨스트런던 윤리학회의 미국인 강사인 토인비를 기념하는 토인비 홀이 세워질 무렵 그곳을 방문했던 스탠턴 코잇이 1886년 뉴욕 시 로어이스트사이드에 지역사회협회(지금의 대학교 인보관)를 세우면서 미국에 확산되었다.
1889년 시카고에서 제인 애덤스가 웨스트사이드에 있는 주택을 사들인 뒤 헐 하우스라는 인보관을 세웠다. 같은 해에 교육자인 제인 E. 로빈스와 진 파인(후에 찰스 B. 스파 부인이 됨)이 뉴욕 시에 대학 인보관을 열었다. 2년 후 토인비 홀의 또 다른 운영자인 로버트 A. 우즈와 윌리엄 J. 터커가 보스턴에 앤도버 하우스를 세웠는데 이곳은 나중에 사우스 앤드 하우스라고 불리게 되었다. 그 뒤 인보관 운동은 서유럽 대부분의 나라, 아시아, 일본 등지로 퍼졌다.

19세기 말에서 20세기 초까지 미국의 인보관은 특히 새 이주자들 사이에서 활발한 활동을 벌여 소년재판소, 보육연금, 산업재해보상, 아동노동규제 등을 입법화시키려는 활동을 비롯해 많은 사회개혁운동에 앞장섰다. 대부분의 나라에는 미국의 전국 인보관 및 지역사회 센터 연합이나, 영국의 영국 인보관 및 사회활동 센터 협회와 같은 전국 기관들이 있다. 1922년 런던에서 국제인보사업가 회의가 처음 열렸고, 1926년 국제인보관 및 지역사회 센터 연합이 발족되었다. 이 기구는 네덜란드의 위트레흐트에 본부를 두고 있으며, 국제연합(UN)에는 옵서버로 참석한다.

인사관리staffing 사회복지 행정에서 직원의 효과성을 유지하고 증대하기 위해 고안된 조직의 활동. 유명한 피고용인이나 자원봉사자를 면접하고 채용하며, 직원들에게 임무부여, 승진, 발령, 해고를 하며, 현장훈련(inservice training)과 직원 개발을 한다.

인적 자본human capital 교육을 통해서 축적된 생산력은 결국 노동소득과 연결된다는 측면에서 인적자본의 개념은 교육의 투자 효과를 강조하고 있다.

인종차별apartheid 나치스에 의한 유대인 차별, 남아프리카 공화국에서 백인과 흑인을 차별하는 정책인 아파르트헤이트, 오스트레일리아에서 유색 인종의 이민을 금지하는 백호주의 등이 대표적이다. 오늘날에는 아파르트헤이트와 백호주의는 폐지되었으나, 여러 민족이 함께 섞여 사는 미국이나 유럽의 여러 나라에서는 아직도 인종 문제가 완전히 해결되지 않았다.

인종차별주의racism 대개 인종을 이유로 인간에 대해 부정적으로 고정화하고 일반화하는 것. 통상 인종적 소수집단의 구성원에 대한 식별(discrimination)에 기초하고 있다.

인지cognition 관련된 정보를 지각하고 이해하고 기억하며 평가하는 정신적 과정.

인지도cognitive map 환경에 대한 개인의 이미지나 지각적 영상.

인지모델cognitive models 사람이 현상을 인식하고, 지각하거나 이해하게 되는 방법의 표현. 이러한 모형은 피아제 이론(Piagetian theory)에서처럼 인간 개개인이 자신들의 세계를 이해하고 지식을 형성하는 능력을 어떻게 개발하는지를 생각하고 기술하는 데 사용될 수 있다. 또한 이 모형은 합리적, 정서적 치료[rational-emotive therapy, 엘리스(Albert Ellis)], 현실치료[reality therapy, 글래서(William Glasser)], 개인심리학적 치료[individual psychology, 아들러(Alfred Adler)], 합리적 개별사회사업(rational casework), 선리(Robert Sunley)와 워너(Harold D. Werner) 등과 같은 치료접근법을 설명하는 데 사용된다.

인지발달이론cognitive development theory 피아제의 인지발달은 4단계로 구분된다. 1단계인 감각-동작기(0~2세)는 모든 지각의 방식이 감각과 행동을 통해 일어난다. 단계의 마지막 부분에 가면 대상항구성이란 개념을 갖게 된다. 2단계인 전조작적 사고기(2~7세)의 아동은 사물의 이름을 알게 되고, 단일 차원에서 사물을 구분할 수 있다. 가장 중요한 특징들은 언어발달, 자기중심성, 중심화, 불가역성 등이다. 3단계인 구체적 조작기(7~11세)의 아동은 논리적 추리력을 갖는다. 그러나 논리적인 사고력이 발달하지만, 사고과정 역시 아동이 관찰한 실제 사실에만 한정된다. 4단계인 형식적 조작기(11~15세)의 아동은 가장 발달한 인지적 조작단계에 들어선다. 추상적인 사물에 대해 논리적으로 생각할 수 있고, 추상적인 언어를 통한 교육이 가능해지는 단계이다.

인지이론cognitive theory 개인이 정보를 받아들이고, 처리하고, 반응하고, 반응하기 위한 지적인 능력을 개발시키는 방법에 관련된 일련의 개념들. 인지적 개념들은 행위가 일차적으로 본능적인 성향이나 무의식적인 동기보다는 오히려 사고와 목표에 의해 결정된다는 점을 강조한다.

인지치료cognitive therapy 어떤 행위에 대한 클라이언트의 의식적 사고과정, 동기, 행위의 원인에 초점을 맞추어 인지이론(cognitive theory) 개념을 이용한 임상적 개입. 인지치료의 주요 창시자는 아들러(Alfred Adler)이다. 현재 이 접근의 유형으로는 합리적·정서적 치료(rational-emotive therapy), 현실치료(reality therapy), 실존주의 치료(existential therapy), 합리적 개별사회사업(rational casework) 등이 있다. 초기의 심리사회적 경향을 지닌 '프로이트 이전의' 사회복지사들은 인지적 접근과 공통점이 많았다.

인지행동모델cognitive behavior model

1. 인지이론

인지란 '고능력'을 의미하며, 넓게는 사고 이외에 지각, 기억, 지능, 언어 등을 포함하는 정신과정 전체를 지칭하며, 인지이론은 인간의 경험과 사회적 상호작용의 결과로 인간의 인지능력이 발달한다는 이론. 클라이언트의 생각을 점검하고 정서와 행동에 대해 클라이언트의 인지경향과 타당성을 인정 평가한 후, 클라이언트의 역기능적 태도, 신념, 가정을 수행할 수 있는 객관적 방법을 가르치는 모델.

2. 행동주의이론

행동주의이론에서 강조하고 있는 주된 개념인 고전적 조건화, 즉 반응적 조건화는 행동을 유발시키는 힘이 없는 중성자극에 반응유발능력을 넣어 조건자극으로 변화시키는 과정.
두 개의 사건이나 대상이 시간적으로 잇달아 일어남을 학습하여, 새로운 자극과 예전에 이미 형성된 반응을 연결 짓는 것.

3. 인지행동이론

인지행동이론에서는 행동이 보상과 처벌에 의해 자동으로 형성된다고 사정하기보다 환경이 제공한 정보와 개인의 인지적 과정이 상호작용한 결과가 형성된다고 봄.

※ 인지행동이론의 특징

문제중심적이고 목표지향적이다. 협력적 치료자는 적극적이며 직접적으로 개입함으로써 과제중심적이며 현재에 초점을 맞추고 있다.

인플레이션inflation 통화량이 팽창하여 화폐 가치가 떨어지고 물가가 계속 올라 일반 대중의 실질적 소득이 감소하는 현상. '물가 오름세'로 순화.

일work 자신과 사회에서 필요한 재화와 서비스를 만들어내는 유급과 무급의 제반 생산적 활동.

일반세general tax

일반세(一般稅)는 조세의 지출용도를 정하지 않고 징수하는 세금이다.

- 소득세: 소득세에는 개인소득에 부과되는 개인 소득세와 법인의 수익에 부과되는 법인 소득세가 있다. 개인 소득세는 누진세율을 적용하고, 일정 소득 이하인 사람에게는 조세를 면제해 주거나 저소득층일수록 보다 많은 조세감면 혜택을 부여하여 소득계층 간 소득재분배 효과가 가장 크다.
- 소비세: 소비세는 상품을 소비할 때 부과된다. 소비세는 모든 상품에 단일세율을 부과하는 일반소비세와 특정 상품에만 부과하는 특별소비세로 분류된다. 일반소비세는 소득에 관계없이 상품을 소비할 때 동일한 세금을 부담해야 하므로 소득역진성이 강하다. 특별소비세는 주로 사치품에 부과되는데, 사치품의 주된 소비자가 중상위계층이기 때문에 소득역진성 일반 소비세보다 작다. 우리나라의 부가가치세도 소비세의 하나인데, 부가가치세는 생산 단계에서부터 최종 소비 단계까지 부과되는 것이 특징이다.
- 재산세: 재산세는 소유재산에 부과되는 세금으로 지방정부의 주요 재원이다. 재산세는 대개 단일 세율이 적용되며, 세금의 부과

기준이 되는 재산의 가치를 시가로 계산하기 어려운 문제가 있다.

일반체계이론general systems theory 체계의 구성요소들과 이것들의 하부체계(subsystem)를 평형상태(equilibrium)로 유지하고 안정시키려는 통제수단 간의 상호작용을 인지함으로써 사람과 사회집단의 행동을 전체론적으로 설명하려는 개념상의 정립을 말한다. 그것은 경계(boundaries), 역할(role), 관계(relationship) 및 사람들 사이의 정보교환의 통로와 관련되어 있다. 일반체계이론은 미생물로부터 사회집단까지 생존물에 초점을 둔 체계이론(systems theories)의 한 부류이다.

일반화generalization 한정적이거나 특수한 경험에 기초한 사람, 일 또는 사건의 부류에 관한 신념, 판단 또는 추상 등을 구성하는 과정 개인이 보편적으로 개인의 문제들의 성격을 규정함으로써 그것들에 대해 토론하기를 회피하는 행위 또는 행동양식. 예를 들면, 어떤 클라이언트는 현재의 부부 간의 갈등을 숨기기 위하여 "모든 부부는 싸운다"고 말한다. 일반화는 또한 클라이언트의 경험과 다른 사람들의 경험을 연결 짓거나 분명하게 하기 위해 사회사업실제에서도 사용된다. 예를 들면, 사회복지사는 "모든 사람은 때때로 우울하게 느낀다"고 말한다.

일차 집단primary group 절친하여 빈번하게 긴밀한 개인적인 접촉을 갖는 사이로서 고통적인 규범을 보유하고, 상호 지속적으로 광범위한 영향력을 공유하는 사람들을 말한다.

일탈deviance 어떤 사회의 사회적 규범으로부터 일탈된 행동. 정상행위나 기존의 기준과 뚜렷이 구분되는 행위, 또는 수용되는 기준과 뚜렷이 구분되는 행위, 또는 수용되는 기준과 상반되는 행동, 규범, 가치의 기준을 유지하는 행위.

임금통제wage controls 고용주가 근로자에게 지불할 수 있는 임금의 인상이나 인하액을 제한하는 정부 규제. 명시된 목적은 주로 물가상승을 억제하고 고용을 증가시키는 것이다. 이러한 정책은 종종 가격통제(price controls)에 수반된다.

임금피크제salary peak 일자리 나누기(work sharing)의 한 형태로, 일정 연령 이후 업무능력이 떨어지는 장기근속 직원에게 임금을 줄여서라도 고용을 유지하는 능력급제의 일종. 즉, 일정 근속 연수가 되어 임금이 피크에 다다른 뒤에는 다시 일정 비율씩 감소하도록 임금체계를 설계하는 것이다. 미국, 유럽, 일본 등 일부 국가에서 공무원과 일반 기업체 직원들을 대상으로 선택적으로 적용하고 있으며, 우리나라에서는 1998년에 공무원을 대상으로 임금피크제를 도입하려고 했으나 교원 정년 단축으로 백지화되었다. 2003년 7월 신용보증기금이 국내에서 처음으로 임금피크제를 도입했다. 임금피크제는 크게 정년보장형, 정년연장형으로 나뉜다. 우리나라의 경우 대다수의 임금피크제 도입 기업들은 정년보장형을 채택하고 있다. 이 유형은 정해진 정년까지 고용을 보장하는 대신 일정 연령에 도달한 시점부터 정년까지 임금을 삭감한다. 정년보장형 임금피크제는 임금 인상보다는 고용안정을 원하는 근로자에게 현실적인 만족감을 줄 수 있다는 것과 기업에는 고용조정에 따른 부담감과 인건비 절감 효과를 얻을 수 있다는 장점이 있다. 그러나 기업 내 인건비 절감이나 인력구조 변경 목적으로 악용될 소지가 있고 자칫 정리해고의 대체수단으로 사용될 여지가 있다.

임상가clinician 주로 사무실, 병원, 진료소 혹은 다른 통제된 환경에서 클라이언트와 직접 일하는 전문가. 임상가는 이 시설에서 문제를 연구하고 클라이언트의 상태를 평가하고 진단하며 클라이언트가 정해진 목표를 달성하도록 직접인 처치와 도움을 주며, 사회사업 임상가는 일반적으로 자신의 사무실에서 클라이언트(개인, 가족 혹은 집단)에게 직접적인 원조 서비스를 제공하는 사람이다.

임상사회복지사licensed clinical social worker(LCSW) 1950년대 초에 전문직으로서의 사회사업이 우리나라에 소개된 이후 최근 들어 임상사회사업(clnical social work)이란 용어가 사회복지 분야에서 광범위하게 사용되고 있다. 근원적으로 의학 분야에서 시작되었으나, 현재 사회복지뿐만 아니라 심리학과 법학 분야에서도 광범위하게 사용되고 있다.

임상사회사업clinical social work 주로 사회복지사의 사무실에서 이루어지는 개인, 집단, 가족에 대한 직접적인 사회사업 개입의 특수한 형태. 일부 전문 사회복지사들은 이것을 개별사회사업(social casework)이나 정신의료 사회사업(psychiatric social work) 등과 동의어로 사용하지만, 다른 사람들은 이 용어를 매우 다른 의미로 받아들이고 있다. 1970년대 접어들면서 미국은 존슨의 사회복지정책에 대한 보수주의자의 공격으로 인해 공공부문의 직업과 훈련수당이 삭감되는 등 어려움을 겪게 되었다. 이때 발전하게 된 것이 임상사회사업이다. 기존 NASW가 사회변화에 관심을 지나치게 가지고 있다고 생각하던 직접적 실천의 지지자들은 1971년에 임상사회사업연맹을 구성하였다.

임신gestation 착상에서 출생까지의 기간을 말하며, 인간의 임신기간은 평균 266일이다.

임파워먼트empowerment 조직원들에게 자신이 조직을 위해서 많은 주요한 일을 할 수 있는 권력, 힘, 능력 등을 갖고 있다는 확신을 심어주는 과정이다. 그러한 확신을 조직원들에게 심어주기 위해서는 능력과 의지를 키우는 일, 공식적 권력(권한)을 위임해 주는 일, 그리고 실제 의사결정과정에 깊이 참여토록 함으로써 자신의 영향력을 체험토록 하는 일들이 전제되어야 한다. 임파워먼트의 개념은 조직 내 권력의 분배 문제를 뛰어넘어 권력의 증대 또는 창조 문제에 초점을 두고 있다.

입양adoption 혈연관계가 아닌 일반인들 사이에서 법률적으로 친자관계(親子關係)를 맺는 행위. 이 관계를 맺기 위해서는 양자(養子)를 원하는 자나 양자가 되려는 자 사이에 합의가 있어야 하며, 양자가 될 자가 15세 미만일 때는 부모나 친족의 동의를 얻어야 한다. 부모·친족이 없거나 또는 양자가 되려는 자가 금치산자일 때는 후견인의 동의를 얻어야 하는데, 이 경우 가정법원의 허가가 있어야 한다. 또 배우자가 있는 자가 양자를 원하거나 양자가 되려는 경우에는 배우자의 동의를 얻어야 한다.

효력은 호적법 규정에 따라 신고함으로써 발생하며, 이때 당사자 쌍방과 성년의 증인 2명이 공동 서명한 신고서를 제출하여야 한다. 입양신고를 마치면 양자와 양친 사이에 법정 친자관계가 발생하고 부양이나 상속에 자연혈족의 경우와 동일한 권리가 인정된다.

입양신고를 마친 뒤라도 입양 성립요건에 중대한 결격사유가 발생할 경우 가정법원을 통해 입양을 취소할 수 있다. 이 경우 친자관계는 자연 소멸되며, 양자는 원칙적으로 본래의 호적으로 되돌아간다. 무효 또는 취소된 경우 당사자 한쪽은 과실이 있는 상대방에 대해 이로 인한 손해배상을 청구할 수 있다.

한국전쟁을 전후하여 생긴 전쟁고아와 혼혈아에 대한 대책의 일환으로 입양사업을 시작했고, 근대화 이후 미혼모 및 가정불화 등에 기인한 아동유기(兒童遺棄)가 늘어나면서 점차 사회문제로 떠오르고 있다. 우리나라는 국내입양을 촉진하기 위해 정부에서는 1995년 「입양특례법」을 개정하여 입양가정에 주택융자 및 교육비, 의료비, 생활비 등을 보조해주고 있다. 현재 입양에 관한 모든 절차는 2000년 1월 12일 일부 개정된 「입양촉진 및 절차에 관한 특례법」(법률 제6151호)을 근거로 하고 있다.

입양촉진 및 절차에 관한 특별법 Special Act on Promotion of Adoption and Procedure 보호가 필요한 아동의 입양을 촉진하고 양자로 되는 자의 보호와 복지 증진을 도모하는 데 필요한 사항을 규정한 법.

보호가 필요한 아동의 입양을 촉진하고 양자로 되는 자의 보호와 복지 증진을 도모하기 위해 필요한 사항을 규정할 목적으로 제정되었다. 제1장 총칙, 제2장 입양의 요건, 제3장 입양절차, 제4장 입양기관, 제5장 입양아동 등에 대한 복지시책, 제6장 보칙, 제7장 벌칙 등 총 7장 28개조와 부칙으로 구성되어 있다.

우리나라의 입양은 1950년대 6·25 전쟁으로 등장한 전쟁고아를 대상으로 실시되었다. 정부에서는 이 고아들을 수용하고 있는 시설들을 합리적으로 지도할 만한 행정적 필요에 따라 1952년 10월 '후생시설 운영요령'을 시달하였다. 이후 외국인이 우리나라 고아를 입양하는 절차를 간소하게 할 목적으로 1961년 「고아입양특례법」을 제정했고, 1976년 12월 31일에 「고아입양특례법」을 「입양특례법」으로 명칭을 변경하면서 '고아'라는 용어 대신 '보호시설에 보호받고 있는 자'로 바꾸어 고아가 아닌 아동도 입양될 수 있도록 했다. 이 법은 1990년 12월 31일 법률 제4300호에 의해 일부 개정이 이루어졌고, 1995년 1월 5일 법률 제4913호로 「입양촉진 및 절차에 관한 특례법」으로 다시 명칭을 변경했다.

이 법에서 사용하는 '아동'이란 '18세 미만의 자'를 말하며, '보호를 필요로 하는 아동'은 보호자가 없거나 보호자로부터 이탈된 아동, 또는 보호자가 아동을 학대하는 경우 등 보호자가 아동을 양육하기에 부적당하거나 양육할 능력이 없는 경우의 아동을 말하고, '입양아동'이란 이 법에 의해 입양된 아동을 말한다(제2조).

이 법에 의해 양자가 될 자는 보호자로부터 이탈된 자로서 특별시장, 광역시장, 도지사 또는 시장, 군수, 구청장이 부양의무자를 확인할 수 없어 「국민기초생활보장법」에 의한 보장시설에 보호 의뢰한 자, 부모(부모가 사망, 기타 사유로 동의할 수 없는 경우 다른 직계존속) 또는 후견인이 입양을 동의해 보장시설 또는 입양기관에 보호 의뢰한 자, 법원에 의해 친권 상실의 선고를 받은 자의 자로서 시·도지사 또는 시장, 군수, 구청장이 보장시설에 보호 의뢰한 자, 기타 부양의무자를 알 수 없는 경우로서 시·도지사 또는 시장, 군수, 구청장이 보장시설에 보호 의뢰한 자여야 한다(제4조).

이 법에 의해 양친이 될 자는 양자를 부양함에 충분한 재산이 있을 것, 양자에 대해 종교의 자유를 인정하고 사회의 일원으로서 그에 상응한 양육과 교육을 할 수 있을 것, 가정이 화목하고 정신적·신체적으로 양자를 부양함에 현저한 장애가 없을 것, 양친이 될 자가 대한민국 국민이 아닌 경우 본국법에 의하여 양친이 될 수 있는 자격이 있을 것, 기타 양자로 될 자의 복지를 위해 보건복지부령이 정하는 필요한 요건을 갖출 수 있는 자여야 한다(제5조).
이 법에 의해 양자로 되는 자는 양친이 원하는 때는 양친의 성과 본을 따르며(제8조), 입양되어 6월이 경과된 때에는 양자, 양친, 친부모, 기타 관계인은 약취 또는 유인에 의해 보호자로부터 이탈되었던 자가 양자로 된 때, 사기 또는 강박으로 인해 입양의 의사표시를 한 때 외에는 입양 취소 청구의 소를 제기할 수 없다(제9조). 입양기관을 운영하고자 하는 자는 「사회복지사업법」에 의한 사회복지법인으로서 보건복지부장관의 허가를 받아야 하며(제10조), 이런 허가를 받지 않고 입양알선업무를 행한 자는 3년 이하의 징역 또는 2,000만 원 이하의 벌금에 처한다(제27조).

자격증certification 자격은 일정한 신분이나 지위를 가지거나 일정한 일을 하는 데 필요한 조건이나 능력을 말하며, 자격증은 일정한 자격을 인정하여 주는 증서이다. 자격의 종류에는 국가기술자격, 국가전문자격, 국가공인민간자격(국가공인자격), 민간자격이 있다. 민간자격은 모두 한국직업능력개발원 '민간자격 정보서비스' 웹사이트에 등록되도록 되어 있다. 면허증이 있는 분야의 경우 없는 사람은 법적으로 그 일을 할 수 없으나, 자격증의 경우 그것이 없다고 해도 반드시 그 일을 법적으로 못하는 것은 아니다. 일부의 경우 자격증 취득 후 해당 자격증에 따른 면허증을 별도로 발급받아야 업무 수행이 가능한 경우도 있다.

자기결정self-determination 클라이언트의 자기결정이란 사회복지실천 전 과정에 걸쳐서 클라이언트가 모든 의사결정과정에 참여하여 스스로 선택하고 결정하는 것을 의미한다. 이는 모든 인간은 자기 삶에 대한 결정을 스스로 내릴 수 있다는 인간의 능력과 자유에 대한 믿음과 존중심에서 기인한다.

자기민족 중심주의ethnocentrism 자신이 속한 집단의 가치관, 사고법,

생활양식을 미화하여 그것을 절대시하는 한편 타(他)집단에 대해서도 규범을 유용하여 반감을 갖거나 증오, 열악한 것으로 보는 태도를 말한다. 원래 섬너(William Graham Sumner)가 도입한 개념이지만 아도르노(Theodor Wiesengrund Adorno) 등이 권위주의적 퍼스낼리티의 척도로서 F. 스케일의 개념을 제창할 때 설정요인의 하나로서 자기민족중심주의 척도(E 척도)를 이용함으로써 널리 알려지게 되었다.
이 용어는 민족 집단에 한정하여 사용되는 것은 아니며 동일한 종교나 이데올로기를 갖는 집단, 지역이나 국가의 집단 등 다양한 레벨에서 사용된다. 인간은 누구나 특정의 문화 환경 속에서 성장하여 거기에 적응한 가치관을 가지고 있기 때문에 이외의 문화를 부자연스럽게 느끼고 더 나아가 불합리하여 받아들이기 어려운 것으로 여긴다. 그 결과로서 나타난 편견이나 차별, 배척, 공격 등의 태도는 자기민족중심주의 증후군을 형성하고 이러한 태도는 배외주의(排外主義)적인 행동으로 이행하여 역사적으로 많은 항쟁의 원인을 만들어 왔다. 또한 자기민족중심주의는 인종적 편견, 권위주의적 퍼스낼리티, 보수성 등과 연계되어 대중의 태도를 대표하는 정치체제도 마찬가지로 권위주의적, 보수적인 것이 되는 경향이 있으며 비민주적인 탄압행위가 이루어지는 경우도 있다. 현대사회에서는 국제관계가 복잡해져 자기민족중심주의의 폐해를 없애기 위해 이문화(異文化) 이해의 필요성이 강조되고 있다.

자기통제self-control 인간이 자기가 처한 환경이나 상황에 합당하도록 자신의 충동 또는 행동을 통제할 수 있는 상대적 능력.

자기폭로self-disclosure 사회사업 면접을 하는 과정에서 사회복지사가 클라이언트에게 자신에 대한 정보, 개인의 가치관, 또는 행동 등을 폭로하는 것. 전문직에서는 이와 같은 자기폭로에 대해서 해야 한다 또는 해서는 안 된다는 가치판단을 하지 않으나, 경우에 따라서는 자기폭로가 도움이 된다고 인정될 때도 있다. 그러나 일반적으로 자기폭로가 클라이언트를 도우려는 목적이나 치료적 효과에 도움이 되지 않는다면 자기폭로를 하지 않는 것이 바람직하다는 데 약간의 합의가 이뤄졌다.

자문consultation 특별한 전문성을 소유한 기관이나 개인(예: 상담가) 혹은 특수한 문제를 해결하기 위해 전문성을 필요로 하는 사람들 간의 상호 관계를 말한다. 카두신(Alfed Kadushin)은 사회사업 자문을 자문가들이 일과 관련된 문제에 직면한 개인, 집단 조직, 지역사회에 상담과 기타 다른 원조활동을 제공하는 문제 해결과정으로 묘사했다. 상대적으로 연속적이고 많은 관심영역을 포함하는 지도감독(supervision)과는 달리, 자문은 임시적이거나 일시적인 기반에 근거해서 일어나며 특별한 목표나 상황초점(situation focus)을 갖는다. 감독관과는 달리 자문가는 충고를 받는 사람들에게 어떤 특별한 행정적 권한을 가지고 있지 않다.

자본주의capitalism 이윤추구를 목적으로 하는 자본이 지배하는 경제체제. 현재 서유럽과 미국, 대한민국을 비롯한 많은 나라의 국민은 '자본주의체제'라는 경제체제 아래서 경제생활을 영위하고 있다. 이와 같은 체제가 발생한 것은 인류의 유구한 역사에서 볼 때 비교적 오래지 않은 일이다. 이 경제체제는 16세기 무렵부터 점차로 봉건제도 속에서 싹트기 시작하였는데, 18세기 중엽부터 영국과 프랑스 등을 중심으로 점차 발달하여 산업혁명에 의해서 확립되었으며, 19세기에 들어와 독일과 미국 등으로 파급되었다. '자본주의'라는 말은 처음에 사회주의자가 쓰기 시작하여 점차 보급된 용어인데, 자본주의란 무엇인가에 대하여는 명확한 정의(定義)가 있는 것은 아니다. 자본주의란 말은 사람에 따라 여러 가지 뜻으로 쓰이고 있다. 예를 들면, 이윤획득(利潤獲得)을 위한 상품생산이라는 정도의 뜻으로도, 단순히 화폐경제(貨幣經濟)와 동의어로도 쓰이며(이 경우 부분적으로는 고대와 중세에도 자본주의가 존재하였다고 가정), 사회주의적 계획경제에 대하여 사유재산제(私有財産制)에 바탕을 둔 자유주의 경제라는 뜻으로 쓰이는 경우도 있다.

자산조사means test 생활보장사업의 대상자 선정에서 필히 행하여지는 것으로 복지수혜자에게 사회적 낙인을 조장시키는 등 명예훼손에 영향을 주고 있다. 이에 자산조사에 대한 비판과 더불어 찬성과 반대의 의견이 대립되고 있다. 먼저 찬성의견을 보면 공금을 절약할 수 있고 개인의 욕구를 규명할 수 있고 공적부조의 보완적 성격을 충족할 수 있다는 것이며, 반대의견을 보면 개인의 권리와 존엄성이 침해되고 클라이언트의 욕구 정도를 결정하기가 어렵고 자산조사를 위해 막대한 행정비용이 소요된다는 것이다. 그러나 어느 국가든 자산조사는 행해지고 있다. 가능한 한 수혜자의 명예가 보장되는 범주 내에서 시행되도록 유도함이 바람직하다.

자살suicide 행위자가 자신의 죽음을 초래할 의도를 가지고 자신의 생명을 끊는 행위. 자살의 어원은 라틴어의 sui(자기 자신을)와 cædo(죽이다)의 합성어이다. 여기서 알 수 있듯이 자살이란 원인이 개인적이든 사회적이든 당사자가 자유의사(自由意思)에 의하여 자신의 목숨을 끊는 행위를 말한다.

자선charity 동료 인간에 대한 사랑으로 욕구가 있는 사람에게 물건이나 서비스를 기부하는 것이다.

자선조직협회charity organization societies(COS) 현대적인 사회서비스 기관의 효시로서 민간이 운영하고 박애주의에 의해 기금이 조성되는 기관. 1877년에 뉴욕과 버펄로에서 처음으로 조직되었고 그 후 동부지역의 대도시에도 많이 설립되었다. 이 협회의 직원들은 클라이언트에게 직접 서비스를 제공하고 사회 문제를 처리하기 위한 지역사회의 노력을 조정하는 자원봉사자들로 구성되었다. 우애방문자(friendly visitors)로 알려진 COS 직원들은 점차 전문화됨에 따라 사회복지사로 불리게 됐다. 1930년대에 정부가 국민의 경제적·사회적 안정에 더욱 책임을 떠맡게 됨으로써 COS의 목표는 달성되었고, 대부분의 기관은 폐쇄되거나 미국가족서비스협회(Family Service Association of America) 등과 같은 다른 민간 사회사업기관과 합병하게 되었다.

자아ego 사고, 감정, 의지 등의 여러 작용의 주관자로서 이 여러 작용에 수반하고, 또한 이를 통일하는 주체. 자기 자신(the self), 인지(cognition), 인식(perception), 방어기제(defense mechanism), 기억(memory)과 운동통제(motor control)로 구성되어 있는 신체의 요구와 환경의 실제 나이를 중재하는 정신부분. 정신역학 이론에서는 이드(id, 생리적·원시적 충동)와 초자아(superego, 사회적 금지에 대한 내화체계)와 함께 정신(psyche)의 3대 분야 중 하나를 말한다. 건전한 자아는 이런 경쟁적 압력 사이에서 타협의 길을 터서 우리로 하여금 환경의 욕구를 잘 처리할 수 있게 한다.

자아기능ego functioning 자아가 사회적 요구를 처리하고 내적·심리적 갈등을 조절하는 방법을 말한다.

자아도취narcissism 지나친 자기도취나 자기애, 자기중심주의의 극단적인 형태.

자아력ego strengths 정신역학 이론상 문제해결을 위해, 정신적 갈등해결을 위해, 정신적·환경적 어려움을 방어하기 위해서 개인이 이용할 수 있는 정신적 에너지의 정도. 또한 논리적 사고, 지성, 지각력 그리고 직접적 만족을 성취하려는 충동을 자제할 수 있는 개인의 능력을 말한다.

자아실현self-actualization 한 개인이 소유하고 있는 가능성(잠재력)의 최대한의 개발 및 발전을 칭하는 상대적인 개념. 매슬로우(Abraham Maslow)에 의하면 아래에 열거된 기본적인 욕구를 성취한 후에 모든 인간이 성취하고자 하는 것이 바로 이 자아실현에 대한 욕구라고 한다. 이 기본적인 욕구는 생리적 욕구(physiological needs, 식량, 공기, 물, 휴식), 안전욕(safety needs, 안정, 공포로부터의 해방, 생활보장), 소속욕(belongingness needs, 가족, 친구, 애정, 친밀성), 존경 욕구(esteem needs, 자존심 및 타인으로부터 인정받음)를 포함한다.

자아심리학ego psychology 인간의 생래적(生來的) 자아를 대상으로 하는 심리학. 프로이트 초기의 심리학은 무의식을 대상으로 하는 심층심리학이었으나, 후기의 심리학은 자아를 대상으로 하는 심리학으로, 이를 심층심리학과 구별하여 자아심리학이라 부른다. 또, 최근에는 흔히 프로이트 정통학파임을 주장하는 미국의 H. 하르트만 일파의 심리학을 자아심리학이라 하는 경우가 있다.
자아는 불안이나 심리적 갈등에 근거하여 형성되는 것이 아니고, 오히려 생래적·자생적(自生的)인 것이어서, 갈등과 관계없이 형성되는 자율적인 것으로 보았다. 사회적으로 격리되고 적절한 자극을 받지 못해 친자관계가 부적절하게 형성되면 자아는 발달하지 않는다. 자아심리학에서는 자아란 '지각하고 판단하며 결정을 내리고, 환경변화에 대응하여 적응해 가는 기능을 완수하는 것'이라고 주장한다. 그러나 이와 같은 자아에 대한 견해가 과연 프로이트 심리학의 정통인가 아닌가에는 문제가 있다. 프랑스의 분석가 J. 라캉은 자아심리학을 적응만을 고려하는 심리학이라고 비판하였다. 최근에는 자아심리학이 아닌 자기심리학(自己心理學)의 경향이 인정되고 있다.

자아통합ego integration 통합체로서 개인성격의 여러 양상에 대한 내적 조화와 적합성을 달성하는 것.

자원resources 욕구 충족에 쓰일 수 있는 필요한 기존의 서비스 또는 물질(상품)을 통칭하여 자원이라 한다. 사회복지사의 일차적인 기술(primary skill)은 클라이언트를 돕는 데 필요한, 현존하고 있는 지역사회의 자원에 대한 지식과 그것을 활용하는 능력이다. 사회복지사가 전형적으로 활용하는 자원은 관련된 다른 사회기관, 정부의 프로그램, 자원봉사자 및 자조집단(self-help groups), 자발적인 원조자(natural helpers), 그리고 클라이언트를 도울 수 있는 자질과 동기를 갖고 있는 지역사회에 살고 있는 개인들이다.

자원봉사자volunteer 자원봉사자(自願奉仕者)는 사회 또는 공공의 이익을 위한 일을 자기 의지로 행하는 사람이다. 자원봉사자를 줄여서 봉사자라고도 하며, 자원봉사자가 모인 단체를 자원봉사단이라 한다. 이들의 봉사 활동은 보통 비영리단체(非營利團體, Non-Profit Organization, NPO)를 통하는 경우가 많다. 때때로 이 방식의 봉사 활동은 공식 봉사 활동으로 불린다. 하지만 이들 공식 봉사 단체와는 별도의 개인 또는 몇몇 사람들이 비교적 격식을 차리지 않고 자유롭게 봉사 활동을 펼치는 경우도 있다. 이러한 비공식적인 봉사 활동은 보통 알려지지 않기 때문에 통계수치로 잡기가 무척 힘들다.

자원봉사에 임하는 사람은 다양한 형태로 보상을 얻는다. 예를 들어, 보람이나 경험 등의 정신적 보상이나 교통비나 식사비, 소정의 활동비 등을 제공받는 금전적 보상이 있을 수 있다. 또한 그 밖에도 취업 또는 진학에 도움이 되는 경력을 쌓기 위한 목적에서 자원봉사를 하기도 한다. 어떤 기준으로 자원봉사인지 그렇지 않은지를 나눌지에 대해서는 다양한 견해가 있다.

자원체계resource systems 물질적, 정서적 또는 정신적인 욕구를 충족시켜줌으로써 생존을 가능케 하고 개인의 희망을 달성시키고 기타 생활의 과제를 해결하는 데 필요한 사회심리학적·생물학적 및 환경적 근원을 말한다. 대체로 세 가지 형태로 자원체계를 분류할 수 있는데, 비공식 유형(informal type, 가족, 친구 및 이웃), 공식 유형[formal type, 전국사회복지사협회(NASW)와 노동조합 같은 조직의 멤버십], 사회제도적 유형(societal type, 사회보장 프로그램, 교육 및 보건보호 제도)이 있다. 사회사업 실천의 기본적인 목표는 이들 자원체계의 기능을 강화하는 것이며, 클라이언트와 이들 체계를 연결해주는 것이다.

자유방임laissez-faire 개인 경제활동의 자유를 최대한으로 보장하고,

이에 대한 국가의 간섭을 가능한 한 배제하려는 경제사상 및 정책.

자율성autonomy 독립적인 행동을 할 수 있는 개인의 감각. 즉, 자신의 욕구를 충족시킬 수 있는 능력, 또는 다른 사람의 통제로부터의 독립을 말한다.

자조조직self-help organization 체계를 갖춘 공식화된 단체로서 문제를 지닌 성원을 이미 성공적으로 문제 해결을 경험한 성원들과 만나게 함으로써 상호부조의 서비스를 제공하는 조직을 말함. 미국 전역에 지부를 갖고 있는 이러한 유형의 조직들은 다음과 같다. 알코올중독자갱생회(Alcoholics Anonymous, AA), 알코올중독자구제회(Al-Anon), 습관성구타갱생회(Batterers Anonymous), 우울증환자 모임(Depressives Anonymous), 도박금지단체(Gamblers Anonymous), 자녀보호권이 박탈된 어머니회(Mothers Without Custody), 약물중독자 모임(Narcotics Anonymous), 신경증환자 모임(Neurotics Anonymous), 과식자 모임(Overeaters Anonymous), 조산아 및 질환이 많은 유아 부모들의 모임(Parents of Premature and High-risk Infants), 편부모 모임(Parents Without Partners, PWP), 갱생협회(Recovery, Inc.), 국제 스트로크 클럽(Stroke Club International), 여성금주 조직(Women for Sobriety) 등이다.

자조집단self-help groups 공통의 문제나 욕구를 가지고 있는 비전문가들이 하나의 그룹 또는 단체를 형성하여 상당 기간 동안 상호부조의 목적으로 자신들이 공통으로 당면하고 있는 문제를 해결하기 위해 정보와 자원을 교환하려고 조직한 자발적인 연합체.

자존심self-esteem 자신에 대한 존엄성이 타인들의 외적인 인정이나 칭

찬에 의해서가 아니라 자신 내부의 성숙된 사고와 가치에 의해서 얻어지는 개인의 의식.

자폐증autism 외부 세계에 거의 관심을 기울이지 않고 다른 사람들이나 사물과 효과적으로 관계를 형성할 능력도 거의 없으며 내적인 소망이나 감정에 온통 관심을 집중시키는 발달장애(developmental disorder). 다른 증상으로는 의사소통 기술이 결여되어 있고, 타인과 비정상적인 방법으로 관계를 형성하며, 감정에 대하여 일상적이지 못한 반응을 나타낸다. 이러한 증상은 저연령의 아동이나 유아에게서 흔히 나타나며 이러한 것을 유아자폐증(infantile autism)이라 한다.

작업장workhouse 18세기 여러 국가에서 보편적이었던, '부조'(assistance)의 원내구호(indoor relief) 형태. 이것은 원조를 받는 빈곤한 사람들에게 특정한 시설에서 거주하고 일하도록 했다. 정부는 빈곤한 사람들의 노동력과의 교환으로 이들에게 주거와 식사를 제공하기 위해 개인들과 계약을 맺었다. 건강한 성인뿐 아니라 유아, 아동, 노령자, 불구자, 질환자를 수용시킨 이 프로그램은 18세기 후반에 조금 더 인간적인 구빈원(almshouse)과 원외구호(outdoor relief)를 지지함으로써 단계적으로 폐지되었다.

작업장법workshop law 「작업장시험법」, 「강제노역장법」, 「나치블법(sir Edward Knatchbull's Act)」이라고도 한다. 이 법은 노동능력이 있는 빈민을 고용함으로써 작업장에서의 노동을 통해 그들의 근로의욕을 강화시키는 데 초점을 맞추고 국가적인 부의 증대에 기여하고자 하는 목적에서 만들어졌다.

작업치료occupational therapy 치료를 목적으로 환자가 일, 놀이, 자가 간호 등의 활동을 하는 것. 정신장애인, 결핵 회복기의 환자, 신체장애인 등에 응용되며 사회복귀요법과 이어지는 치료법의 하나이다. 어린이의 경우에는 놀이가 이용된다. 신경정신과에서 취급하는 것은 정신요법(심리요법)의 일종으로, 정신질환 때문에 사회 적응성을 잃은 환자에 대하여 실시한다. 생활지도(예의요법)나 레크리에이션 요법 등과 병행하여 생산적인 일에 종사시키는 근로요법(협의의 작업요법)을 통하여 사회로의 적응력을 키우는 것이다.

18세기 말 프랑스의 정신병 전문의사 P. 피넬(1745~1826)이 우리 속에 감금되어 죄인과 같은 취급을 받고 있던 광인을 개방하여 의학적 치료로 시도한 작업요법이 최초이다. 결핵환자에 대해 실시하는 것은 자극요법의 일종으로, 비활동성 또는 정지성인 병세를 보이는 환자가 대상이 된다. 정신적·육체적 활동과 함께 일광, 공기, 바람, 온도 등이 자극되어 치유를 촉진시키는 것 외에, 실생활로의 복귀준비로서, 단련이나 교육, 혹은 예후나 근로능력의 판정방법 등의 의미도 지니고 있다. 원예나 농작물의 재배작업 등 비교적 가벼운 작업으로 옥외에서 하는 것이 많다.

정형외과 또는 물리요법 내과 등에서 하고 있는 것을 훈련요법이라고도 하며, 운동요법에 이어서 실시하고 있다. 뇌졸중 후유증, 운동신경마비, 관절강직, 근위축 등의 운동장애가 생긴 환자가 대상이 된다. 먼저 운동동작의 반복훈련부터 시작하고, 후에 일련의 작업에까지 발전시켜 가는 것이다. 많은 요소가 조합되어 있어 치료 효과가 크다. 작업으로는 줄질을 비롯하여 톱질, 실톱질 등의 목공, 수직기에 의한 직조, 금공(金工)이나 판금(板金), 피세공(皮細工)이나 죽세공, 점토세공,

타자 등 많은 방법이 이용되고 있다. 이때 이러한 작업요법을 훈련·치료하는 업무에 종사하는 의료기사를 작업요법사라고 한다.
「의료기사법」에 의해 1973년부터 자격시험이 실시되고 있는데, 숙련되고 병적 심리에 정통한 작업치료사가 필요하다. 환자는 그에게 의존하여 감정전이(感情轉移)를 가지고, 그와 자기를 동일시하는 경향을 나타내게 된다. 따라서 작업치료사는 명랑하고 친절하며, 공평하고 품위가 있는 사람이어야 한다. 그런 의미에서 작업치료는 하나의 심리요법이라 할 수 있다.

장기요양보험longtermcare insurance system 현대 국가는 내용이나 정도에 차이가 있으나 모두 복지국가를 표방하고 있다. 대부분의 국가에서는 경제발전과 보건의료 발달로 인한 평균 수명의 연장, 자녀에 대한 가치관의 변화, 보육 및 교육문제 등으로 출산율이 급격히 저하되어 인구구조의 급속한 고령화 문제에 직면하고 있으며, 이러한 사회변화에 따른 새로운 복지수요를 충족하기 위한 것이 장기요양보장제도이다.
즉, 노화 등에 따라 거동이 불편한 사람에 대하여 신체활동이나 일상가사활동을 지속적으로 지원해주는 문제가 사회적 이슈로 부각되기 때문이다. 특히, 고령화의 진전과 함께 핵가족화, 여성의 경제활동참여가 증가하면서 종래 가족의 부담으로 인식되던 장기요양문제가 이제 더 이상 개인이나 가계의 부담으로 머물지 않고 이에 대한 사회적·국가적 책무가 강조되고, 이와 같은 사회 환경의 변화와 이에 대처하기 위하여 이미 선진각국에서는 사회보험방식 및 조세방식으로 재원을 마련하여 장기요양보장제도를 도입하여 운영하고 있다.

장애handicap 다른 사람들이 보통 행하는 기능에 대한 개인의 능력을 방해하거나 제한하는 신체적 또는 정신적인 손상.

장애급여disability benefit 신체적, 정신적 상태 때문에 어떤 활동을 할 수 없는 사람에 대한 현금, 현물, 서비스의 급여, 장애에 기초한 일종의 범주적 부조(categorical assistance)를 의미한다. 미국의 지체부자유자에 대한 보충적 소득 보장(Supplemental Security Income, SSI) 계획은 근래 이 형태의 프로그램 중 가장 대표적인 실례이다.

장애분류 및 장애범주disability classification and category

〈장애인의 분류〉

대분류	중분류	소분류	세분류
신체적 장애	외부 신체 기능의 장애	지체장애	절단장애, 관절장애, 지체기능장애, 변형 등의 장애
		뇌병변장애	뇌의 손상으로 인한 복합적인 장애
		시각장애	시력장애, 시야결손장애
		청각장애	청력장애, 평형기능장애
		언어장애	언어장애, 음성장애, 구어장애
	내부 기관의 장애	안면장애	안면부의 추상, 함몰, 비후 등 변형으로 인한 장애
		신장장애	투석치료 중이거나 신장을 이식받은 경우
		심장장애	일상생활이 현저히 제한되는 심장기능 이상
		간장애	일상생활이 현저히 제한되는 만성·중증의 간기능 이상
		호흡기장애	일상생활이 현저히 제한되는 만성·중증의 호흡기기능 이상
		장루·요루장애	일상생활이 현저히 제한되는 장루·요루
		간질장애	일상생활이 현저히 제한되는 만성·중증의 간질
정신적 장애	발달장애	지적장애	지능지수가 70 이하인 경우
		자폐성 장애	소아청소년 자폐 등 자폐성 장애
	정신장애	정신장애	정신분열병, 분열형정동장애, 양극성 정동장애, 반복성 우울장애

장애수당disability allowance

1. 지원대상

생계, 의료, 주거, 교육급여 수급자 및 차상위계층 중 만 18세 이상의 3~6급 등록 장애인 지원.

2. 선정기준

소득인정액이 기준 중위소득 50% 이하일 경우 지원.

1) 4인 가구 기준 225만 9,601원 이하

○ 연령 기준은 다음과 같다.

- 신청하는 달을 기준으로 만 18세 이상인 경우 특수학교 등 학교에 재학(휴학 포함) 중인 18~20세는 제외신청일이 속하는 월의 말일까지 만 18세가 되는 경우 포함.

○ 기타 기준은 다음과 같다.

- 신청일 현재 등록 장애인(등록한 장애 외국인은 제외)

2) 장애등급이 3~6급인 장애인

○ 다만, '17. 8. 8일 이전부터 장애수당을 계속 받고 있는 경증장애인은 등급 재심사를 받지 않으나, '17. 8. 9일 이후 장애수당을 신청하는 경증장애인은 장애등급 심사 대상임.

○ 3급 중복 장애인은 중증장애인에 해당하므로 장애수당을 지급하지 않고, 중증장애인 연금의 대상임.

- 가구의 범위는 국민기초생활보장제도의 가구 범위와 동일하게 적용하며, 가구 해체 방지를 위하여 별도의 가구 특례를 적용한다.
- 부양의무자의 기준은 적용하지 않는다.

3. 지원내용

다음의 대상에 경증장애수당을 지원한다.

- 생계, 의료, 주거, 교육급여 수급자 및 차상위: 매월 4만 원
- 보장시설 수급자(생계, 의료): 매월 2만 원

4. 신청방법

읍, 면, 동 주민센터를 방문하여 신청, 이후

① 시, 군, 구청에서 대상장에 대해 통합조사하고 확정.

② 시, 군, 구청에서 경증장애 수당 지급장애 아동수당과 중복해서 받을 수 없음.

장애인disabled 특정한 신체적, 정신적 조건과 질환 때문에 어떤 임무나 기능을 수행하지 못하는 사람. 상황은 일시적일 수도 영구적일 수도 있고, 부분적이거나 전체적일 수도 있다.

장애인 고용촉진 및 직업재활법 Promotion of Employment and Rehabilitation for the Disabled 장애인의 능력에 맞는 직업생활을 통하여 인간다운 생활을 할 수 있도록 장애인의 고용촉진 및 직업재활을 도모함을 목적으로 하는 법이다.

재가보호서비스family safety service 우리나라는 급속한 인구의 고령화를 겪으며 치매·중풍 등으로 돌봄이 필요한 노인이 급증하고, 핵가족화와 여성의 사회 참여 증가 등으로 가정에서만 간병과 비용을 책임지기에는 부담이 가중하다. 이처럼 노인 장기요양 문제가 심각한 사회적 문제로 대두되면서, 노인의 간병, 장기요양 문제를 사회적 연대 원리에 따라 정부와 사회가 공동으로 해결하는 재가노인 복지서비스 사

업이 도입되었다. 재가노인 복지서비스 사업은 노인의 노후생활 안정 도모 및 가족의 부양 부담 경감과 함께 국민의 삶의 질 향상을 목적으로 시행되었다.

재난disaster 천연적이든 인위적이든 간에 시간적·공간적으로 집중되어 재산, 인명 및 건강에 피해를 주는 결과를 가져오는 이상 사건. 이것은 또 필수기능을 지속시켜야 할 사회제도의 능력을 파괴하기도 한다.

재무관리financial management 어떤 사람의 소득과 지출의 계획, 통제, 감독. 이것은 적절한 기록과 부기, 구매결정을 위한 우선순위와 시기를 계획하고 집행하는 것, 낭비의 최소화, 그리고 예산을 포함한다. 사회사업 행정가는 그들의 관리책임상 통합적으로 재무관리에 관심을 갖게 된다. 일선에서 일하는 사회복지사는 흔히 그들의 일부 클라이언트에게 재정을 계획하고 관리하는 방법을 가르치거나 도와준다.

재활rehabilitation 건강하고 유용한 능력을 되찾거나, 현 상황을 가능한 한 만족스러운 상황으로 복귀시키는 것. 사회복지사는 통상 부상(상해), 질병, 역기능으로 인해 손상을 받은 사람들을 돕는 데 이 용어를 사용한다. 이러한 재활을 돕는 과정은 병원, 사회사업 기관, 진료소(clinic), 학교, 교도소 및 기타 여러 곳에서 이루어지며, 물리치료, 심리치료, 운동, 훈련 및 생활방식의 변화 등을 실시한다.

저능imbecile 지능지수 I.Q. 25 이상 50 이하를 보이는 정신적으로 뒤처진 사람과 관련되어 한때 쓰였던 시대에 뒤떨어진 용어.

저항resistance 사회복지사의 영향력에 대해 방어하려는 클라이언트들이 사용하는 회피(avoidance) 행동. 또한 정신분석이론(psychoanalytic theory)에서 한 개인의 무의식(unconscious) 생각을 의식의 세계로 끄집어내는 것을 막는 정신적 과정이다.

적응adaptation 생존, 발달, 충분한 재생산기능을 위해 환경에 잘 적응(goodness of fit)해나가려는 개인과 종족의 활동적 노력. 저메인(Carel B. Germain, 1979)에 따르면, 적응은 개인과 환경 사이의 상호과정인데 개인이 환경을 변화시키고, 환경에 의해 변화되는 것을 포함한다. 체계이론(systems theories)을 지향하는 사회복지사는 적응능력을 지지하고 강화시킴으로써 스트레스가 많은 삶을 전환시키도록 도와주는 일을 개입선략의 중요한 부분이라고 생각한다.

전기치료electrotherapy 전기를 응용하는 치료법의 총칭으로 대별하여, ① 전기자극을 사용하는 것으로, 각종의 신경마비에 대한 전기자극요법 외에, 심장에 대한 제세동(際細動)이나 부정맥의 치료 등이 있고, ② 온열효과를 사용하는 것으로, 전광욕(열기욕), 초단파치료법 등이 있으며, ③ 기계적 진동효과를 사용하는 것으로 초음파요법 등이 있다.

전달deliver 급여나 서비스를 어떤 방법으로 수급권자에게 전달할 것인가와 관련된 가치 신띡의 영역.

전문가specialist 가치 지향이나 지식의 특정한 목표가 문제에 집중되어 있고, 특정 활동에 대한 기술적인 전문성과 기법이 고도로 발달되고 세련된 사회복지실천가.

전문간호사nurse practitioner 석사학위 과정 같은 교육을 마치고 기술을 습득하여 일반적인 물리검사를 포함하여 완전한 의료 경력을 갖추고,

독자적인 심리요법을 제공하며, 보건·사회봉사 자원을 조정하는 등 전통적으로 내과의사들만이 하던 임무를 수행하는 것이 전문간호사이다.

전문요양시설skilled nursing facility 치매·중풍과 같은 만성질환을 앓는 노인들을 위한 병원과 가정의 중간형태의 요양시설로서 미국·일본 등 선진국에서는 이미 보편화되었다.

전문직profession 한 집단의 구성원들이 공유하면서 특정한 사회적 필요를 충족시키기 위해 사용하는 가치, 기술, 기능, 지식 및 신념의 체계. 일반대중은 이러한 전문직에 종사하는 사람들이 특정한 사회적 필요를 충족시키는 데 필요 불가결하다고 생각하여, 관련된 서비스를 제공하는 법적 근거로 인·허가 등을 통해 공적 또는 법적인 인정을 하고 있다. 전문직업인들은 일반대중의 신뢰를 더 높이기 위하여 지식의 범위를 확대하고 같은 직종에 종사하는 다른 사람들이 이 지식에 접근할 수 있도록 하는 한편, 기술과 가치를 갈고 닦으며 이들이 기존의 기준체계를 준수할 수 있도록 하면서, 이러한 목적을 달성하기 위해 취하는 조치를 대외에 공표한다.

전 물량 방식market-basket 표준생계비의 산정방식을 생계에 필요한 전 물량에 일정의 가격을 곱하여 산출하는 방식.

전의식preconscious 전의식은 현재 의식되지는 않지만 전에 의식했던 것이 저장된 것으로 주의집중을 통해 쉽게 의식될 수 있는 경험이다. 예를 들면, 초등학교 시절의 친구에 관해 당장 생각하고 있지 않더라도 누군가 물으면 생각해낼 수 있다. 전의식은 무의식과 의식의 영역을 연결한다. 정신분석 치료에 의해 무의식 속에 잠재되었던 내용이 전의식으로 나오고 전의식 수준에서 다시 의식될 수 있다.

전이transference 전이란 클라이언트가 치료과정에서 자신이 유년기에 갈등을 겪었던 대상과의 경험을 치료자에게 옮겨서 재경험하는 것으로, 정신분석이론(psychoanalytic theory)에서 비롯된 개념이다. 초기에 발생한 미해결되고 무의식적인 경험이 현재의 관계성에 부가된 감정적(정서적) 반응을 말한다.

전치displacement 어떤 사상, 감정 또는 소망을 더 바람직하고 수용 가능한 다른 사상, 감정 또는 소망으로 바꾸어놓음으로써 거기에 따르는 걱정을 줄이기 위해 사용하는 일종의 방어기제.

절대적 빈곤선absolute poverty line 최저 생활을 유지할 수 없는 수준, 즉 인간의 생존 욕구를 충족시키고 최소한의 생활을 유지하는 데 필요한 자원이나 생계비가 절대적 빈곤선에 못 미치는 상태를 절대적 빈곤이라고 한다.
절대적 빈곤은 전체 사회의 소득 분포와 관계없이 최저라고 생각되는 어떤 수준을 정하고, 경제력이 이 수준에 미달하면 빈곤으로 정의한다. 우리나라에서는 최저 생계비를 절대적 빈곤의 기준으로 삼는다.
절대적 빈곤은 영양부족, 질병, 단명, 높은 유아 사망률, 문맹률 등으로 상징되는데, 사회의 경제가 성장함에 따라 점차 줄어드는 경향을 보인다. 절대적 빈곤을 해결하기 위한 방안으로는 정부의 기초생활비 및 의료비 지급, 최저 생계비 이상의 소득 보장 등이 있다.

절충mediation 쌍방이 논쟁을 할 경우에 그들 간의 차이점을 무마하고, 타협점을 찾게 하며, 양자가 서로 만족할 만한 수준에서 동의하도록 하는 개입방법. 사회복지사들은 그들의 독특한 기술과 가치지향을 사용하여 갈등하는 집단(예: 집주인과 세입자 조직, 지역사회 거주자들과 중간의 집 직원, 노동관리 대표자들이나 이혼하려는 부부들) 사이를 다양하게 중재한다.

점진주의incrementalism 사회 계획에서 가능한 한 가장 이성적인 결정뿐만 아니라 타협과 상호 동의로부터 생기는 받아들이기에 가장 알맞은 절차를 위해 다양한 정치적, 다원적인 영향을 고려하는 노력. 그러므로 계획 수립가는 다양한 경로를 탐구하고 교섭, 타협, 그리고 만족(satisficing)(일부 관여자들의 관점에서 반드시 가장 좋은 것이 아니라 과정을 수립하기에 충분히 좋은) 단계를 취함으로써 원하는 목표를 향한 과정을 수립해야 한다.

정상normal 일반적이고 평균적인 기대치와 크게 다르지 않은 행위나 현상을 문화적으로 규정한 개념을 지칭하는 용어.

정상분포normal distribution 어떤 기록이나 사례가 발생하는 한도 내에서 기대되는 빈도분포. 이 정상분포를 보여주는 연구발표를 표현할 때 결과는 종 모양의 대칭형 도표로 기록한다. 대부분의 기록은 종 모양의 가장 높은 지점을 형성하는 중간점 근처에서 떨어진다. 중간점에서 거리가 넓어짐에 따라 경사면의 양쪽에 자리 잡는 경우는 드물다.

정서emotion 사람의 마음에 일어나는 여러 가지 감정. 또는 감정을 불러일으키는 기분이나 분위기.

정서일치affective congruency 같은 일에 대하여 대부분의 다른 사람이 갖는 감정과 일치하는 감정. 예를 들어 아동학대를 보고 괴로워하는 사회복지사는 대부분의 다른 사람과 정서적 일치를 갖는다.

정서장애affective disorders 우울증(depression), 다행증(euphoria), 조증(mania) 같은 기분의 만성적 또는 일시적 변화를 특징으로 하는 정서적 장애. DSM-III에서 이와 같은 장애는 주요정서장애(major affective disorder)에 해당하며, 주 우울증(major depression), 양극장애(bipolar disorder), 순환적 장애(cyclothymic disorder) 등이 포함된다.

정신병psychosis 병적 정신상태. 넓은 뜻으로 정신병이라 함은 정신기능에 이상을 나타내어 사회생활에 적응하지 못하고 일상생활에 지장을 초래하는 병적 상태를 말하지만, 좁은 뜻으로는 선천성인 정신이상, 즉 정신지체나 인격의 변질을 일으킨 정신병질이나 심인반응(心因反應, 노이로제) 등을 제외한 나머지의 병적 정신상태를 정신병이라고 한다.

정신병의 원인에 대해서는 아직 밝혀지지 않은 것이 많지만, 흔히 내인(內因), 외인(外因), 심인(心因)으로 나눈다. 내인이란 사람이 가지고 있는 소질을 뜻하며, 가장 중요한 것으로 소질과 유전요인을 든다. 성별, 연령, 민족의 차이 등도 요인이 된다. 외인이란, 후천적으로 신체, 특히 뇌에 가해진 신체적 원인을 말하며, 심인은 정신적, 심리적 원인을 뜻한다. 이 중 한 가지만이 정신병을 일으킨다고는 볼 수 없고, 여러 원인이 서로 복합되어 병적 상태를 만든다고 보고 있다.

가장 중요한 원인이 내인, 외인, 심인 중에서 어떤 것인가에 따라 내인성 정신병, 외인성 정신병, 심인성 정신병으로 크게 나누어 왔으나 이런 분류법은 시대의 변천과 국가나 학자 개인에 따라서 변천을 거듭해 왔고 아직 통일된 정설은 없다. 그러나 정신의학에서 다루고 있는 정신병에는 다음과 같은 것이 있다.

정신분열병, 망상성 정신병, 정동장애(情動障碍)로 생기는 우울증이나 조병(躁病) 등의 질환군, 인격장애로 생기는 질환군, 정신신체의학에서 말하는 정신생리적 장애, 성(性)의 장애, 약물사용에 기인하는 장애, 알코올중독성 정신장애, 기질성 질환에 따라 생기는 정신장애, 매독으로 생긴 정신병, 간질, 정신지체, 어린이나 청소년에 발생하는 정신과적 장애, 노인기에 발생하는 정신장애, 재판 때에 야기되는 정신장애문제, 기타 자살이나 범죄에 관한 정신의학적 문제 등이다.

이전에는 정신병은 유전병이라고 단정적으로 생각하던 시대도 있었으나, 정신의학의 발달과 정신안정제라고 속칭하는 향(向)정신약물의 발달을 비롯한 치료법의 진보로 유전병이라는 그릇된 생각은 많이 개선되었다. 특히 발달된 약물과 병행하여 여러 가지 생활요법의 병용으로 치유율도 많이 높아져 사회복귀에 대한 희망도 커지고 있다.

정신병원mental hospitals 정신병으로 고통받는 사람들을 전문적으로 보호하고 치료하는 시설.

정신분열성schizoid 집중력 결여, 사회적 퇴행 또는 타인의 감정에 무관심함 등의 특성을 보이는 성격을 일컫는 용어. 만일 이러한 특성이 만연하고 비교적 지속적일 경우에는 정신분열성 성격장애(schizoid personality disorder)의 소유자라고 진단받을 수 있다. 18세 이하의 사람이 이러한 성격장애를 지닐 때는 '아동기 또는 청소년기의 정신분열성 성격장애'라고 진단할 수 있다.

정신분열증schizophrenia 비현실적인 잘못된 믿음에 강하게 집착하는 망상, 실제와 다른 비현실적인 지각경험을 하는 환각을 비롯하여 비논리적이고 혼란된 언어, 몸이 강하게 경직되는 상태를 나타내는 기이한 자세나 행동, 감정의 둔마, 의욕의 상실, 빈곤한 사고 등의 증상을 말한다.

정신성적 장애psychosexual disorder 부분적 혹은 전체적으로 정신병학적(psychogenic)인 데서 기인하는 인간의 성적 장애. 이 장애의 구체적인 형태는 성정체감(gender identity), 성전환주의(transsexualism), 성도착(paraphilia), 소아기호증(pedophilia), 노출증(exhibitionism), 정신성적 역기능(psychosexual dysfunction)이다. 이런 장애가 심인성(psychogenic)인지 생물학적(biogenic organic) 원인으로 나타나는 것인지는 여전히 논란의 대상이다.

정신의학자psychiatrist 정신적 질병을 전문으로 치료하는 의사. 정신의학자들은 정신적 질병에 대해 특수한 진단과 처방을 하며, 감독하고, 필요한 치료를 직접 해준다. 치료에는 심리치료(psychotherapy), 향정신의약품(psychotropic drugs), 환경치료(milieu therapy), 기타 의학적 치료가 있다. 정신의학자가 되는 자격요건은 4년간 의과대학에서 공부하고 정신병원이나 정신과 병동에서 4년 이상 인정된 레지던트 과정을 이수해야 한다.

정신적 학대mental cruelty 비난, 모욕, 위협, 협박 등의 언어 및 비언어적 행위를 통하여 정신적으로 고통을 주는 행위.

정신지체mental retardation 지적 능력이 평균 이하의 조건에 있거나 지적 발달이 늦은 것. 이것은 유전적 요인, 정신적 충격, 기관의 손상, 사회적인 손상 등이 원인이다.

정신질환mental illness 생물학적, 화학적, 생리학적, 유전학적, 심리학적, 사회적, 환경적 기제들의 작용들 가운데서 하나 또는 그 이상의 것들이 문제를 일으킴에 따라 일어나는 심리사회적, 인지적 기능의 손상을 말함. 정신질환은 주기나 정도, 예후가 극단적으로 다양하고 특정 형태의 고통이 수반된다. 정신질환의 주요 형태는 다음과 같다. 정신병(psychosis), 신경증(neurosis), 정서장애(affective disorders), 성격장애(personality disorders), 기질적 정신장애(organic mental disorders), 정신성적 장애(psychosexual disorders).

정족수quorum 원인만으로도 공식적 업무를 수행할 수 있는 한 화합에서 요구되는 최소한의 인원수.

정주법 및 이주법 Law of Settlement and Removal 1662년에 시행된 역사적으로 중요한 영국법으로서, 공적 부조(public assistance)의 적격성을 결정하는 데에 「주거제한법(residency laws)」이 광범위하게 쓰이도록 유도했다. 이 법의 특징으로서는 빈민들이 일자리를 찾아서 부유한 교구로 이동해 다녔기 때문에 이로 인하여 많은 부랑인들이 생겨났고 구빈 비용은 계속 증가하게 되었다. 이에 빈민의 자유로운 이동을 금지하기 위해 교구와 귀족들의 압력으로 제정된 법이 바로 「정주법」이다. 이 법은 낮은 임금으로 일을 시킬 여력의 노동력이 필요한 농업자본가의 이익을 대변한 법이며, 빈민의 주거선택과 이전의 자유를 침해한 것으로서 비판을 받게 되었다.

정책결정론policy decision-making theories 특정한 정책과 법으로 옮겨지는 사회정치적 영향과 고려사항에 대한 설명. 맨(LD. Man) 등의 학자들은 어떻게 정책이 결정되는지를 설명하기 위하여 5가지 모델을 규정하였다. 이 5가지 모델은 첫째, 일반 대중을 위하는 사람들이 모여 기획집단을 이루고 정책입안자를 고용하여 합리적인 결정을 내리며 적절한 계획을 제안하는 '전통 모델', 둘째, 소수의 기업인들이 정치인들에게 영향력을 행사하여 사회 하부구조에 결정을 강요하는 '권력 피라미드 모델', 셋째, 각기 다른 이슈가 다른 리더십 형태를 갖게 되는 '예일'(Yale) 식과 두 권력형 모델', 넷째, 시간에 따라 규모와 중요성이 바뀌는 여러 이익집단이 영향력을 갖고 있는 '영향력 분산 모델', 다섯째, 의사결정은 이해관계가 얽힌 여러 체계가 상호작용한 결과의 흐름이라고 설명하는 '의사결정 과정 모델'이다.

정책분석policy analysis 정책 및 정책이 형성되는 과정에 대하여 체계적인 평가를 하는 것. 정책을 분석하는 사람들은 장·단기적인 측면에서 정책형성 과정과 결과가 합리적이었는가, 명확했는가, 형평에는 어긋나지 않았는가, 합법적이었는가, 정치적으로 실현 가능한 것이었는가, 사회적인 가치규범에 부합되는가, 투입된 비용이 효과적으로 쓰였는가, 그리고 더 좋은 대안은 없는가 등에 관해 검토한다.

정체성identity 다양한 상황에서 유지되는 가치관, 행위, 사고의 기본적인 통합과 지속성뿐만 아니라 개인의 자의식과 독특성.

정체성 대 역할혼란identity versus role confusion 대략 12~18세 때 일어나는, 에릭슨(Erikson)의 인간 심리발달의 다섯 번째 단계. 청소년이 직면하는 갈등은 가치관, 직업목표, 인생에서의 위치 등에 대해 분명한 이상을 수립하려는 것이거나, 사회 환경에 어떻게 적응할 것인가에 대한 확신이 부족한 것일 수도 있다. 이 시기는 정체성 위기(identity crisis)가 나타날 가능성이 가장 큰 시기이다.

정체성 위기identity crisis 생활에서 자신의 역할에 대해 혼란을 느끼는 상태. 개인은 다른 사람의 기대에 부응하여 살 수 있는가 의심해보는 시기가 있으며, 만일 그러한 기대가 충족되지 않는다면, 어떤 사람이 될 것인가에 대해 불확실하게 생각한다.

제도institution 결혼, 재판, 복지, 종교와 같은 문화의 기본적인 관습이나 행동유형. 또한 조직은 몇몇 공공목적과 조직의 사업을 위한 물리적 시설, 예를 들면, 감옥과 같은 것을 만든다.

제도망institutional network 서비스 조직을 구성하는 지역사회 안에 있는 사회복지기관들의 모임.

제3세계 Third World 기술적으로 저개발 상태에 있으며 빈곤율, 문맹률, 인구성장률, 질병률, 영양결핍율이 높은 나라들을 말함. 서부 유럽과 소비에트권에서 제3세계와 선진국들을 구별하는 데 이 용어를 사용하고 있다.

제3의 길 Third Way 제3의 길은 사회주의 복지국가와 신자유주의 시장경제의 단점을 배제하고 장점만을 융화시킨 새로운 개념의 차별화 전략으로서, 기드슨(A. Gddens)이 이론적으로 체계화하였고, 이를 영국 수상이었던 블레어(T. Blair)가 정치노선으로 채택함으로써 세계적으로 널리 알려지게 되었다. 제3의 길은 복지국가를 지향하는 사회민주주의를 제1의 길로, 시장경제를 지양하는 신자유주의를 제2의 길로 규정하고, 이에 대한 절충적 대안으로 제3의 길을 지향하자는 것이다. 신자유주의처럼 복지국가를 청산하자는 것이 아니라 복지국가의 비효율성 등을 개선하자는 것이다.

조력자살assisted suicide 의료진으로부터 약물을 처방받아 스스로 목숨을 끊는 행위다. 이는 생명을 연장하는 치료가 의미가 없기 때문에 치료를 중단하는 존엄사나 극심한 고통을 받는 불치병 환자를 죽음에 이르게 해주는 안락사와는 다른 개념이다. 2009년 현재 전 세계적으로 조력자실을 허용하는 국가는 스위스뿐이다.

조선구호령The old Order of the Joseon Dynasty 일제시대의 구제사업은 근대적인 복지이념에 의해 시행되었다기보다는 식민정책의 일부로서 우리 민족이 그들에게 충성하게 하려는 정치적 목적의 시혜 또는 자선의 의미가 컸다.

일제시대에 들어와 일본은 본토에서는 1874년에 제정된 구휼규칙을 1929년에 폐지하고 「구호법(球護法)」을 새로 제정하여 향상된 현대적 구빈행정을 시행하였으나, 한국에서는 이를 시행하지 않고 유사시에 은전을 베푸는 형태로 극히 한정된 범위의 요구호자에 대한 구빈사업을 실시하였다. 그러던 중 1944년 3월 군사적 목적을 위하여 우리 국민에게 징병과 노무 징용을 강요하면서 비로소 일본 본토에만 실시해 오던 구호법을 한국에도 확대·시행키로 하고 조선구호령을 제정·실시하였는데 이는 일본의 「구호법」을 기초로 하고 「모자보호법」과 「의료보호법」을 부분적으로 부가해서 종합화시킨 법이다.

적용대상은 ① 65세 이상의 노쇠자, ② 13세 이하의 유아, ③ 임산부,

ㅈ

④ 불구, 폐질, 질병, 상이, 기타 정신 또는 신체의 장애로 인하여 노동을 하기에 지장이 있는 자로 되어 있다.
급여의 내용은 ① 생활부조, ② 의료, ③ 조산, ④ 생업부조가 있으며, 또한 장제부조가 규정되어 있다.
구호는 신청주의에 의해 실시하며, 이를 심사하기 위해 자산조사를 거치도록 규정하고 있으며, 구호는 거택구호가 원칙으로 되어 있다. 거택구호가 불가능하다고 인정되는 경우에는 구호시설수용, 위탁수용 또는 개인의 가정 혹은 적당한 시설에 위탁수용할 수 있도록 규정하고 있다.
이 조선구호령의 의의는 근대적 의미의 공정부조의 출발이라 할 수 있으며, 해방 이후 전개되는 「생활보호법」의 모태가 되었다는 점이다.

조세tax 정부를 운영하는 데 드는 비용을 충당하기 위해 정부가 강제로 징수하는 세금.

조세비용after-tax yield 투자수익금 중 조세를 차감한 것을 말하며 조세 차감 전 수익률에 비해 대체적 투자안의 선택에 있어서 보다 중요한 정보를 제공한다. 그 이유는 조세란 기타 비용과 마찬가지로 수익의 차감항목이므로 진정한 수익률을 얻기 위해서는 세율을 차감하여 계산하기 때문이다. 대체적 투자안의 선택에서는 각 투자안의 과세율이 다른 경우 진정한 수익률의 비교가 필요하므로 조세 차감 후 수익률이 사용된다.

조세지출after-tax yield 정부가 받아야 할 세금을 받지 않음으로써 간접적으로 지원해 주는 조세 감면을 일컫는다. 정부가 조세를 통해 확보한 재원을 바탕으로 직접 지원해 주는 예산 지출과 대칭되는 개념이다. 조세 지출은 동일한 액수만큼의 보조금을 준 것과 같다는 의미에서 '숨은 보조금(hidden subsidies)'이라 부르기도 한다. 조세지출의 개념은 미국 재무부 차관보였던 서리(Stanley S. Surrey)에 의해 고안되었으며, 1968년 예산문서에서 처음 사용되었다. 미국의 1974년 「의회 예산 및 지출거부통제법(Congressional Budget and Impoundment Control Act)」에는 조세 지출을 "현실의 총소득에 특별비과세, 특별면제, 특별공제를 허용하거나 또는 특별한 세액공제, 특혜적 세율, 또는 세 부담의 이연(移延)을 허용하는 연방정부의 세법 규정 때문에 야기되는 세수 손실"로 정의하고 있다.

조세징수tax collection 조세는 부과가 완전하다고 가정하더라도 징수의 완벽을 기하지 못하면 그 목적을 달성하였다고 볼 수 없다. 조세의 징수에는 대략 세 가지 제도가 있다. 청부법, 배부법, 국가 자신의 기관에 의한 직접징수 방법이다. 국가기관에 의한 방법은 말할 것도 없이 국가 자신이 징수하는 것으로 현재 가장 널리 채용되고 있다. 이것은 중앙집권에 합치되고 조세의 본질에도 적합하며 재정통일제에도 적응된다. 단지 징세의 편의상 일부의 사무를 시·군 등의 지방자치단체에 위임하는 일은 있다. 조세징수에 관한 기본법으로 국세징수법이 있다. 여기서 말하는 징수란 널리 국가의 수입 또는 국가에 대한 납입에 대하여 현실의 급부금액을 확정하여 이 급부를 요구하는 절차에서 현실의 납부에 이르기까지의 모든 과정을 총칭한다. 그리고 이 광의의 징수 중에는 협의의 징수, 즉 납액의 결정, 납입의 고지에 관한 사항과 수납, 즉 현실적으로 납입되는 금전 기타 납부물의 영수에 관한 사항 및 납입의 불이행 시에 있어서의 체납처분에 관한 사항의 삼자를 포함하여 말한다.

일 수도 있고, 아닐 수도 있다.

준전문가paraprofessional 전문지식을 가지고 있으며 기술훈련을 받은 사람으로서 전문가와 함께 일하고, 전문가의 지도와 감독을 받기도 하며, 공식적으로는 전문가가 맡고 있는 업무를 수행하기도 한다. 예를 들면 법률보조원, 의사보조원, 사회사업 보조원(social work associates) 등이 있다.

중간값median 점수의 분포에서 높고 낮은 수 가운데 가장 중간에 위치한 수로 중심경향측정(measure of central tendency)을 말한다. 통계 자료를 처리하는 데서 이 중간값의 이점은 평균(mean) 값에 비해 극단적인 몇몇 점수에 의해 영향을 받지 않는다는 점이다.

중간시설halfway houses 중간시설이란 일상생활로 돌아가기 전 생활환경이 제공되는 시설로서 지적장애자, 가석방자, 알코올의존자 등에게 사회로부터 격리가 아닌 과도기적 생활시설이다. 중간거주시설의 프로그램은 시설마다 다양하나 입원치료에서부터 개별·집단상담을 하며, 독립생활기술, 의사소통기술과 같은 교육 프로그램, 여가 프로그램 등이 제공되고 있다. 가족이나 친지의 방문이 정해진 시간 내에 허용되고 환자들은 외출도 할 수 있으며 사회복귀의 일환으로 직장생활도 할 수 있다.

중개자 역할broker role 클라이언트를 적절한 인간자원과 연결시키는 역할이다. 사람들을 자원과 연결시키기 위해서는 지역사회자원에 대해 잘 파악하고 있어야 적절하게 의뢰할 수 있다. 자원체계의 정책을 잘 파악하고 연결 담당자와 좋은 업무관계를 유지하는 것이 성공적 의뢰의 필수요소이다.

중독addiction 약품을 이용할 수 없을 때 내성(tolerance)과 금단증상(withdrawal symptoms)을 일으키는 화학약품에 대한 생물학적 의존. 이러한 물질에는 알코올, 담배, 마취제, 다량의 진정제가 포함된다. 대부분의 전문가들은 근래에 들어 약물의존(substance dependence)이라는 용어를 사용한다.

중독intoxication 외부로부터 물질을 섭취한 결과로서 도취된 상태. 이러한 물질에는 알코올, 약물이 있으며 결과적으로 나타나는 행동은 일시적인 황홀감, 불분명한 발음과 운동기능의 손상부터 비효율적인 작업 수행, 판단 불능, 사회적 기능 저하 등 부적응 행동이다.

중앙집중화centralization 한 집단이나 기관 또는 정치조직 내에서 행정력이 집중되는 것. 예를 들어 공적 부조 프로그램(주로 주나 지방정부에서 관리함)은 「사회보장법(Social Security Act)」이나 최근의 보충적 소득보장 SSI 프로그램으로 더욱 중앙집중화되었다.

중재mediation 중재자는 미시, 중범위, 거시체계 사이의 논쟁이나 갈등을 해결하는 역할을 담당한다. 견해가 다른 개인이나 집단 사이의 의사소통을 향상하고 타협하도록 돕는 역할이다. 중재자는 중립을 유지하며 서비스 전달과정에 존재하는 장애물을 제거하는 역할을 수행해야 한다.

증상symptom 내면화된 심리적, 신체적 장애 또는 심리사회적인 문제가 생길 가능성을 나타내는 지표를 의미한다. 예를 들면, 무감각(flat affect)은 정신분열증(schizophrenia) 또는 우울증(depression)의 증상이고, 관계사고(ideas of reference)는 편집증(paranoia)의 증상이며, 열이 비정상적으로 높은 것은 전염병의 증상이고, 갑작스러운 체중감소(몸무게의 25%)는 식욕상실증(anorexia nervosa)의 증상이며, 인플레이션(inflation)은 수요와 공급의 불균형상태이다.

증후군syndrome 특정 질병이나 어떤 상태를 만들기 위해 발생하는 행동 유형, 성격 특성, 또는 신체적 증상(symptom)을 총칭하는 용어.

지남력장애orientation 시간, 장소, 사람에 대한 적절한 인식을 하지 못하는 상태.

지능지수intelligence quotient(I.Q.) 전문화된 검사를 실시함으로써 결정되는 개인의 상대적인 지능 수준 지수. 검사가 추상적 개념을 효과적으로 파악하며, 관련환경에 관한 정보를 얻고, 새로운 상황에 적응하는 개인별 능력을 결정하기 위해 고안되었다. 결과로서 나타나는 지능지수 점수는 개인의 지적 잠재력을 나타내며, 검사의 부차적 점수는 정신병 판단 여부에 사용된다. 평균 지능지수 점수는 100이고, 90~110의 점수를 가진 사람들이 정상으로 여겨진다. 70 이하의 사람들은 종종 특수한 교육적 도움이 필요하다고 생각된다. 주요 지능검사에는 성인지능검사 WAIS(Wechsler Adult Intelligence Scale)와 아동용 지능검사 WISC(Wechsler Intelligence Scale for Children) 등이 있다.

지역사회community 공통의 이익을 가지고 있거나 같은 지역에 사는 개인들의 집단. 지역사회복지는 지역주민과 사회적 약자들의 복지증진을 위한 사회복지의 한 방법적인 영역이다.

지역사회복지community welfare 용어는 1950년대부터 쓰였으나 지역사회를 구조적으로 파악하고 지역사회사업, 지역사회서비스, 지역사회보호 등과 관련된 포괄적 개념으로서 의식적으로 사용된 것은 1970년대 후반부터이다. 오늘날 지역복지는 사회변동에 의해 생겨난 지역주민의 생활상 고난의 해결에 대해 행정서비스에만 의존하지 않고 주민운동을 함으로써 주민이 주체적으로 욕구를 해결한다는 개념으로 등장한 용어이다. 거점이 되는 기관은 사회복지협의회, 공동모금회, 사회복지시설 등이다. 지역복지는 이것을 거점으로 한 다양한 활동과 지역주민의 자주 활동을 배경으로 각각의 기관 등의 역할분담을 명확히 하고 복지 네트워크를 조직화하여 지역의 복지를 높이는 공사협동의 실천체계라 할 수 있다.

지역사회복지협의체community welfare council 지역사회복지협의체는 지역사회의 복지향상을 구성, 운영하는 공공과 민간, 그리고 주민과 학계 전문가가 참여하는 협의 구조임.

1. 지역사회 만들기

- ○ 지역사회의 강점을 살리면서 지역사회복지를 현실화하는 토대.
- ○ 지역복지와 관련하여 다양한 관계자들의 민주적 의견수렴 채널을 구조화함.
- ○ 이를 통하여 복지자원의 확충, 효율화, 서비스 간 연계를 도모하여 서비스 대상자의 욕구 충족 및 문제해결을 위한 지역의 역량강화.
- ○ 「사회복지사업법」의 개정으로 2005년 중반부터 전국의 시, 군, 구에서 지역사회복지협의체를 적용하도록 예정되어 있음.

- 지역사회복지협의체의 의미를 살리기 위한 구체적인 노력이 필요한 주요 시기임.
- 더욱이 지방분권과 관련하여 지역사회의 복지기획력을 높이는 데 있어 지역사회 주체들 간의 공동의 노력이 강화될 필요성이 있음.

2. 추진 배경

○ 지역사회 단위로 민·관이 협력하여 사회복지 서비스 제공의 효과성과 효율성을 제고하고 지역의 복지문제를 스스로 해결하기 위한 논의 구조 필요성 대두.

○ 특히, 사회 취약계층에 대한 복지·보건 서비스 체계 확립을 위해 시행한 보건복지 사무소 시범사업('95~'99)이 확대되지 못하고 종료된 이후, 민간참여를 기반으로 한 보건·복지 기능연계 활성화를 기할 필요성 제기

○ 2000년 '보건·복지 기능연계 모형연구'(한국보건사회연구원)를 통해 보건복지 기능연계 도모를 위한 지역사회복지협의체 구성 필요성 확인.

○ 지역사회복지협의체 설시 근거를 명시한 「사회복지사업법」 개정 법률안 국회 상정('00. 12월).

○ 지역사회복지협의체 운영의 성과를 검증하기 위해 2001년부터 2년간 시범사업 실시(15개 시, 군, 구 대상).

3. 지역사회복지협의체의 기능

○ 지역사회복지계획의 수립과 관련된 건의 및 심의.

○ 사회복지·보건의료 관련 기관·단체가 제공하는 사회복지 서비

스 및 보건의료 서비스의 연계·협력제고를 위한 건의 및 공동 사업시행.

○ 지역사회복지 자원의 개발과 관련된 협의 및 건의, 지역사회복지 자원의 개발기획, 배분 기준의 마련, 배분에 대한 협의 등.

○ 복지 대상자에 대한 사회복지 서비스 계획수립에 대한 의견개진, 협의사항 모니터링.

4. 지역사회복지협의체의 구성

위원(법 제7조의2): 다음에 해당하는 자 중 시장, 군수, 구청장이 임명 또는 위촉.

○ 사회복지 또는 보건의료에 관한 학식과 경험이 풍부한 자

○ 사회복지사업을 행하는 기관, 단체의 대표자

○ 보건의료사업을 행하는 기관, 단체의 대표자

○ 공익단체에서 추천한 자

○ 사회복지 업무 또는 보건의료 업무를 담당하는 공무원

지역사회 조직community organization 지역사회 조직은 전통적인 방법론인 개별사회사업, 집단사회사업과 더불어 전문적인 사회복지의 한 방법으로서 중요한 위치를 차지하고 있다. 이는 사회복지기관의 사회복지사에 의해서라기보다 조직적이고 의도적, 계획적이며, 과학적인 지식과 기술을 이용하여 전개하는 포괄적인 방법이다. 지역사회 조직은 전문사회 복지의 한 방법으로서 지역사회를 구성하는 개인, 집단, 조직, 이웃 등의 사회적 복리를 바람직한 방향으로 향상시키기 위해 지역사회 수준에서 전개되는 일련의 활동을 의미한다.

지위status 사회 또는 집단에서 개인이 차지하고 있는 위치를 지위라

한다. 그런데 한 개인은 여러 집단에 소속되어 있기 때문에 하나의 지위만이 아니라 둘 또는 그 이상의 지위를 가질 수도 있다.

지인acquaintance, friend 이름 정도만 알고 있고 가끔 만나서 대화를 나누는 사람.

지지적 치료supportive treatment 사회복지사와 다른 전문가가 사용하며, 주로 개인이 적응양식을 유지하도록 원조하려고 계획한 원조 개입. 이것은 재보증(reassurance), 충고와 정보 제공, 클라이언트의 장점과 자원을 지적해주는 면접에서 제공된다. 지지적 치료는 무의식적 요소를 다루거나 변화시키려고 하지 않는다. 그러나 지지적 치료(supportive treatment)와 '더욱 심오한' 통찰치료(insight therapy)와의 경계는 불명확하고 중복되어 있다.

지체retardation 개인의 신체적·정신적 발달이나 사회적 진전이 늦는 것. 또한 지적 기능이 평균능력보다 현저하게 낮은 경우(정신지체, mental retardation) 또는 신체적·정서적 반응이 늦는 경우(정신운동지체, psychomotor retardation)도 포함된다.

직업의식professionalism 한 개인이 클라이언트에게 서비스를 제공할 때 자신이 가지고 있는 전문 직업에 대한 지식, 기술 및 자격을 활용하며, 가치와 윤리에 충실한 것.

직업재활vocational rehabilitation 신체적으로나 정신적으로 결함이 있는 사람들이 유익한 일을 할 수 있고, 자립하고, 공적인 재정 원조에 덜 의존하도록 훈련시키는 것. 장애인이 직업훈련 및 구직활동, 고용유지 등을 할 수 있도록 지원하는 전반적인 일을 직업재활이라 한다.

직업지도(직업안내)vocational guidance 적합한 직업을 할당하는(찾아내는) 체계적 과정으로 사람들을 돕는 것. 이러한 활동은 자질과 가능한 직업기회를 서술하고 개인이 어떤 직업에 대한 적성과 자질을 갖고 있는지 결정하는 것을 돕고, 일하는 데 필요한 훈련을 받을 수 있도록 도우며, 직업에 응모하는 방법에 대해 상담하는 것이다.

직접치료direct treatment 사회복지사가 클라이언트와의 개인접촉을 통해서 특별한 변화수단과 개선점을 이루고자 하는 개별사회사업(social casework) 또는 임상사회사업(clinical social work)에서 사용되는 개입절차. 이 용어는 '간접치료' 또는 환경의 문제해결과 발달적 사회사업을 구별하기 위한 것으로서, 클라이언트 개인과 사회복지사의 직접대면의 상호 영향을 나타내기 위하여 리치몬드(Mary Richmond)가 처음 사용했다.

진단diagnosis 어떤 문제(의학적일 뿐만 아니라 사회적, 정신적인 문제)와 근본적인 원인을 증명하고 해결책을 공식화하는 과정. 초기의 개별사회사업에서 이 말은 조사, 치료와 함께 세 가지 중요한 과정의 하나였다. 근래에는 흔히 '진단'이라는 용어에 수반되는 의학적으로 함축된 의미 때문에 이 과정을 사정(assessment)이라고 부르는 사회복지사들이 많다. 다른 사회복지사들은 진단을 기초적 원인을 탐구하는 것으로 사정을 적절한 정보수집과 더 관계가 많은 것으로 여긴다.

진단주의diagnosticism 기능주의 이론은 프로이트의 정신분석 이론을 중심으로 하는 진단주의 학파의 전통적 정신분석이론에 대한 개선이 필요함을 인식하여 이를 비판하면서 대두되었다. 이 모델의 주요목표는 '관계'에 있어서 클라이언트가 자아를 활용하여 성장을 도모할 수 있는 관계의 유지에 초점을 두며 기술에 있어서도 현재의 '관계'가 중요시되고 기술 그 자체보다도 클라이언트 자아에 역점을 둔다. 기능주의이론은 1930년에 펜실베이니아 대학교의 제시 타프트, 루스 스몰리, 그리고 버지니아 로빈슨에 의해서 시작된 이론으로 이 이론은 자아의 창의적인 의지와 인간의 지속적인 변화를 강조하는 관점으로 인해 진단주의 학파와 오랫동안 갈등관계를 보였지만 진단주의 학파와 함께 초장기의 사회복지실천에 많은 기여를 한 중요한 이론이다. 기능주의 사회복지 실천의 심리적 기초는 프로이트의 제자인 랭크의 작업에서 유래되었으며 기능주의 사회복지사들은 질병을 진단하고 문제를 치료하는 작업보다는 클라이언트 개인의 성장을 위한 원조를 강조한다. 기술에 있어서는 현실성, 감정이입, 지지가 중요한 원조요소가 된다.

기능주의 이론을 주장한 대표적 학자로는 프로이트의 제자로서 정신분석과 심리치료 전문가인 랭크가 있으며 그 후 태프트와 로빈슨은 랭크의 이론을 사회복지실천 방법에 도입하여 기능주의 사회복지실천을 탄생시켰다. 랭크는 인간성장의 본질, 인간의 자아, 특히 억제적이며 조직화하는 힘으로서의 의지, 관계를 통해서 심리적 원조를 주고받는 방법, 미래로의 성장 가능성을 현재의 경험에서 찾게 하는 것의 중요성, 원조 과정에서 시간의 중요성과 의식적 이용의 가능성 등을 강조하였다.

기능주의 모델의 기초되는 개념

① 개인은 자신이 성장의 중심체이며 개인은 잉태에서부터 죽을 때까지 발전한다.

② 개인은 성장을 위해 생의 각 단계에서 자신의 독특한 내적 능

력을 사용하며 환경 속에서 인과관계와 그가 요구하는 것을 갖고 성장을 위해 끄집어내야만 하는 것들을 포함하여서 사용해야 한다.

진대법 춘궁기에 국가에서 곡식을 대여하였다가 수확기에 갚게 하는 제도이다. 진은 흉년에 기아민에게 곡식을 나누어 주고, 대는 봄에 미곡을 대여하였다가 가을에 추수한 뒤 회수한다는 뜻이므로, 진대는 흉년이나 춘궁기에 농민에게 양곡을 대여하는 것을 말한다.

우리나라에서는 고구려 고국천왕 때 국상(國相) 을파소(乙巴素)를 등용하여 개혁정치를 펴나가던 중 194년(고국천왕 16) 7월에 서리가 내려 곡식이 크게 상하여 백성이 굶주리므로 창고를 열어 미곡을 나누어 주고, 또 같은 해 10월에 고국천왕이 질양(質陽)에 사냥을 나갔다가 길옆에 앉아 우는 자가 있으므로 그 연유를 물었더니 대답하기를 "저는 본래 빈궁하여 품팔이하여 어머니를 봉양하였는데 금년은 흉년이 들어 품을 팔 곳이 없어서 두승(斗升)의 곡식을 얻을 수 없는 까닭에 울고 있을 뿐입니다."라고 하매 왕은 옷과 음식을 주어 위로하고, 이어 내외의 관사(官司)에 명하여 홀아비, 과부, 고아, 자식이 없는 늙은이, 늙고 병들고 가난하여 자립할 수 없는 자를 널리 찾아서 구휼(救恤)하라 하고, 또 관원에게 명하여 매년 3월부터 7월까지 관곡(官穀)을 풀어 가구(家口)의 많고 적음으로써 차이를 두어 곡식을 대여하였다가 10월에 이르러 갚도록 하는 것을 상식(常式)으로 삼게 하였다.

이 제도는 고려시대에 이어져 내려와 초기부터 상평창(常平倉), 의창(義倉) 및 은면지제(恩免之制), 재면지제(災免之制), 환과고독진대지제(鰥寡孤獨賑貸之制), 수한역려진대지제(水旱疫⊠賑貸之制) 등 여러 가지 방법으로 행하여졌으며, 조선시대에는 상평·환곡(還穀)의 제도로 정비·발전하였다.

진정제downers 깊은 이완상태를 유도하기 위하여 어떤 약의 남용자가 흔히 사용하는 신경안정제(barbiturates) 또는 중추신경 진정제를 일컫는 속어 또는 은어. 진정제에 너무 의존하는 남용자는 가끔 내성을 높이기도 한다.

질문questioning 사회사업 면접에서 가장 기초적인 도구. 사회복지사는 이러한 질문을 체계적으로 진행하여 클라이언트에게서 정보, 환류, 정서적 표현 등을 알아낸다. 사회복지사의 질문과정은 클라이언트에게 초점을 맞추고 작업관계(working relationship, 업무관계)를 지향하고 있으며, 클라이언트로서는 자기 이해를 발전시키고 새로운 기술과 통찰력을 배우는 매개수단이 되기도 한다. 질문은 면접의 장단기 목적에 따라 여러 형태가 있다.

질병morbid 질병이란 유기체의 신체적 기능이 비정상적으로 된 상태를 일컫는다. 인간에게 있어서 질병이란 넓은 의미에서는 극도의 고통을 비롯해 스트레스, 사회적인 문제, 신체기관의 기능 장애와 죽음에까지를 포괄한다. 물론 질병이란 꼭 개인에게만 한정되는 것이 아니어서 사회적으로 큰 맥락에서 이해되기도 한다. 더 넓게는 사고나 장애, 증후군, 감염, 행동장애 등을 모두 나타낼 수 있다.

질병률morbidity rate 어떤 기간에 특정한 질병이나 장애를 지닌 것으로 알려진 특정한 인구층의 비율.

집단group 동일한 관심을 갖고 모여 일관되고 획일적인 활동을 할 수 있는 사람들의 집합. 집단의 주요 유형에는 회원들이 친밀한 관계를 유지하고 광범위한 특징과 상호작용을 공유하는 1차 집단(primary group) 및 회원들이 대면적인 접촉을 드물게 하거나 결코 하지 않으면 비개인적으로 제휴되어 있고 단지 하나 또는 약간의 특징과 공통관심사를 공유하는 2차 집단(secondary group)이 있다. 집단의 다른 유형으로는 일회성 집단(single-session group), 주제집단(theme group) 및 마라톤 집단(marathon groups) 등이 있다.

집단사회사업social group work 사회복지실천에 있어 집단개입은 "소집단을 활용하여 집단구성원의 자신에 대한 태도, 대인관계, 환경에 대한 효과적 대처능력을 지지하고 수정하는 실천방법"이라고 정의할 수 있다(Northen, 1969). 즉, 의도적 집단경험을 통해 개인의 사회적 기능과 문제에 대한 대처능력을 향상시키는 사회복지실천의 목적을 달성할 수 있도록 원조하는 것이라고 할 수 있다(Konopka, 1983).

집단심리치료group psychotherapy 상호작용과 상호관계를 강조함으로써 정서장애를 지닌 개인들을 동시에 치료하는 심리치료(psycho-therapy)의 한 형태. 대부분의 전문가는 이 용어를 집단치료(group therapy)와 동의어로 간주한다. 그러나 몇몇 필자들은 집단심리치료, 집단치료 및 집단사회사업(social group work)을 구별하고 있다. 그들은 집단심리치료를 단지 집단치료 가운데 한 유형으로 간주하고 있다. 전자는 개인들을 돕기 위해 집단치료 기술을 사용하지만, 후자는 개인의 정서장애뿐만 아니라 사회부적응의 문제를 다루기 위해 폭넓은 분야의 개입전략을 활용한다. 비록 집단사회사업이 이들 목적과 기술 중 몇 가지를 공유할지라도, 그것은 장애와 문제를 치료하는 데 한정되지 않고 교육 및 더 큰 개인적인 성취를 이루도록 원조하는 적극적인 집단경험을 포함하고 있다.

집단치료group therapy 사회복지사나 다른 전문치료자의 지도 아래 둘 또는 그 이상의 개인들을 가까워지게 하여 감정적 장애 또는 사회 부적응 문제를 지닌 개인들을 돕는 개입전략. 개인들은 그들의 문제를 집단의 다른 구성원들과 공유하기 위해 질문하고, 문제 해결방법을 토론하며, 문제 해결을 위한 자원과 기술에 관한 정보와 견해를 교환하고, 성원들이 어려운 일을 통하여 그들에게 일할 능력을 부여한 통제된(전문가에 의해) 환경 내에서 감정적 경험을 공유한다. 집단치료의 전형적인 형태는 매주 90분 동안 치료자가 제공하는 시설에서 6~8명의 성원이 전문 치료자와 만나는 것이다. 집단치료의 많은 변형 중에는 '폐쇄집단'(보통 종료일을 미리 정해놓고, 일단 집단이 구성되면 새로운 성원을 받아들이지 않는다.)과 '개방집단'(집단의 성원이 없어질 때나 집단이 무기한으로 계속 될 때에도 언제나 새로운 성원을 받아들인다)이 있다. 집단치료는 다른 분야의 많은 개입자들을 활용하는 형태로서, 행동주의(behaviorism), 의사거래(transactional analysis), 가족치료(family therapy), 게슈탈트치료(gestalt therapy), 정신분석(psychoanalysis), 감수성 훈련 집단(sensitivity group), 마라톤 집단(marathon group) 등이 있다.

차별discrimination 종교, 장애, 나이, 신분, 학력, 이미 형(刑)의 효력이 없어진 전과, 성별, 성적 지향, 인종, 신체조건, 국적, 나이, 출신 지역, 이념 및 정견 등의 이유로 고용, 교육 시설 및 직업 훈련 기관 이용 시 특정인을 우대하거나, 불리하게 대우하여 평등권을 침해하는 행위이다.

차상위계층 차상위계층이란 국민기초생활보장제도에서 제외된 빈곤층를 말한다. 즉, 최저생계비 대비 1~1.2배의 소득이 있는 '잠재 빈곤층'과 소득은 최저생계비 이하지만 고정재산이 있어 기초생활보장 대상자에서 제외된 '비수급 빈곤층'을 합쳐 이르는 말이다.

착어증paraphasia 베르니케 실어증 환자에서 나타나는 증상으로, '소'라는 단어를 말해야 하는데 의미가 유사한 '말'이라는 단어를 대신 사용하는 경우가 한 예이다. 심층 난독증 환자들도 이러한 혼동을 보인다. 진행성 의미의 기억상실증 환자는 '말' 그림을 보고 '동물'이라고 잘못 범주화하는 경향을 보인다. 이러한 사례들은 개념과 어휘의 의미 표상이 범주와 연상 관계에 의하여 연결되어 있다는 증거가 된다.

참여관찰participant observation 조사자가 체계적으로 연구되고 있는 집단의 구성원이 되어, 가능한 한 가까이서 집단을 관찰하는 사회과학 조사연구법.

참여모델participant modeling 행동치료(behavior therapy)와 행동수정(behavior modification)에서 사용되는 기법으로, 클라이언트가 사회복지사나 다른 사람들이 아무런 해로움 없이 두려운 자극과 상호작용하는 것을 관찰하도록 하는 것이다. 그러면 클라이언트는 점차 해로움에 대한 두려움 없이 동일한 자극과 상호작용할 수 있는 용기를 갖게 된다.

책임성accountability 지역사회, 생산물 또는 서비스의 소비자, 기관자위원회(board of directors)와 같은 감독기관에 대해 책임이 있는 상태. 또한 기능과 방법이 무엇인지를 명백히 밝히고, 클라이언트에게 실행자들의 능력이 분명한 기분을 충족시킨다는 확신을 주는 전문가의 의무.

처벌punishment ① 나쁜 행실이나 불법행위(예: 전자의 경우 아동에 대한 부모의 매질 또는 학대, 고립이나 격리, 아동의 특권박탈 등이며, 후자의 경우 구금 등)에 벌칙을 가하거나 ② 행동수정(behavior modification)에서 어떤 행동을 한 뒤 불쾌하거나 원하지 않는 사건(event)을 제공하여, 그러한 행동을 반복하게 될 가능성을 줄이는 것이다.

청소년juvenile 청소년은 어른과 어린이의 중간 시기이다. 청소년에 대한 연령 규정은 법규마다 다르나, 「청소년기본법」에는 9세에서 24세 사이의 사람으로 규정되어 있다. 흔히 '청소년'이라 하면 만 13세에서 만 18세 사이의 사람을 칭하며, 이러한 경우에는 간단하게 '학생'이라는 말로 대신하기도 한다. 사춘기를 겪고 있는 사람을 칭하기도 한다. 학년으로는 중학교 1학년부터 고등학교 3학년까지이다.

청소년기adolescence 유년 시절과 성인기 사이의 인생주기. 사춘기에 시작하여 성인기 초기에 끝난다. 이 시기 동안의 발달과제로서 부모와 가정으로부터 정신적 독립과 이 시기 후에 따라오는 사회적 독립을 기대하고, 자기의 정체성을 찾으려 한다. 자신이 대인관계와 사회에서의 입장, 자신의 사회적·인간적 역할, 생에 대한, 사회에 대한 의무 등에 대한 철학적 사고와 가치관과 개체성을 확립하여야 한다. 이성과 교제를 시작하므로 건전한 이성관계에 대한 가치관과 태도, 능력이 필요하다. 이러한 발달과제의 미숙과 관련하여 발생하는 정신건강 문제는 불안과 우울, 청소년 비행 및 반사회적 성격, 신경성 식욕부진증, 학교거절증, 약물남용과 중독, 주체성 장애, 지연장애청소년, 충동조절장애, 성인정신장애의 초기 증상으로서 청소년 정신장애, 즉 정신분열증, 조울증, 경계선적 성격장애 등이다.

체계system 복합물 또는 단일물을 이루는 상호관계와 동일한 경계를 가지는 요소들의 결합. 체계는 물질적이고, 기계적이며, 살아 있고, 사회적이며, 또는 이것들의 결합일 수도 있다. 예를 들면, 사회체계는 개별가족들, 집단들, 특정한 사회복지기관, 국가의 전체 교육의 유기적 교육과정을 포함한다.

초자아superego 초자아는 옳고 그름을 판단하고 결정하여 사회가 인정하는 도덕적 기준에 따라서 행동하도록 유도하는 기능을 한다.

- 초자아는 현실적인 것보다는 이상적인 것을 추구하고 쾌락보다는 완전함을 추구한다.

- 자아와 함께 행동을 통제하는 기능을 한다.
- 3~5세 사이(남근기)에 발달하는 초자아는 부모가 아이에게 전달하는 사회의 가치와 관습을 말한다.
- 정신구조의 최고단계로서 흔히 양심이라고 말한다.
- 초자아는 성격의 도덕적인 부분이며, 심판자로서 자아와 함께 작용하여 개인이 스스로 자신의 행동을 조절할 수 있게 해준다.

촉매자 역할catalyst role 사회복지사나 지역사회 조직가가 클라이언트나 지역사회로 하여금 자기 평가와 반성의 분위기를 형성하고 의사소통을 촉진시키며, 문제 파악을 자극하고, 변화 가능성에 대한 신념을 고무하는 기능.

촉진facilitation 사회복지사가 클라이언트체계들 사이의 연계(linkage)를 자극하고 중개하며, 새로운 체계를 개발하도록 돕거나 현재 있는 체계를 개발하도록 돕고, 강화하도록 하는 사회사업 개입의 한 접근방법. 사회복지사는 클라이언트가 바람직한 목표에 도달하도록 길을 놓으며, 클라이언트를 위한 조정자, 지원자, 중재자, 중개자로서 일한다. 핀커스(Allen Pincus)와 미나한(Anne Minahan, 1973)에 따르면, 촉진활동은 정보와 의견의 도출, 감정 표현의 촉진, 행동의 해석, 행동의 대안에 대한 논의, 상황명료화, 용기 부여, 논리적 사고의 실천, 성원의 충원을 포함하는데, 흔히 협조관계나 협상관계에서 이루어진다.

촉진자 역할facilitator role 사회사업에서 사람들을 끌어모으고 의사전달의 길을 터주며, 그들의 활동과 자원을 연결하고(channeling), 전문가에게 접근할 수 있도록 함으로써 변화노력을 촉진시키는 책임. 다른 일차적 사회사업 역할을 촉진시키는 책임. 다른 일차적 사회사업 역할은 조장자 역할(enabler role), 교육자 역할(educator role), 동원자 역할(mobilizer role) 등이다.

총화평정척도total peace scale 총화평정척도는 복합문항 각각이 동일한 정도로 하나의 개념을 측정하는 것으로 보고 두 개 이상 항목의 응답 점수의 총점으로 개념을 측정하는 척도를 말한다.
총화평정에서 총화는 전체를 합한다는 의미이고, 평정은 평가한다는 의미로 평가한 개개 항목의 점수를 합한다는 의미이다.

최저생계비minimum cost of living 인간으로서 건강하고 문화적인 생활을 유지하기 위하여 소요되는 최소한의 비용 최저생계비란 국민이 건강하고 문화적인 생활을 유지하기 위하여 소요되는 최소한의 비용을 말한다. 최저생계비는 보건복지부 장관이 일반국민의 소득·지출수준과 수급권자의 생활실태, 물가수준 등을 고려해 중앙생활보장위원회의 심의·의결을 거쳐 최저생계비를 결정·공표한다. 중앙생활보장위원회는 기초생활보장제도의 시행과 관련해서 중요한 시안들을 심의, 의결하는 기구로서 복지부장관을 위원장으로 하고, 재정부, 노동부, 행안부, 기획예산처 차관과 관련 전문가 공익위원 등 총 10인으로 구성되어 있다.
매년 12월에 발표되는 최저생계비는 다음 해 기초생활보장 수급자 선정 및 급여 기준으로 활용된다. 「국민기초생활보장법」은 수급자에 대한 급여수준을 "가구소득과 생계급여, 주거급여, 의료급여, 교육급여 등 각종 급여를 합하여 최저생계비 이상이 되도록" 규정(법 제7조 제2항)하고 있다. 최저생계비는 기초생활보장을 비롯한 각종 사회복지 수급자 선정 및 급여 책정의 기준이 된다. 소득이 최저생계비에 미치지 못하는 기초생활보장 수급자의 경우 최저생계비에서 부족한 액수만큼 정부가 보전해 주며, 최저생계비를 기준으로 소득이 120~150% 이하에 머물 경우 차상위계층으로 분류해 다양한 복지혜택을 제공한다.

최저임금minimum wage 최저임금제는 국가가 노·사 간의 임금결정 과정에 개입해 임금의 최저 수준을 정하고, 사용자에게 이 수준 이상의 임금을 지급하도록 법으로 강제함으로써, 노동자가 부당한 저임금을 받는 피해를 사회적으로 보호하기 위한 제도다. 1988년부터 시행된 최저임금제는 헌법과 법률을 근거로 시행되고 있다. 「헌법」 제32조 제1항에서는 "법률이 정하는 바에 의해 최저임금제를 시행해야 한다."라고 규정하고 있다. 「최저임금법」 제1조에서는 "임금의 최저 수준을 보장해 근로자의 생활안정과 노동력의 질적 향상을 꾀함으로써 국민경제의 건전한 발전에 이바지하는 것을 목적으로 한다."라고 되어 있다. 2018년 7월 14일에는 2019년 최저임금이 전년 대비 10.9% 인상된 8,350원으로 결정되었다.

출산력fertility 재생산을 할 수 있는 생물학적 능력.

출산율birthrate 인구 1,000명 혹은 10만 명당 출생하는 수로 표현되며, 일정한 인구와 일정한 시기 동안 총인구 중 출생자 수의 비율.

출산크레딧제도baby credit system 출산크레딧은 자녀 출산과 양육비용을 사회적 비용으로 보아, 둘 이상 자녀를 출산 및 양육하는 부모의 국민연금 가입기간을 추가로 인정하여 60세 이후에 받을 노령연금액이 인상되도록 하는 제도로 독일, 프랑스, 스페인 등에서는 이미 도입하고 있다.

출산휴가maternity leave 출산 전의 건강이나 출산 후의 발육을 안전하게 보장하기 위해 산모나 임산부에게 제공되는 휴직기간을 말한다. 다양한 고용조직은 출산휴가에 대해 매우 다양한 정책을 실시하고 있다. 일부는 출산 전후의 몇 달 동안 휴직할 경우에 정상적인 봉급을 주고, 휴가 후의 복직을 인정한다. 반면 일부는 휴직에 대한 급료의 지불을 인정하지 않거나 단지 며칠간의 '병가'만을 인정한다. 대부분의 사회사업가들은 출산휴가를 인정하지 않는 것은 여성을 차별하는 것이며, 이것은 국가의 미래 복리가 건강한 재생산을 격려하는 데 달려 있음을 인정하지 않는 것이라고 하면서 오랫동안 출산휴가 정책의 국가적·사회적 보편화를 주장해왔다.

충격shock 피해자의 혈액순환에 장애가 오며, 심신에 충격적인 상해(traumatic injury)가 따르는 신체적 현상. 증상으로는 희미한 맥박, 현기증, 오한, 불규칙적인 호흡, 구역질, 허약함 등이다. '충격'(shock)이라는 용어는 일반적으로 놀라움, 무서움과 신체의 기능이 일시적으로 정지하는 느낌을 뜻하기도 한다.

충동drive 정신분석이론(psychoanalytic theory)에 따르면, 명백한 행동을 유도하는 기본적 충동 또는 자극을 말한다.

충동성impulsiveness 생각 없이 그리고 행위의 결과를 거의 고려하지 않고, 내적 충동에 대하여 갑작스럽게 행동하려는 성향.

측정measurement 조사에 명목측정(nominal measurement), 서열측정(ordinal measurement), 등간측정(interval measurement)의 속성(properties을 포함하는 측정의 수준(level of measurement). 물론 순수 영(true zero)

ㅊ

의 속성도 갖는다.

치료자therapist 질병 장애 또는 문제를 극복하려 하거나 완화시키려는 개인들을 원조하는 사람. 치료자는 대개 광범위한 양의 훈련과 지도감독의 경험을 가지고 있으며, 특정화된 기술, 도구, 약물치료와 목표를 성취하기 위한 자원을 사용한다. 사회복지사들은 이 용어를 심리치료자(psychotherapist)와 동의어로 사용하고, 물리치료사, 부부문제 치료사, 직업치료사 등의 치료사들을 논할 때 더 명확해진다.

치매dementia 치매라는 말은 라틴어에서 유래된 말로서 '정신이 없어진 것'이라는 의미를 지니고 있다. 태어날 때부터 지적 능력이 모자라는 경우를 '정신 지체'라고 부르는 반면, 치매는 정상적으로 생활해오던 사람이 다양한 원인에 인해 뇌기능이 손상되면서 이전에 비해 인지 기능이 지속적이고 전반적으로 저하되어 일상생활에 상당한 지장이 나타나고 있는 상태이다. 여기서 인지 기능이란 기억력, 언어 능력, 시·공간 파악 능력, 판단력 및 추상적 사고력 등 다양한 지적 능력을 가리키는 것으로 각 인지기능은 특정 뇌 부위와 밀접한 관련이 있다. 수술 후 혼돈 상태와 같이 의식장애가 있어 이차적으로 인지 기능의 저하가 나타나고 있는 경우는 '섬망'이라고 하며, 치매와 구분된다. 과거에는 치매를 망령, 노망이라고 부르면서 노인이면 당연히 겪게 되는 노화 현상이라고 생각했으나 최근 많은 연구를 통해 분명한 뇌질환으로 인식되고 있다. 흔히 치매를 하나의 질병으로 생각하고, 치매는 모두 똑같고 별다른 치료법이 없다고 속단해버리는 경향이 있다. 그러나 치매는 단일 질환을 가리키는 말이 아니고 앞서 정의한 상태에 해당되는 경우를 통칭하는 것이다.

의학 용어를 사용한다면 특정 증상들의 집합인 하나의 '증후군'에 해당되는 것으로 이러한 치매라는 임상 증후군을 유발하는 원인 질환을 세분화할 경우 70여 가지에 이른다. 다양한 치매 원인질환들 중에서 가장 많은 것은 '알츠하이머병'과 '혈관성 치매'지만, 그 밖에도 루이체 치매, 전측두엽 퇴행, 파킨슨병 등의 퇴행성 뇌질환들과 정상압 뇌수두증, 두부 외상, 뇌종양, 대사성 질환, 결핍성 질환, 중독성 질환, 감염성 질환 등 매우 다양한 원인 질환에 의해 치매가 발생할 수 있다.

치매국가책임제dementia a state responsibility system 치매국가책임제는 고령사회를 맞아 증가하는 치매 질환을 국가가 책임지고 관리하겠다는 정책으로 문재인 대통령이 2017년 대선에서부터 강조해온 국정과제다. 치매 환자와 가족이 지는 경제적·정서적 부담을 지역사회 인프라와 건강보험제도를 통해 국가와 사회가 나눠서 시셨나는 뒤지디.
문재인 정부는 치매국가책임제를 2018년부터 시행하겠다고 밝히고 치매 관리 인프라 확충 환자 및 가족의 경제부담 완화 경증 환자 등 관리대상 확대 등의 정책을 내놓았다. 이를 통해 예방부터 관리, 처방, 돌봄 등 전반적인 치매 관리 시스템을 수립한다는 방침이다.

친밀감 대 고립감intimacy versus isolation 에릭슨에 따르면, 대개 18~24세에 일어나는 사회심리학적 발달의 8단계 중에 6번째로서, 개인은 한 가지 이상의 가깝고 따뜻한 관계를 발전시켜야 하는 도전에 직면하거나 외로운 삶에 직면한다.

카타르시스katharsis 정화(淨化)·배설(排泄)을 뜻하는 그리스어. 아리스토텔레스의 『시학(詩學)』 제6장 비극의 정의(定義) 가운데에 나오는 용어. '정화'라는 종교적 의미로 사용되는 한편, 몸속의 불순물을 배설한다는 의학적 술어로도 쓰인다.
아리스토텔레스의 진의에 대해서는 이 구절의 표현이 불명료하기 때문에 예로부터 이설(異說)이 분분하지만, 요컨대 비극이 그리는 주인공의 비참한 운명에 의해서 관중의 마음에 '두려움'과 '연민'의 감정이 격렬하게 유발되고, 과정에서 이들 인간적 정념이 어떠한 형태로든 순화된다고 하는 일종의 정신적 승화작용(昇華作用)으로 해석할 수 있다.
한편 정신분석에서는 무의식 속에 잠겨 있는 마음의 상처나 콤플렉스를 말, 행위, 감정으로써 밖으로 발산시켜 노이로제를 치료하려는 정신요법의 일종으로, 정화법(淨化法) 제반응(除反應)이라고도 한다.
그러나 이와 같은 마음의 상처·응어리는 상기하거나 말하기가 괴롭고, 전혀 생각나지 않을 수도 있다(抵抗). 이 방법을 처음으로 발견한 오스트리아의 생리학자 J. 브로이어는 이 저항을 완화하기 위해 최면술을 사용하였으나, 오늘날에는 마취제(아미탈·펜토탈)를 사용하는 경우도 있다(麻醉分析). 그러나 이 방법을 사용하는 경우라도 치료자와 환자

사이에 어느 정도 마음의 연결이 없으면 성공하지 못한다. 문제아의 치료에 쓰이는 유희요법(遊戲療法)도 카타르시스의 원리를 응용한 것이다. 블로일러에 의한 이러한 카타르시스의 발견은 정신분석의 새로운 계기가 되었다.

칼구스타프융Carl Gustav Jung 스위스의 심리학자이자 정신과 의사. Kesswil 태생. 프로이트와 함께 심리학, 정신분석학의 큰 줄기를 만든 학자이다. 프로이트의 수제자라 불릴 정도로 많은 영향을 받았지만, 결국엔 자신의 독자적인 이론을 창시해냈다. 콤플렉스 심리학 혹은 분석심리학의 선구자이다. 간략하게 설명하자면 인간의 영혼(정신)이란 각각 대극, 대립적인 요소로 구성되어 있는데 이 요소들은 대립이 아니라 조화를 이룬다는 것이다. 건전한 정신이란 조화와 균형을 이룬 상태의 영혼이라는 말. 또한 집단무의식, 콤플렉스, 그림자, 페르소나, 아니마와 아니무스 등의 개념을 도입하였다. 신경증 환자기 그 나름의 법칙을 갖고 있다는 통찰을 입증하기 위해, 융 자신이 치료경험이나 그 당시 심리학에서 무관한 신화, 종교, 연금술, 신비주의 등 여러 분야를 끌고 와서 이론을 만들었기 때문에 문제의 여지를 보인다는 주장이 있다. 그가 신비주의에 탐닉한 이유는 알 수 없다. 사생활이 다소 문란하고 약물에도 손을 댔던 것을 생각하면 정신적으로 불안정했었을 수도 있다. 융은 동양사상에 대응하는 서구사상의 원류로 연금술을 재발견하였다. 연금술을 물질의 변화가 아닌 영혼의 연성으로 해석하였으며, 상징들이 가진 의미를 추적하고 해석하였다. 이러한 상징들에 대한 해석은 꿈이나 환자에게서 채집할 수 있는 인간 무의식에서 나타나는 상징들과 연결되어 사례 해석의 뒷받침이 되었다.

케어care 질병을 관리하거나 제한된 일상생활능력을 보완하는 대인서비스로서 단순한 기계적, 신체적 원조가 아니라 전문적 지식과 기술에 근거한 원조행위.

케어복지care welfare 케어복지란 종래의 수발이나 간병과는 달리 한 사람의 생활 전체에 관심을 가지고 사회적 기능과 사회관계와 관련하여 가능한 한 자립의 달성을 목표로 한 일련의 신체적, 심리적, 사회적 원조라고 할 수 있다.

케어워커care worker 케어 업무를 담당하는 사람으로 일본에서는 개호복지사라고 일컫고 있으며, 우리나라의 민간협회에서는 케어복지사로 명명하고 있음.

케인주의Keynesianism 케인주의는 1930대 세계경제가 대공항을 겪을 당시 시장의 자기조정성과 경제의 완전고용 및 성장을 강조하던 기존 경제학 및 행정이론에 대한 반발로 케인즈를 필두로 정부의 개입을 강조한 이론. 케인주의는 우선 경제가 본질적으로 불안정하며, 수요의 부족이 스태그플레이션(물가와 고용의 감소)의 원인이라고 말하고, 인플레이션(물가상승)과 스태그플레이션을 해결하기 위해서 정부의 적극적인 정책이 필요하다고 주장한다. 정부의 소비는 총수요에 영향을 주는 반면, 화폐의 양을 조절하는 것은 큰 효과가 없다는 것이다. 그 이유는 유동성 함정이라는 이론과 가계와 기업이 빠르게 반응하지 못하기 때문에 임금의 유동성은 떨어지고 시장의 능력만으로는 조정되지 않기 때문에 정부의 개입과 사장의 불안정성을 강조하는 이론이다.

케인즈 경제학 Keynesian economics 영국의 경제학자 케인즈(John

Maynard Keynes)의 이론으로, 경제불황기 동안 정부가 고용기회를 제공하고, 무역을 자극하기 위해 공공소비를 증대시켜야 한다고 제안했다.

코카인cocaine 코카나무의 잎에서 추출한 불법적인 약으로, 복용자에게 도취감, 힘, 기민성, 자신감, 높은 감수성을 느끼게 해준다. 코크(coke) 또는 스노(snow)로 알려진 이 약은 흔히 콧구멍을 통해 흡수하고(코로 들이쉼), 헤로인(코카인과 대마초의 혼합주사) 등과 같이 다른 약물과 섞어 주사하기도 하며, 화학적으로 처리하여 흡연하기도 한다. 많은 연구자는 이것이 육체적으로 중독되는 것은 아니지만 심리적으로 습관성이 된다고 주장하였다. 반복된 복용은 신경체계의 치명적인 손상과 신체적 손상, 점막 파괴, 편집증, 우울증, 환각상태를 낳는다.

코포라티즘corporatism 19세기 말에서 20세기 초에 걸친 자유주의 이론과 마르크시즘에 대한 비판론에 기원을 둔 것으로, 사회구성체들의 경쟁이나 갈등을 부인하고 계층 간 조화와 유기적 통합을 사회질서 유지에 본질적인 것으로 보는 관점으로, 사회공동체 내에서 구성 부문들이 서로 조화롭게 결합함으로써 완전한 인가실현을 도모한다는 의미와 정치 엘리트가 권력을 제약하고 합리적인 선택과 결정을 하며, 사회집단을 재결속시켜 사회적 조화를 진전시킨다는 의미를 포함하고 있다.

콜라COLA 생계비의 조정. 화폐의 상대적인 구매력의 변화[인플레이션(inflation)이나 디플레이션(deflation)]에 따른 급여의 증가나 감소.

콤플렉스complex 독일어 komplex, 영어 complex는 정신분석학의 개

ㅋ

념으로 사람 마음속의 서로 다른 구조를 가진 힘의 존재를 의미한다. 감정 복합, 즉 필링 톤드 콤플렉스(Feeling Toned Complex)라고도 불린다. 외래어 표기법상 콤플렉스로 표기한다.
사람들은 누구나 약하거나 강한 콤플렉스를 지니고 있으며, 적용 범위는 공통의 가치관이 통용되는 범위에 따라 각 개인의 콤플렉스에서 나아가 집단 콤플렉스, 사회 콤플렉스로 확장되기도 한다. 예로는 남자다움을 강요하는 사회가 있다.
콤플렉스는 상황을 왜곡하여 보게 하며 강도에 따라 많은 상황을 중립적이고 객관적으로 보기 힘들어진다. 따라서 생각, 감정, 행동에 영향을 미치게 된다. 반면 콤플렉스는 삶의 에너지원이 되기도 한다.

쾌락원칙pleasure principle 인간은 오직 희열과 쾌락을 추구하며 고통이나 불편을 회피하는 삶을 시작한다는 프로이트 이론(Freudian theory)의 하나. 결과적으로 어린이는 자라면서 눈앞의 희열을 때때로 억제해야만 한다는 것을 배우게 되는데, 이때 현실원리(reality principle)가 모습을 나타내기 시작한다. 이후 인간은 평생 양자 사이에서 갈등을 겪는데, 건전한 자아(ego)는 쾌락원리의 여지를 다소 남겨놓은 채 현실원리에 집착하려 노력한다고 한다.

크랙crack 소량의 코카인(cocaine)을 소다와 물에 섞어 건조시켜 만든 매우 중독성이 강한 코카인의 한 종류. 말릴 때 결정체가 부서지거나 작게 쪼개지기 때문에 보통 특수 담배 파이프에 담아 피운다. 크랙은 상대적으로 값이 싸고 매우 효능이 강하며 치명적일 수 있다.

크리밍현상creaming phenomenon 사회복지 조직에 대한 정치경제이론에서 파생된 단어. 정치경제이론의 기본적 전제는 조직이 과업을 수행하기 위해 필요한 자원을 복지조직 스스로 마련할 수 없을 때 조직은 외부환경에 의존할 수밖에 없다. 그렇기 때문에 한정된 자원을 가지고 최대의 효율성을 도출할 수 있도록 노력하게 되는데, 이때 사회복지조직은 투입 비용을 절감하고 나아가 적은 자원으로도 성공 가능성이 큰 클라이언트에게 집중하고, 반대로 자원의 소모가 많으면서도 많은 자원이 소요되는 클라이언트를 배척하게 되는 현상을 크리밍현상이라 한다.

클라이언트client 전문적인 서비스를 찾거나 제공받는 개인, 집단, 가족 및 지역사회.

클라이언트 중심기록방법person-oriented record 몇몇 사회복지사나 사회복지기관이 사용하는 기록형식으로, 각 클라이언트에게 개입한 과정을 구체적이고 책임감 있게 목표지향적으로 기록하는 것. 문제중심기록(problem-oriented record, POR)처럼 개발지향적인 기록에는 초기의 기본자료, 치료계획, 사정, 진행노트 및 진행검토(6주 혹은 12주마다 구체적 기간에 따른 클라이언트의 진행을 평가하는 것) 등의 내용을 담는다.

클라이언트 중심모델client-centered model 미국 심리학자 칼 로저스가 1940년대에 체계화한 모델이다. 1942년에는 '상담과 심리치료'를 출간하였으며 1968년에 인간연구센터를 설립하고 집단감수성 훈련그룹, 대인관계 등에 초점을 두고 연구를 지속하였다.
로저스의 치료접근은 모든 사람이 자아실현을 할 수 있으며 자기문제를 스스로 해결할 수 있는 능동적인 존재라는 가정으로 치료 접근을 하였다. 이 접근 방법에 영향을 받은 사회복지실천은 사회복지사와 클라이언트 사이의 공감적 이해, 무조건적인 긍정적 관심과 진실성을 중요하게 여기며, 치료자와 클라이언트 사이를 수평적인 관계로 전환하였다. 핵심은 클라이언트로 하여금 자신의 유기체적인 경험들과 자아 사이의 부조화를 인식하도록 돕는 데에 있다.

클라이언트 중심치료client-centered therapy 심리학자 로저스(Carl Rogers)가 시작한 심리치료(psychotherapy)의 한 형태. 클라이언트는 자신의 능력을 최대한 개발하려는 동기를 선천적으로 갖고 있으며 사회사업가는 감정이입적이고 허용적이며 비심판적인(nonjudgmental) 분위기를 제공해줌으로써 클라이언트가 스스로 문제를 해결할 수 있다는 것이 이 치료의 중심 가설이다.

클라이언트 체계client system 클라이언트(client)와 문제 해결에 잠재적 영향을 주는 환경에 있는 사람들. 예를 들어, 사회복지사는 핵가족(nuclear family)을 클라이언트로 보고 확대가족(extended family), 이웃, 교사, 고용주를 클라이언트 체계의 한 부분으로 본다.

클라이펠터 증후군 Clifelter syndrome 특징으로는 고환이 작고 정자를 만들지 못하며 음경의 크기는 정상이나 2차 성징이 불완전하게 나타나면서 사춘기가 늦다. 또 대개 연약하고 팔다리가 길며 때로는 유방이 비대해지고(여성화 유방) 25% 정도가 정신지체를 보인다. 행동장애의 빈도는 그보다 훨씬 높다. 남성 호르몬으로 치료하면 정상적인 남성의 모습이 되고 성충동(性衝動)이 생기지만 여전히 불임이다.
클라인펠터 환자 대부분은 여성 성염색체를 하나 더 가져서 XXY 형태가 되고 염색체 수는 46개가 아닌 47개이다. 그보다 발생 빈도가 조금 낮지만 다른 형태로는 XXXY형, XXXXY형, XXYY형, XXXYY형, 혼합형(모자이크형) 및 부분 손실, 즉 결실형이 있다. 이

증후군의 한 변형인 XXXXY형은 위팔의 뼈가 붙은 상태이고 다른 골격기형이 나타나며 음경과 음낭이 충분히 발달되지 못하고, 고환이 음낭 안으로 완전히 내려오지 않으며 정신지체가 뚜렷하다.

클라인펠터증후군 환자에게는 당뇨병과 갑상선종이 흔하고 여러 가지 암도 잘 생기는 편이다. 요오드의 방사성 동위원소가 갑상선에서 흡수되는 비율이 낮을 수 있고, 갑상선자극호르몬(TSH) 주사에 대한 갑상선의 반응도 낮게 나타나는 편이다. 테스토스테론 형성이 정상 이하인 경향이 있고 17-케토스테로이드는 정상이거나 정상 이하이다. 대개 생식선자극호르몬인 여포자극호르몬(FSH)과 황체호르몬(LH)이 혈청과 소변에서 높게 나타난다.

타당도validity 사회·문화 현상을 탐구할 때 연구자는 객관적 태도를 유지하기 위해 자료 수집 및 분석 과정에서 신뢰도와 타당도를 고려해야 한다. 타당도는 실제로 파악하고 조사하고자 하는 것을 정확하게 측정하고 있느냐의 문제다. 즉, 연구를 위한 자료 수집 과정에서 조사 내용이 원래 측정하고자 하는 것을 측정하는지에 대한 내용 일치도를 말한다.
예를 들면, 사회·문화 현상 연구 과정에서 질문지법을 사용할 때 연구 주제에 합당하지 못한 질문 문항은 측정하고자 하는 것을 얼마나 충실하게 측정하는지를 보여 주는 타당도를 떨어뜨린다.

타당성validity 사회조사에서 절차가 측정하고자 하는 질(quality)을 측정할 수 있는 정도와 관련된 개념. 즉, 측정의 형식적 올바름을 뜻하는 타당성은 설득력 있는 주장을 위한 객관적이고 신뢰할 수 있는 조건이 된다.

타운센드 방식 Townsend 통상적인 소득 부족의 개념을 넘어 소득 이외의 측면들도 빈곤 측정에 반영하는 방법으로, 상대적 박탈의 개념으로 빈곤을 정의.

탈시설화deinstitutionalization 시설에 수용하는 것에서 탈피하여 지역사회에 거주하게 하고 필요한 서비스를 제공하는 것이다. 수용시설은 원래 수용자들에게 보다 전문적이고 질적으로 우수한 서비스를 제공하여 지역사회로 복귀하는 것이 기본 취지였으나, 수용시설의 대부분이 지역사회인과 접촉이 거의 없는 외곽지역에 위치하여 사회적으로 폐쇄적이어서 물리적·사회적 환경이 수용자 재활에 부적절하다는 평가를 받아 왔다. 정상화의 원리가 강조되면서 탈시설화 운동이 전개되었다.

태만negligence 합당한 보호나 주의를 기울이지 못해서 그것이 다른 사람들에게 피해를 주거나 피해를 볼 위험에 처하는 결과를 초래하는 경우, 또는 다른 사람을 보호하고 도와줄 의무를 수행하지 못하는 경우를 말한다. 방조적인 태만은 어떤 사람이 신중한 주의를 하지 못하고 그것이 상대방의 부주의와 관련되어 제삼자에게 피해를 주는 결과를 낳았을 때 발생한다. 예를 들어, 어떤 사람이 소홀히 해서 어린이가 피해를 입게 된 상황을 어떤 사회복지사가 알고도 보고하지 않는다면, 그 사회복지사는 방조적 태만이라는 이유로 입건될 수 있다. 형사적인 태만죄는 어떤 사람이 다른 사람의 안전에 대해 무자비할 정도로 아주 무관심하고 부주의해서 상해나 사망의 결과를 초래했을 때 발생한다.

태아학fetology 태아기의 태아(fetus)의 보호와 치료를 다루는 전문의학.

토인비 홀 Toynbee Hall 1884년에 설립된 영국 인보관(settlement house)을 말한다. 토인비 홀 설립 이후 20년 동안 미국에서는 이것을 본보기로

ㅌ

하여 400여 개의 인보관이 설립되었다. 토인비 홀은 런던의 빈민지역에 자리 잡아, '선교활동의 전초기지'로서의 구실을 수행하였으며, 부유한 사람들이 그들의 사상, 가치 그리고 사회적 기술 등을 가난한 사람들에게 전수하기도 하였다. 지금도 토인비 홀에서는 시민상담소, 무료 법률상담 센터, 병든 아동 보호, 알코올 중독자 구제, 노인복지사업과 아동 및 성인을 위한 극장 운영을 하고 있다. 이 밖에도 성인 이주민의 교육을 맡고 있으며 인종차별 반대운동, 지역사회 자원봉사자회, 이스트런던 기술회 등 여러 단체의 본부 역할을 하고 있다.

토착인 사회복지사indigenous worker 전문가가 지역사회를 위한 서비스의 목표를 달성할 수 있도록 돕는 지역사회의 구성원. 토착인 사회복지사들은 자원봉사자일 수도 있고 보수를 받을 수도 있다. 그들의 역할은 주로 문제의 근원을 밝히고, 서비스 제공자와 클라이언트를 연결하고 상담(counseling)하는 것 등이다.

통계statistics 집단현상에 대한 구체적인 양적 기술(量的記述)을 반영하는 숫자. 특히 사회집단 또는 자연집단의 상황을 숫자로 나타낸 것이다. 예를 들어, 서울 인구의 생계비, 한국 쌀 생산량의 추이, 추출 검사한 제품 중의 불량품의 개수 등이 그것이다. 통계는 집단에 관한 것으로서, 어떤 사람의 재산이라든가 한라산의 높이 등 어떤 개체에 관한 수적 기술은 아무리 구체적이더라도 통계는 아니다. 통계는 사회의 발전과 함께 발달해 왔는데, 오늘날의 사회생활과 과학은 통계 없이는 존재할 수 없다.

집단현상을 통계로 나타낼 때, 그 집단을 구성하는 각 개체를 통계단위 또는 단위라고 한다. 이 단위는 공통의 성질을 가지고 있는데, 이 공통의 성질을 표지(標識)라고 한다. 이를테면 한국의 인구를 구성하는 단위는 일정한 날짜와 시간에 한국에 살고 있는 사람이며, 이 조건이 표지가 된다. 이들 단위는 표지 이외의 점에서는 이질(異質)이다. 표지에는 남녀, 산업·직업 등 질적인 것과, 연령·소득금액 등 양적인 것이 있다. 질적인 표지의 통계를 속성통계(屬性統計), 양적인 표지의 통계를 변수통계(變數統計)라고 한다. 또, 집단의 성질에 따라 자연현상에 관한 자연통계와 사회현상에 관한 사회통계로 나누어지는데, 자연통계는 기후통계(氣候統計), 생물통계(生物統計) 등으로, 사회통계는 경제통계, 경영통계 등으로 세분할 수 있다. 또한, 국세조사(國勢調査)와 같이, 집단의 한 시점에 관한 것인 정태통계(靜態統計)와 1년간의 출생 수, 사망자 수, 공업생산 등과 같이 어떤 기간에 관한 동태통계(動態統計)로도 나누어진다. 이 밖에 집단 전체에 걸치는 전수통계(全數統計)와 일부분을 관찰한 부분통계로 나누기도 하는데, 전수통계는 비교적 소박한 기술적 수리(記述的數理) 처리에 따른 방법으로 기술통계라고 불리며, 부분통계는 부분에서 전체에로의 추측기법(推測技法)을 포함하기 때문에 추측통계라고 한다.

통계를 이용하는 데는 작성자, 작성시기, 작성방법, 대상(단위표지), 대상의 존재장소 등에 관한 깊은 인식이 필요하다. 이 같은 모든 통계는 현실의 일정한 사회관계를 바탕으로, 조사자와 피조사자 사이에서 질문·응답이 행해지는 통계조사(統計調査)라는 특수한 과정을 거쳐 이루어지는데, 거기에는 상호협조와 이해에 따르는 대항관계가 작용한다. 또한 통계는 필요성과 작성능력이라는 점으로 보아, 대부분이 정부나 지방자치단체 등에 의한 관청 통계로 작성된다는 특성을 지닌다.

통제control 규제하는 것, 즉 어떤 것에 대해 지시를 내리거나 구속하는 것으로, 사회조사에서는 비교의 기분을 의미한다. 사회복지 관리에서는 비교의 기준을 의미한다. 사회복지 관리에서는 정보나 활동의 흐름을 규제함으로써 목표 달성을 위한 노력을 조정하는 절차를 뜻한다.

통제범위span of control 행정에서 한 사람이 감독할 수 있는 인원수 또는 활동량. 여기에는 관리자가 효과적으로 지도 감독하는 데 드는 총 시간도 포함된다.

통제변수control variable 연구자들이 독립변수와 종속변수 사이의 명백한 관계를 조사하기 위하여 도입한 변수.

통제집단control group 조사에서 실험되는 변수 외에는 드러나지 않는 경우를 제외한 가능한 모든 면에서 실험집단(experimental group)과 비교가 되는 대상집단.

통찰insight 개인의 감정, 자극, 문제들에 대한 자기 이해와 인식, 심리치료와 임상사회 사업에서, 이전에는 잘 이해되지 않았던 영역으로 클라이언트의 내부영역과 본성에 관하여 의식을 도양하는 것, 조명해 보는 것 등과 관련해서 언급된다.

통합방법론integrated method 개인, 가족, 집단, 지역사회에 봉사하는 데 쓰이는 개념과 기술을 모으는 높은 수준의 전문지식과 숙련된 기술 등의 사회사업 실천을 말한다. 통합방법론을 사용하는 사회복지사는 일반개업자(generalist)보다 더 우월하게 간주되거나, 기본적인 개별사회사업, 집단사회사업, 그리고 지역사회 조직의 지식과 기술을 간단하게 결합시키는 사람으로 간주된다.

퇴직retirement 정규적인 고용이나 어떤 특정한 작업활동 형태로부터 물러난 상태. 어떤 고용주들은 노령이거나 장애를 가진 피고용인들에게 연금이나 일시불퇴직보상금(lumpsum retirement compensation)을 지급하여 일정시간까지 이들의 퇴직을 조장한다. 근로자들이 퇴직을 원한다 할지라도 부적절한 퇴직급여로 인해 퇴직할 수 없는 경우도 많으며, 만약 퇴직을 하도록 요구받는다면, 그들은 재정적 부조(financial assistance)가 필요하다는 것을 알고 있다.

퇴직연금retirement pension 퇴직연금이란 매월 일정액의 퇴직적립금을 외부의 금융기관에 위탁하여 관리·운용하여 퇴직 시 연금으로 받는 제도이다. 기업이 도산하더라도 근로자의 퇴직급여가 보장될 수 있도록 2005년 12월「근로자 퇴직급여보장법」의 시행과 함께 퇴직연금제도가 마련되었다. 각 회사는 노사 합의에 따라 확정급여형 퇴직연금(DB)과 확정기여형 퇴직연금(DC) 중 택일할 수 있다. 확정급여형(DB)은 근로자가 받을 연금액이 사전에 확정되며 적립금 일부는 사외에, 일부는 사내에 적립되어 운용되며, 확정기여형(DC)은 근로자가 받을 퇴직급여가 적립금 운용실적에 따라 변동되는 것으로 근로자 개인별 계좌의 적립금을 근로자가 직접 운용하게 되므로 운용수익에 따라 연금급여액이 달라질 수 있다.

퇴행regression 미성숙한 정신 기능 단계로 되돌아가는 것. 퇴행은 일반적으로 정신 조직이 실질적으로 붕괴되어 일어나는 것으로, 방어기제의 하나이다. 퇴행 개념은 심리적 발달 과정에서 개인은 일련의 단계들을 거치며, 이 단계들은 각각 특정 본능, 자아, 자아-이상 그리고 초자아의 특성을 가지고 있다는 가정과 밀접하게 연관되어 있다.

이 단계들은 ① 본능적 욕동 방출이 갖는 성질, ② 자아 기능이 작용하는 방식, ③ 이상과 양심을 가리키는 징표 등으로부터 추론된다.
퇴행은 일반적으로 두 부류로 나눌 수 있다. 리비도적 퇴행은 개인이 생물학적으로 결정된 성숙 단계의 도전을 감당할 수 없을 때, 본능적 조직의 이전 단계로 후퇴하는 것으로서, 이는 정상적인 발달 과정 안에서 발생하는 것이다. 이전 발달 단계에서 해결되지 않은 갈등과 불안은 정신 기구 안에 '약한 부분'(고착)으로 남게 된다. 이것들은 종종 정신 기능이 어디까지 퇴행할지를 결정한다. 또한 퇴행은 발달 단계 안에서 심리적인 외상으로 경험되는 새로운 사건들에 대한 반응으로 일어날 수도 있다. 성적 욕동의 발달이 아직 확고하게 이루어지지 못한 아동기에 이러한 리비도적 퇴행은 일반적인 현상이다. 예를 들면, 어린 동생과 경쟁하는 다섯 살 난 아동은 다시 손가락을 빨거나 자신이 이전에 극복했던 자위 활동을 재개한다. 이성애적인 성기기적 성욕을 지닌 성인이 감당할 수 없는 불안과 죄책감에 직면할 때, 성기기적 성욕을 전성기기적 형태의 성욕으로 대치할 수 있으며, 따라서 성도착 행동을 보일 수 있다.
자아 퇴행은 좀 더 발달된 자아 조직의 단계로부터 이전 단계의 기능 양식으로 되돌아가는 것이다. 자아 퇴행은 종종 리비도적 퇴행과 함께 일어나며, 일반적으로 갈등 상황에서만 자아 기능에 영향을 미친다. 이것은 갈등을 일으키는 욕동 파생물을 수반하는 환상에서 드러난다. 아동기에 흔히 발견되는 일반적인 예는 방광 조절 능력의 상실이나 스트레스로 인한 언어 능력의 상실이다. 예컨대 사람들 앞에서 발표해야 하는 순간에 아동은 노출증적 환상으로 인해 해야 할 말을 잊어버릴 수 있다. 그런가 하면 초자아 퇴행은 전이에서 내재화된 부모의 권위를 분석가에게 다시 투사하는 피학적인 환자에게서 찾아볼 수 있다.

퇴행의 원인은 여러 가지이다. 어떤 형태의 퇴행은 내적 및 외적 압력으로부터 오는 다양한 욕구들에 대한 반응에서 발생한다. 이것은 아동과 성인의 삶 모두에서 정상적인 것이다. 퇴행은 발달 과정에서 전진과 후퇴의 일부분을 구성하고 있으며, 보다 높은 발달 수준에서 이전 문제들에 대한 재작업과 재통합이 가능하다. 성인들의 경우, 어떤 조건들은 원시적인 본능적 표현과 행동 유형을 다시 촉발시킬 수 있나. 이 조건들은 잠을 자거나 꿈을 꾸는 상태, 종교적 및 미적인 경험들, 사랑 그리고 전쟁 등의 상태를 포함한다. 퇴행은 또한 정신분석 과정의 본질적 요소이다. 환자는 전이 안에서 자신의 미해결된 갈등들을 재작업하기 위해 미성숙한 정신 구조의 단계로 되돌아가야 한다. 퇴행은 불안, 죄책감, 우울증, 수치심, 좌절, 자기애적 굴욕감 등의 불쾌한 느낌에 의해서 또는 신체적 질병, 마약 중독, 무기력 등에 의해서 촉발될 수 있다. 이 퇴행의 병리적 징후들은 신경증, 정신증 그리고 성도착으로 나타날 수 있다. 가장 일반적인 역동적 요소는 아마도 무의식적인 성적 및 공격적 충동을 담고 있는 해결되지 않은 오이디푸스 콤플렉스일 것이다. 그것은 이러한 무의식적 충동이 거세 불안과 죄책감을 유발하는 요소이기 때문이다.

투사projection 받아들일 수 없는 충동이나 생각을 외부 세계로 옮겨놓는 정신 과정. 이것은 방어적 과정으로서, 개인 자신의 흥미와 욕망이 다른 사람에게 속한 것처럼 지각되거나 자신의 심리적 경험이 실제 현실인 것처럼 지각되는 현상을 말한다.

참을 수 없는 생각이나 느낌들은 편집증적 투사의 경우에서처럼, 그것들이 투사되기 전에 무의식적인 변형을 거친다. 프로이트는 편집증 환자에 대한 설명에서 투사 과정에 대해 설명했다. 그 환자는 자신의 성적 및 공격적 느낌을 신에게 투사하여 신에게 박해받는다는 망상에 시달리고 있었다. 그는 자신의 동성애적 소망에 대한 두려움 때문에 무의식적으로 자신의 사랑의 감정을 미움으로 변형시켰고, 이러한 왜곡된 대체물을 신과 다른 사람들의 탓으로 돌렸다.
투사는 만족스럽게 작용하지 않을 때, 그 모습이 명백히 드러난다. 그것은 특히 편집증적 개인에게서 두드러지게 나타난다. 이런 이유로 인해 투사는 종종 부정적인 의미를 지닌 원시 방어로만 생각되기도 한다. 프로이트는 아동이 자신이 다른 사람과 똑같이 느끼고 있다고 생각한다는 사실에 주목했다. 이후의 분석가들은 투사가 초기 유아기에 겪었던 공생 경험을 나타내는 것임을 보여주었다. 게다가 좋은 느낌을 갖고, 사람을 좋게 보고, 세상을 행복한 곳으로 보는 사람은 설령 그가 자신의 무드나 태도를 투사하고 있다고 해도, 그것은 병적인 것으로 간주되지 않는다. 유사하게, 대부분의 사람들은 로샤 검사와 다른 투사적 심리검사에서 투사가 유용하게 사용된다는 사실을 인정한다. 따라서 투사는 정상적이고 병리적인 상태 모두에서 나타날 수 있다. 단지 정상적인 것과 병리적인 것의 차이는 개인이 투사된 내용을 타당한 것으로 믿는 정도에 달려 있다. 즉, 현실 검증에 대한 개인의 역량에 달려 있다.

투석dialysis 신장병(kidney disease) 치료법으로, 혈액 투석(hemodialysis)이 있다. 투석은 병원, 특별 외래환자센터, 또는 환자의 가정에서 시행할 수 있다. 투석은 치료적 가치는 없으나 신장의 기능을 대신한다.

투입introjection 정신분석이론(psychoanalytic theory)에서 개인이 어떤 사람이나 사물로부터 받은 인상을 딴 곳으로 돌려, 내적으로 그 사람이나 사물의 가상형태로 향하게 하는 정신 기제. 예를 들면, 개인이 부모의 비판을 자기 것으로 받아들여 일종의 자아비판 형태로 전환하는 것이다.

투입-산출분석input-output analysis 경제학자나 계획가들 사이의 연결을 도표화하기 위해 사용하는 수단. 사회복지에서 도표는 세로줄에 같은 순서로 목록을 만들어 구성된다. 총수는 몇몇 기준들에 의해 연결된 두 기관의 빈도를 나타내기 위해 끝단에 기록된다. 이 방법은 조직이 독자적인지, 책임과 자원을 공유하고 있는지 등을 도표로 나타낸다.

특수아동exceptional children 특별한 정신적, 신체적, 사회적 능력이나 한계 때문에 특수한 형태의 교육, 사회적 경험, 또는 처우를 필요로 하는 의존적인 아동을 지칭한다. 또한 신체장애아, 기형아, 정신장애아, 특수한 재능아, 천재아 또는 특별한 신체능력을 가진 아동 등도 포함된다.

특수직역연금special occupation retirement pension 특수직역연금에는 공무원연금제도, 군인연금제도, 사립학교 교직원연금제도 등이 있다.

파괴행위vandalism 공공 또는 사적 재산의 고의적이고 불법적인 파괴.

파킨슨병Parkinson' s disease 뇌의 신경세포 손상으로 손과 팔에 경련이 일어나고, 다리는 보행이 어려워지는 질병이다.
파킨슨증후군, 진전마비(振顫麻痺)라고도 한다. 1817년 영국의 J. 파킨슨이 이 질병을 보고하였다. 한동안 이 질병의 원인을 밝혀내지 못했지만 최근 연구결과에 의해 파킨(parkin)이라는 단백질을 생성하는 유전자의 이상이 발병의 원인으로 밝혀지고 있다. 과도한 산화질소가 파킨 단백질에 결합하여 파킨 단백질이 제 기능을 하지 못하는 것이 원인이 된다. 또한 도파민(dopamine)을 만들어내는 뇌 세포가 점차 손실되어 병의 진행은 점차 심각해진다. 2008년에는 이 단백질이 미토콘드리아와 관계가 있음이 밝혀지면서 파킨슨병의 원인을 규명하는데 한걸음 나아가게 되었다. 산화질소에 의해 손상된 파킨 단백질에 이상이 있을 경우 이를 제거하는 오토파지(기능을 상실한 세포를 죽이는 매커니즘)가 작동하지 않는다는 사실을 밝혀내었다.
유행성 뇌염(일본뇌염), 뇌매독, 일산화탄소 중독, 망가니즈 중독, 윌슨병(病) 등일 때에도 파킨슨병과 유사한 증세가 나타나기도 한다. 발병률은 1천 명 중의 한 명꼴로 알려져 있지만 연령이 높을수록 발생빈도가 높다. 주로 뇌의 흑질(黑質, substantia nigra)의 뉴런이 환경적이거나 유전적인 원인에 의하여 손상되어 도파민 생성에 문제가 생겨 발병한다. 다만 유전적 요인에 의한 발병은 드물게 나타나는 것으로 보이며 전체 파킨슨병 환자의 약 10% 정도에서 가족성 파킨슨병이 나타난다. 주된 증세인 운동장애가 서서히 발병하여 운동이 감소됨과 동시에 근육의 긴장이 증가하고, 손가락, 목, 입술 등에 진전이 보인다. 눈이 깜박거리지 않고 얼굴에는 표정이 거의 없다. 머리를 앞으로 내밀고 몸통과 무릎이 굽은 특이한 굴곡자세를 취한다. 음식을 먹거나 말하는 등의 동작도 원활하게 되지 않고, 심할 경우에는 일상동작이 전혀 불가능해질 때도 있다. 자율신경이상이 오면 유연(流涎)과 발한이상(發汗異常)이 있고, 동시에 안면의 지방분비가 많아져 광택을 띤다.
약물에 의한 대증요법이 시행되지만 예후는 좋지 않다. 중국 최고지도자 덩샤오핑(鄧小平)과 미국의 권투선수 무하마드 알리가 앓았던 병이기도 하다. 간뇌의 변성 또는 동맥경화적인 변화를 주로 한 중추신경계의 퇴행성 질환이며 치매와 함께 치명적인 노인성 질환으로 알려져 있다.

파타우증후군Patau syndrome 파타우증후군은 트리소미 13(trisomy 13), 혹은 트리소미 D(trisomy D)로도 알려져 있다. 파타우증후군은 1960년 클라우스 파타우가 처음으로 보고한 염색체 이상으로 염색체 13번의 삼 염색체로 기인하는 증상을 의미한다. 대부분 임신 기간 중에 자연유산되며, 출생한 환아의 90%는 출생 후 1년 이내에 죽는다. 출생 후 발달장애가 심하고, 거의 50%가 생후 첫 달에 죽고, 3년을 넘기는 경우는 5%도 안 되는 것으로 알려져 있다. 나이가 많은 산모일수록 위험률이 증가하는 경향이 있다. 증상으로는 입술과 구개의 파열, 심각한 중추신경계의 이상, 다지증, 합지증, 소두증, 소안구증, 심장기형, 발달장애, 지적장애 등이 있다. 파타우증후군의 증상은 에드워드증후군(Edward's syndrome)과 비슷한 경우가 있다.

판결adjudication 법적 심리나 재판을 통하여 결정하는 과정과 법원의 판결.

패러다임paradigm 한 시대의 인간사고를 지배하는 인식체계. 어느 특정 시대와 분야를 견인하는 규범 및 사물을 보는 방식을 나타내며, 과학, 사상, 산업 등 다양한 분야에 쓰이는 말이다. 사물을 보는 방식으로 정의되는 패러다임은 어느 시대와 분야에서 많은 사람에게 공유되는 지배적인 규범으로서 기능하고, 시대에 따라 비연속적이고 혁명적인 교체(패러다임의 전환)가 일어난다는 특징을 가진다. 토머스 쿤(Thomas S. Kuhn)이 그의 저서 『과학혁명의 구조』(1962)에서 '과학의 발전은 일정한 방향으로 누적되어 이루어진 것이 아닌 시대에 따라 패러다임을 전환시켜 온 것'이라는 새로운 과학사관을 밝히며 오늘날의 패러다임이라는 용어가 처음 등장하게 되었다.

페르소나persona 심리학에서 타인에게 비치는 외적 성격을 나타내는 용어이다. 원래 페르소나는 그리스의 고대극에서 배우들이 쓰던 가면을 일컫는다. 이후 심리학적인 용어로 심리학자 구스타프융(Carl Gustav Jung)이 만든 이론에 쓰이게 되는데, 그는 인간은 천 개의 페르소나(가면)를 지니고 있어서 상황에 따라 적절한 페르소나를 쓰고 관계를 이루어 간다고 주장한다. 페르소나를 통해 개인은 생활 속에서 자신의 역할을 반영할 수 있고 자기 주변 세계와 상호관계를 성립할 수 있게 된다. 그리고 페르소나 안에서 자신의 고유한 심리구조와 사회적 요구 간의 타협점에 도달할 수 있기 때문에 개인이 사회적 요구에 적응할 수 있게 해 주는 매개체의 역할을 한다.

페미니즘이론theory of feminism 성차별에 대해 시정을 요구하는 모든 사상·운동을 말한다. 19세기 후반부터 20세기 초에 걸쳐 영국, 미국, 프랑스 등 서유럽 근대사회를 중심으로 일어난 페미니즘은 여성의 법적 권리 확립과 참정권 획득운동을 목표로 시작되었다. 따라서 페미니즘은 기본적으로 '남자와 동일한 평등'을 지향한다.

페비안 사회주의 Fabian socialism '페비안'이라는 용어는 로마의 장군 파비우스에서 유래한 것이다. 총명하고 참을성 있던 파비우스(Fabius Maximus Cunctator)는 한니발의 침공을 받아 로마의 기병대가 한니발의 기병대에 비해 훨씬 열등함을 일찌감치 간파하고, 한니발 군과의 큰 전투를 피하면서 적의 보급과 순찰을 끊임없이 공격하며 지구전을 펼쳤다. 이러한 전술로 한니발의 전력을 조금씩 소모, 고갈시킴으로써 마침내 한니발을 이탈리아에서 내몰았다. 그는 당시의 성급한 로마 사람들로부터 지연자(cunctator), 느림보라는 조롱을 받기도 하였다. 그의 전술에 싫증을 느끼거나, 군사력을 정확히 파악하지 못한 성급한 로마인들은 그의 전술을 무시하고 칸나이에서 한니발과의 대규모 전투에 뛰어들었다(B. C. 216년). 이 전투에서 로마는 참담하게 패배하였고, 여러 원로원 의원들과 귀족들 그리고 사령관이었던 콘술을 포함하여 약 7만 여 명을 잃었다. 칸나이 전투 이후, 로마인들은 다시 파비우스의 전술을 채택하고, 대규모 전투를 회피하였다.
페비안 사회주의는 1884년 소수의 지식인에 의해 설립되었으며 점진적인 사회개혁을 통하여 사회주의를 지향하는 단체였다. 로고는 거북

이인데 그것은 서두르지 않고 그리고 쉬지도 않고 사회개혁을 추진한다는 의미이다. 비판론자들은 "기회를 포착할 때까지 기다려서 사회개혁을 이루려고 하는 시도는 결국 그 대상이 죽을 때까지 기다려야 하는 것을 의미하는 것일 뿐 스스로의 힘으로 사회개혁을 이루려는 자세가 아니다."라고 비판하였다.

편견prejudice 어떤 사물·현상에 대하여 그것에 적합하지 않은 의견이나 견해를 가지는 태도, 다시 말해서 특정 인물이나 사물 또는 뜻밖에 일어난 일에 대해서 가지는 한쪽으로 치우친 판단이나 의견을 가리키는 경우도 있지만, 보통 어느 사회나 집단에 속하는 다수의 사람이 특정 대상(특히 특수한 인종이나 집단에 속하는 사람들)에 대해서 간직하는 나쁜 감정, 부정적인 평가, 적대적인 언동의 총체(總體)이다. 논리적인 비판이나 구체적인 사실의 반증(反證)에 의해서도 바꾸기가 어려운 뿌리 깊은 비호의적인 태도나 신념을 말한다.

편견에도 강약의 정도의 차가 있을 수 있으나, 호의적인 태도란, 대상에서 일정한 거리를 두려는 경향과 상대를 헐뜯으려고 하는 경향의 두 관점에서 명확히 구별된다. 대부분의 편견은 사회 및 집단 내부에서 전통적으로 이어졌으며, 어린 시절에 가정이나 다른 연장자와의 접촉을 통해서 배우고 획득하게 된다.

따라서 피교육자에게 편견에서 벗어나 사물을 합리적, 구체적, 객관적으로 생각하게 하며, 다른 사람과 의사소통의 광장을 넓히도록 지도하는 일이 중요하다. 그래서 일시적으로 편견에 사로잡혔더라도 다시 그것을 벗어날 수 있는 자력회복형(自力回復型)의 인간으로 교육하는 것이 중요하다.

편부모가정single-parent family 한쪽 배우자 없이 아버지 또는 어머니와 자녀로 이루어진 가족단위 또는 가구. 한부모가정이라고도 한다.

편집장애paranoid disorders 지속적인 피해망상 혹은 망상적 질투로 특징지어지는 정신장애의 하나로서, 정신분열증(편집형)(schizophrenia), 기질적 정신장애(organic mental disorders), 성격장애(personality disorders) 등에서 비롯되는 것은 아니다. DSM-III에 따르면, 편집장애의 유형에는 편집증(paranoia), 공유성 편집장애(shared paranoid disorder, 유사한 망상을 지닌 다른 사람과의 관계를 통해서 발전된 망상), 급성 인격장애(acute personality disorder, 6개월 이내에 발생하는 피해망상), 비정형 편집장애(atypical paranoid disorder)가 있다.

평가조사evaluation research 어떤 특정 프로그램의 성공 여부를 결정하기 위한 체계적인 연구.

평균mean 중심경향 측정(measure of central tendency)으로 산술평균을 나타내며, 해당 점수를 더한 합을 점수들의 개수로 나눈 값이다. 예를 들어, 기관에서 1주일 동안 클라이언트에게 할당된 시간을 알고자 한다면, 사회복지사들이 1주일 동안 클라이언트를 상담한 시간을 모두 더한 값을 일주일 동안 상담한 클라이언트의 수로 나눈 것이다.

평등equality 기본적인 사회사업 가치의 하나. 개인들은 서비스, 자원 그리고 기회에 평등하게 접근해야만 하고, 모든 사회제도, 교육제도 그리고 복지 제도에 의해서 동일하게 처우 받아야 한다는 원리이다.

평등권equal rights 신분에 상관없이 모든 사람에게 동일한 기회와 접근을 제공해야 하는 사회나 조직의 의무.

폐경menopause 월경이 멈추는 현상. 여성의 생식기능이 없어지는 것을 의미한다. 주로 45~55세의 여성에게 주로 나타난다. 피부가 붉어지거나 신경과민증, 두통, 어지럼증, 체중 증가 등의 증상이 나타날 수 있다. 최근에는 '폐'라는 글자의 부정적인 어감으로 인해 월경을 완성한다는 의미에서 '완경'이라는 표현을 함께 사용하고 있다.

폐쇄체계closed system 체계이론(systems theories)에 따르면, 현 상태를 유지하고 변화를 억제하는 자기 유지체계는 가족구성원이 아닌 사람들과는 비교적 관계를 맺지 않고 가족신화(family myths)와 어긋나는 관념들은 거의 용납하지 못하며 외부와는 최소한의 상호관계만을 유지한다.

폐쇄형 질문closed-ended questions 클라이언트가 자신의 의견이나 장식적이고 세부적인 설명 없이 간명하고 사실적으로 특정한 정보를 밝히도록 돕고자 고안된 질문(questioning) 방식. 이러한 질문은 면접시간이 제한되어 있을 때 클라이언트가 주제에서 벗어나거나 질문을 회피하거나 또는 엉뚱한 정보를 제공하는 것 등을 방지하기 위하여 사회복지사가 상용한다. 이러한 질문은 주로 예, 아니오 또는 한 단어응답(단답)을 요구하는 질문이다. 예를 들면, "당신은 이번 주 학교에 매일 나갔습니까?", "당신은 언제 실직하였습니까?"와 같은 질문이 폐쇄적 질문에 해당한다.

폐질total disability 산업재해보상(workers' compensation)과 보험계약에 사용되는 용어로, 업무를 수행하는 데 필요한 능력이 없는 상태. 대개 업무 수행 중 입은 부상이나 건강문제 때문에 생긴다.

포퓰리즘populism 포퓰리즘의 어원은 1891년 미국에서 결성된 포퓰리스트당(Populist Party), 즉 인민당(People's Party)에 기인한다.
포퓰리스트당은 당시 미국의 양대 정당으로서 1792년에 창당된 미국민주당(Democratic Party)과 1854년에 결성된 미국공화당(Republican Party)에 대항하기 위해 농민과 노조의 지지를 목표로 경제적 합리성을 도외시한 과격한 정책을 내세웠다.
대중주의라고도 하며, 인기영합주의·대중영합주의와 같은 뜻으로 쓰인다. 일반 대중을 정치의 전면에 내세우고 동원시켜 권력을 유지하는 정치체제를 말한다. 소수의 지배집단이 통치하는 엘리트주의와 대립적인 의미이다.

폭력violence 대개 상해나 파괴를 초래하는 심하고 격렬한 힘과 권력의 행사. '폭력범죄'라는 용어는 살인, 강간이나 구타와 같이 신체적인 상해를 입히거나 위협을 주는 범죄들과 관련이 있다.

표면적 타당성face validity 어떤 도구나 척도의 타당성(validity)을 사정하기 위한 간단한 방법. 연구자에게 도구가 타당한 것처럼 보이거나 그렇게 생각되면 연구자의 전문적 판단만으로 도구가 타당한 것으로 여긴다.

표적체계target system 사회사업의 목표를 성취하기 위하여 변화되거나 영향을 미쳐야 할 개인, 집단, 지역사회를 말한다. 핀커스(Allen Pincus)와 미나한(Anne Minahan, 1973)에 의하면, 이것은 사회사업 실천에서 네 가지 기본 체계 중의 하나이다[나머지 세 가지는, 변화매개 체계(change agent system), 클라이언트 체계(client system), 행동 체계(action system)]. 표적체계와 클라이언트 체계는 때때로 일치하지만 언제나 일치하는 것은 아니다. 이러한 불일치는 클라이언트가 변화되어야 할 대상이 아닐 때 서로 다르게 나타난다. 예를 들면, 클라이언트가 정서적 고통에서 벗어나는 것과 같은 어떤 자기 변화를 이루려고 할 때 동일할 수도 있다.

표적행동target behavior 행동수정(behavior modification)에서 분석이나 수정을 위해서 선택된 행동을 말한다. 표적행동을 확인하는 것은 치료자가 행동사정(behavioral assessment)을 하는 데 첫 단계이다. 이것은 특정 행동과 시간 그리고 그러한 행동을 유발시키는 상황을 기술하는 것을 포함한다.

표준편차standard deviation 분포의 평균치와 편차 정도를 나타내기 위한 통계적 수치. 표준편차는 분포에서 개인점수와 중간점수 간의 평균차이이다. 이는 편차를 제곱하여 이를 모두 더하여 점수보다 적은 1 이하의 숫자로 나누어 결과의 제곱근을 취하여 구한다. 정상분포(대칭형 또는 종형)일 때, 사례 중 68.2%가 중간값(mean)으로부터 +1로 또는 −1로 표준편차 사이에 위치할 것이고, 사례 중 95.4%는 +2, −2 표준편차 사이에 위치하며, 99.7%는 +3, −3 표준편차 사이에 위치.

품행장애conduct disorder 난폭한 행동, 방화, 도둑질, 거짓말, 가출 등 타인의 권리를 침해하거나 타인에게 불안감을 주는 사회적으로 용납될 수 없는 행위를 습관적으로 범하는 경우를 말한다.

프로이트 정신분석이론 Freud psychoanalysis 지그문트 프로이트(Sigmund Freud, 1856~1939)는 오스트리아의 정신과 의사이자 정신분석학의 창시자이다.

프로이트 정신분석이론은 억압된 사고, 감정, 기억이 저장되는 무의식의 존재를 가정한다. 프로이트는 자유연상법을 통해 무의식 속의 내용을 밝히려고 했다. 프로이트는 성적 발달 단계를 구강기, 항문기, 남근기, 생식기로 구분했다. 갓 태어난 아기는 엄마의 젖을 먹으면서 입의 욕구를 충족시킨다. 생후 1년 후 시작되는 항문기는 배변훈련에 의해 촉진된다. 4~6세까지의 남근기는 오이디푸스 콤플렉스가 해소되어야 극복되며, 생식기에는 재생산에 유용한 열정을 서로 나눌 수 있는 사랑의 대상을 선호하게 된다. 또한 프로이트는 인간 성격의 구성요소를 원초아, 자아, 초자아라고 했다. 이드는 유아기의 원시적인 충동으로 쾌락을 얻고자 하는 욕망에 의해 지배된다. 자아가 성장하면 현실원리를 따르며, 초자아는 사회의 도덕규범을 내면화하면서 발달된다.

프로이트의 발달 단계를 심리성적 발달단계(psychosexual development)라 하는데 그 이유는 성적 에너지인 리비도(libido)가 집중된 부위(입, 항문, 성기 등)에 따라 아동기의 발달단계를 나누었기 때문이다.

프로이트는 성격이 유아기부터 청소년기까지 다섯 단계(구강기, 항문기, 남근기, 잠복기, 생식기)에 걸쳐 발달하고, 특히 앞의 세 단계가 성격형성에 결정적인 역할을 한다고 하였다.

- 1단계(구강기): 구강기는 태어나면서 18개월까지이며, 이때 유아는 리비도가 입에 집중되어 있어, 입으로 빨고, 삼키고, 깨무는 행위를 통해 쾌감을 느낀다.
- 2단계(항문기): 항문기는 생후 18개월에서 3년까지이며 이때는 리비도가 항문에 집중되어 있어 아동은 괄약근을 조절하면서 최후의 순간까지 배설을 참아 내장의 압력을 증가시켜 마지막 배출의 쾌감

을 높이려 한다.

이 시기에 고착된 성격은 두 가지로 나타내는데, 첫째, 항문기의 폭발적 성격은 물건을 낭비하고 자신을 지저분하게 함으로써 반항하는 것이고, 둘째, 항문기의 강박적 성격은 부모가 정한 규율에 지나치게 동조하여 발달된 성격으로 깨끗하고 질서정연하며 정돈하고 싶은 욕구를 가지는 성격이다.

이 시기에 고착된 사람은 반동형성의 방어기제를 많이 사용하여 배변훈련을 시키는 부모와 권위적 인물에게 분노를 느끼지만 분노 대신에 철저한 복종을 표현하기도 한다.

•3단계(남근기): 3세에서 6세까지로 남자아이의 경우에는 오이디푸스 콤플렉스를 갖는 시기라 하고, 여자아이의 경우 엘렉트라 콤플렉스(Electra complex)를 갖는 시기라고도 한다.

여아의 경우 남아와 비교하여 자신에게 남성의 성기가 없음을 알게 되면서 남근선망(penis envy)을 가지게 되며 이런 실망을 아버지에게서 보상받고자 아버지와 결혼하고자 하지만 그것이 현실적으로 불가능하다는 것을 알게 되면서 아버지에 대한 근친상간적 욕구를 포기하게 된다.

이 시기에 고착된 사람은 남성의 경우 대부분 경솔하며 과장되고 야심적이며 항상 남자다움을 나타내려고 노력한다. 또한 여성의 경우에는 난잡하고 유혹적이며 경박한 기질이 있거나 자기주장이 강하여 남성을 능가하고자 한다.

•4단계(잠복기): 6세부터 사춘기 이전의 12~13세까지는 잠복기(latency period)에 해당된다.

에너지는 신체의 발육과 성장, 지적인 활동, 친구와의 우정에 집중되어 성적인 관심이 줄어들게 되며, 따라서 이드보다 자아와 초자아가 강해진다.

이 시기에 고착되면 성인이 되어서도 이성에 대한 정상적인 관심을 발달시키지 못하고 동성 간의 우정에 집착할 수 있다.

–원초아(id): 인간의 모든 본능적 욕구들이 자리 잡고 있는 곳으로서 사람이 태어나는 순간부터 존재한다고 한다.

프로이트가 특히 중요하게 생각하는 것은 성적 본능이다. 성적인 쾌감을 얻고자 하는 것이 인간을 움직이는 가장 중요한 원동력이라고 보았던 것이다.

이드에 자리 잡은 본능적 욕구들은 한 가지 독특한 원리에 따라 작동한다. 그것이 바로 '쾌락의 원리'이다.

–자아(ego): 현실 세계와 접촉하는 성격의 한 부분이다. 원초아에 담긴 내적인 본능적 욕구들과 외적인 현실 세계를 중재하는 일이다. 자아는 '현실의 원리'에 따라 움직인다.

–초자아(superego): 자라나는 과정에서 부모로부터 영향을 받은 전통적인 가치관과 사회적인 규칙들, 그리고 도덕과 양심이 자리 잡은 곳이다.

원초아가 쾌락을 지향한다면, 초자아는 완전과 완벽을 지향한다. 또한 자아가 현실을 추구한다면, 초자아는 이상을 추구한다. 만일 사람들에게 초자아가 없다면, 세상은 파렴치한 범죄꾼들로 들끓을 것이다. 반대로 초자아가 너무 강하게 되면 사람들의 행동은 위축되고 활기가 없어진다.

원초아는 본능적 욕구를 직접적으로 충족시키려 하고, 자아는 현실에 비추어 이를 저지하려 한다. 초자아는 원초아와 자아가 이상에 도덕에 위배되는 행위를 하는지 항상 감시한다.

•5단계(생식기): 사춘기가 시작되어 이성에 대한 관심이 생기면서 생식기(genital stage)가 시작된다.
이 시기에는 호르몬과 생리적 요인들로 인해 그동안 억압되었던 성적 감정들이 크게 강화되어 성적 에너지가 성인과 마찬가지로 직접적으로 표현된다. 이때 다시 오이디푸스 감정이 의식 속으로 올라와 청소년들은 부모 앞에서 불안하고 떨어져 있어야 오히려 편안한 안정감을 느끼게 된다.

프로이트는 사춘기 이후 중요한 과제는 '부모로부터 자유로워지는 독립'이라고 하면서 이러한 독립이 오랫동안 부모에게 의존해 오던 상태에서 쉽게 이루어지지 않고 독립이 매우 고통스럽게 받아들여질 수 있다고 하였다.
생식기적 성격을 가장 이상적인 성격 유형으로 보고 이런 성격의 사람은 사회적, 성적인 인간관계가 원만하고 책임감이 잘 발달되어 있기 때문에 이성과의 사랑이 만족스럽다고 하였다.

피드백feedback 어떤 행위의 결과가 최초의 목적에 부합되는 것인가를 확인하고 그 정보를 행위의 원천이 되는 것에 되돌려 보내어 적절한 상태가 되도록 수정을 가하는 일.

피아제이론Piagetian theory 스위스 심리학자 피아제(Jean Piaget, 1896~1980)가 주장한 인지발달(cognitive development) 이론으로, 인간이 인지하고, 지식을 동원하여 문제를 해결하고, 세계를 이해하게 되는 과정을 설명한다. 이 이론에 따르면 인간의 인지발달은 환경과의 상호작용을 통한 지속적이고 확실한 방식 혹은 계획(scheme)의 산물이다. 계획이란 어떤 사람이 의도한 결과를 성취할 수 있도록 도와주는 목표지향적인 전략(goal-oriented strategies)이다. 이 계획은 반사작용(reflex)과 반사운동(motor responses)이 지배하는 유아기 및 유년기 초기의 감각운동적(sensorimotor) 성격과 경험과 정신적 심상(mental image)에 기초하여 추상적인 추론과 상징(부호체계)의 사용을 발전시키는 사람의 능력을 반영하는 인지적(cognitive) 성격을 지니고 있다. 인지발달에는 새로운 정보, 사건 및 문제 해결 방법이 기존 체계(계획)(existing scheme)에 통합되는 동화(assimilation)와 주위환경과의 상호 작용 및 경험으로부터의 학습을 통하여 기존 체계에서 변화가 일어나는 조절(accommodation)의 두 가지가 있다. 피아제는 인지발달을 감각운동기(sensorimotor stage), 전조작기(preoperational stage), 구체적 조작기(concrete operations stage), 형식적 조작기(formal operations stage) 등 4단계로 구분하였다.

픽병치매Pickbottleneck 중추신경계와 간 등에서 많은 양의 콜레스테롤이 세포 내에 축적돼 혈액 내 콜레스테롤 수치가 현저히 떨어지는 유전병으로 치매 증상을 보인다.

하드웨어hardware 컴퓨터에서 키보드, 모니터, 변복조장치 등과 같이 자료를 저장하고, 처리하며, 분석하고, 전달하도록 설계된 물리적인 기계를 말한다.

하류계층lower class 사회학자들에 의하면 이 사회경제적 계급(socioeconomic class)에 속한 사람들은 최소한의 소득과 재정 보장, 보잘것없는 직업, 낮은 교육, 무감각하고 절망하기 쉬운 경향을 갖는다고 말한다.

하부체계subsystem 그 자체가 상호작용하고 서로 영향을 주는 요소들로 구성된 체계의 한 부분. 예를 들면, 가족체계에서도 부모, 자녀들, 여성들, 남성들, 핵가족(nuclear family) 체계, 확대가족(extended family) 체계 등의 하부체계가 존재한다.

하층계급underclass 오랜 기간 동안 가난이나 실직상태에 있고 장래에 그러한 상태를 개선할 자원이나 기회가 부족한 사람과 가족들을 언론인과 경제학자들이 지칭하는 용어.

학교사회사업school social work 학생들이 학교생활에 원만히 적응하도록 학교 당국과 가정 및 지역사회 간의 조정을 목적으로 하는 사회사업의 한 특수분야. 일반적으로 학교 사회복지사들이 교사 및 학부모로부터 개입을 요청받는 문제들은 무단결석, 사회적 퇴행(social withdrawal), 과도한 공격적 행동, 반항, 수업에 대한 흥미 상실, 신체적, 정서적, 경제적 상황 등에 수반되는 문제들이다. 또한 학교 사회복지사는 학교철학과 교육방법을 학부모들과 지역사회에 설명하는 역할을 담당하기도 한다.

학습불능자learning disabled 난독증(읽기 어려움, dyslexia), 쓰기 어려움(dysgraphia) 또는 셈장애(dyscalculia)와 같은 구체적인 장애를 학교에서 경험한, 정상적이며 평균 이상의 지능지수를 가진 어린이를 설명하는 용어.

학습이론learning theory 행동치료(behavior therapy)와 행동수정(behavior modification)을 강조하는 개념인 행동주의(behaviorism)와 사회학습이론(social learning theory). 즉, 인간의 행동은 다양한 환경의 자극에 대한 반응들의 성공과 실패의 결과로서 생긴다는 개념.

한국사회복지사협회Korea Social Welfare Association 사회복지에 관한 전문 지식과 기술을 개발·보급하고 사회복지사의 자질 향상을 위한 교육 훈련 및 사회복지사의 복지 증진을 도모하기 위해 설립된 법정 단체. 한국사회복지사협회는 1965년 개별사회사업가협회로 출발해, 1967년 한국사회사업가협회로 명칭을 변경했다. 1977년 9월 사단법인 한국사회사업가협회로 명칭을 바꾸고 보건복지부 산하 법인으로 설립 허가를 받았다.

한국사회복지사협회는 예비 사회복지사 교육, 수퍼바이저 보수교육,

사회복지사 해외연수 등을 통한 사회복지사의 전문성 향상과 국내외 사회복지관련 전문가 단체들과의 협력 강화를 주요 사업으로 하고 있다. 1999년부터 사회복지사 자격증 발급 업무를 위탁받아 운영하고 있으며, 2001년 사회복지사 자격통합 관리시스템을 구축했다. 또한 2003년부터 사회복지사 1급 국가시험 관리 업무를 위탁받아 운영하고 있다.
한국사회복지사협회는 사회복지사 권익지원 상담센터의 운영을 통해 사회복지 현장에서 일어나는 인권침해 사례들에 대한 상담과 문제 해결을 돕고 있다.

한부모가족지원법Single-parent Family Support Act 「한부모가족지원법」은 제1장 총칙, 제2장 복지의 내용과 실시, 제3장 한부모가족복지시설, 제4장 비용, 제5장 보칙과 부칙으로 이루어져 있다. 1989년 「모자복지법」으로 제정되었다가 2002년 「모·부자복지법」으로 개정되었고, 2007년 「한부모가족지원법」으로 명칭이 변경되었다. '한부모가족'이란 모자가족 또는 부자가족을 말하며, '아동'이란 18세 미만의 자를 말한다(제4조). 보호대상자 또는 그 친족이나 그 밖의 이해관계인은 복지 급여를 관할 특별자치도지사, 시장, 군수, 구청장에게 신청할 수 있으며(제11조), 국가나 지방자치단체는 생계비, 아동교육지원비, 아동양육비 등의 복지급여를 실시해야 한다(제12조). 이 법에 따라 지급된 복지급여와 이를 받을 권리는 다른 사람에게 양도하거나 담보로 제공할 수 없다(제27조).

할당(고용)제도quota system 동일한(또는 특정한) 지위(identified status)에 있는 사람들 중 얼마나 많이, 또는 어느 정도의 비율이 동일한(또는 특정) 집단(identified group)에 포함되는가를 상술하는 하나의 조직상 계획(organizational plan), 사회정책(social policy), 또는 법정 원리(legal doctrine)를 말한다. 이 제도는 사람들을 배제하거나(과거 몇몇 미국 이민법은 미국에 이민 오는 사람들 중 아프리카나 아시아보다 유럽에서 오는 사람들에게 더 높은 점수를 준 것처럼), 포함시키기 위하여[차별수정계획(affirmative action)과 같음] 계획되었다. 예를 들면, 한 시가 인구비를 반영하여 경찰직의 절반을 흑인으로 하여 차별정책을 해소해야 한다고 결정할 수 있으며, 그래서 이러한 노력이 50 대 50의 지분에 도달하게 될 것을 명령하는 것이다.

함부르크 구빈제도 Hamburg poor relief system 이 제도는 교회의 무질서한 자선활동을 배제하고 무직·구직자 및 걸인의 해소와 부랑자의 감소 등을 위해 중앙국을 설치하고 시를 각 구로 분할하여 감독관으로 하여금 자조에 도움을 주고자 했다.

초기에는 문전 구걸 금지, 빈민작업학교·병원 건립, 요보호자의 구제, 갱생을 위한 통합적 제도 설립 등 효과를 보았지만, 인구의 집중과 요구호자의 증대에 따른 상담원과 재원의 구축 및 활동을 전개하지 못하여 붕괴되었고 잘못된 운영으로 인하여 더 많은 수의 빈민을 증가시켰다는 비평을 받았다.

합리화rationalization 어떤 행동이나 사건에 대해 논리적인 용어로 묘사하거나 그 이유를 설명하는 것. 즉, 한 사람이 자신의 행위나 생각을 심오한 심리학적인 수준에서 용납할 수 없을 때, 이를 받아들이게 하기 위하여 설명하거나 정당화시키고자 하는 방어기제(defense mechanism)의 하나이다.

합의consensus 개인과 집단이 공동이익의 목표와 이것들을 성취하기 위한 수단에 대해 일반적인 동의를 얻는 과정. 합의는 처음에는 목표와 높은 수용성에 초점을 맞춰 공통적인 가치를 강조하고 갈등을 조정하고 회피함으로써 지역사회 조직가들에게 도움을 준다.

핫라인hot line 비상시에 즉시 직접 전화 연락을 할 수 있도록 만들어 놓은 의사소통 체계. 많은 지역사회에서는 대기하고 있는 훈련된 수신자가 정서적이고 사회적인 문제를 경험한 사람들에게서 걸려오는 전화를 받도록 하는 체계를 확립해왔다. 도망자, 밀고자, 자살예방, 가족폭력, 그 밖의 다른 문제들을 위한 특별한 목적의 핫라인도 있다.

항문기anal phase 2~3세에 해당하는 정신성적 발달이론(psychosexual development theory)의 두 번째 단계. 성격발달 중 항문기 단계의 어린이는 항문의 기능에 관심을 가지며, 배설물과 배설물 배출을 통해 환경에 대한 더 큰 조절력을 배운다.

항문기 성격anal personality 싫증을 자주 느끼고, 인색하고, 고집이 세며, 질서에 대해 강박관념을 가진 개인을 설명할 때 쓰이는 정신분석이론(psychoanalytic) 용어. 항문기 성격(anal character)으로도 알려져 있다.

항우울제antidepressant medication 우울증(depression) 증상을 보이는 환자를 안정시켜주기 위하여 정신과 의사 등이 사용하는 정신병리 약제(psychotropic drugs). 이 중 일부는 엘라빌(Elavil), 노르프라민(Norpramin), 페르토프레인(Pertofrane), 아다핀(Adapin)이라는 상표로 알려져 있다. 항우울제(antidepressant medication)를 통한 안정은 보통 조제에 따라 정규적으로 복용한 이후 며칠이 지나야 나타난다고 한다.

해결중심모델solution-centered model 1970년대 이후부터 미국 밀워키에 위치한 단기 가족치료센터에서 스티스 디 셰이지와 인수 김 버그 부부가 중심이 되어 해결중심 단기치료 접근법을 발전시켰다. 해결중심 모델은 병리적인 것 대신 건강에 초점을 두고 내담자의 강점, 자원, 건강한 특성을 발견하여 치료에 활용한다. 현재와 미래를 지향하고 자율적인 협력을 중시한다.

해독detoxification 적절한 생리적·심리적 기능이 재생되도록 충분한 기간 동안 신체로부터 독약이나 유해물질을 제거하는 과정. 이는 휴식, 적절한 식사, 간호, 적절한 약문치료와 사회서비스가 제공되는 동시에 개인에게서 오용된 물질을 제거함으로써 이루어진다.

해방emancipation 개인 또는 사회집단 성원들이 다른 사람으로부터 벗어나는 것. 예를 들어, 자녀가 결혼하면 부모의 통제(그리고 부모의 부양을 받을 권리)로부터 해방될 수 있다.

핵가족nuclear family 아버지, 어머니, 자녀들로 구성되는 친족집단.

행동수정behavior modification 행동분석방법, 즉 조작적 조건화(operant conditioning), 고전적 조건화(classical conditioning), 사회학습이론(social learning theory)[예를 들어 긍정적 강화(positive reinforcement), 소거(extinction), 모델화(modeling)의 원칙에 기초하여 행동을 평가하고 변화시키는 방법.

행동이론action theory 행동과 행동을 실행하는 행위자에 대한 분석을 통하여 사회체계와 인성체계를 이해하고자 사회과학자들이 사용한 개념들의 집단. 행동을 측정할 때 조사자는 드러난 행위뿐만 아니라 행동으로 나타나는 행위자의 가치와 목표를 고려해야 한다. 행동이론은 개인행동의 동기가 된 가치 및 행동과 관련된 주관적인 의미를 강조하는 고전적 행동주의(behaviorism)와는 다르다. 행동은 문화적으로 규정된 상황과 관계 내에서 발생하는 것이며, 행위자의 내면화된 가치와 다른 사람의 반응에 대한 기대를 포함한다.

행동장애conduct disorder 유년기나 청년 시절에 분명하게 나타나며, 타인의 권리에 대한 계속적이고 반복된 침해, 혹은 연령에 걸맞은 규범(norms)과 사회적 규율의 위반으로 특정지어지는 부적합한 행동유형. 행동장애의 네 가지 하위유형은 ① 사회화되지 못한 것(under-socialized, 빈약한 교우 관계, 애정이나 유대감 결핍, 다른 사람의 감정에 대한 무관심, 자기중심주의), ② 사회화된 것(socialized, 특정인에게는 애정이 있지만 외부인에게는 냉담한 것), ③ 공격적인 것(타인에 대한 신체적 공격과 범죄행위), ④ 비공격적인 것(truancy, 지속적인 거짓말, 무단결석), 가출, 약물남용(substance abuse)이 있다.

행동주의behaviorism 파블로프(Ivan Pavlov), 왓슨(J. B. Watson), 스키너(B. F. Skinner) 등이 창안한 심리학파의 이론. 행동주의는 관찰과 측정이 가능한 반응의 측면에서 행위를 설명하려고 한다. 이 학파의 기본입장은 부적합한 행동 유형은 학습되지 않을 수 있으며 자기반성, 인지, 무의식(unconscious)은 비과학적인 가설이라는 것이다. 행동주의는 행동수정(behavior modification)과 사회학습 이론(social learning theory)

과 같은 치료방법과 이론적인 개념을 동반한다.

행동치료action therapy 행동 또는 변화에 대한 방해물을 직접 변화시키려는 치료절차와 개입전략. 이러한 요법에는 행동수정(behavior modification), 인지치료(cognitive therapy), 경험치료(experiential therapy) 등이 있다. '행동치료'와는 다른데, 정보치료는 클라이언트가 간접적으로 변화를 조장하는 자의식의 다른 형태와 통찰력을 얻을 수 있도록 하기 위한 것이다.

향기치료aroma marketing 향기를 이용하여 매출을 올리는 마케팅 기법. 인간의 감각기관 중 향기와 관련된 후각기관, 코, 뇌의 작용, 심리상태 등을 연구하여 소비자들의 구매 행태를 자극하는 판매촉진 마케팅의 한 분야이다. 향기가 사람의 피로를 풀어주는 효과가 있다는 아로마테라피(향기치료)가 알려지면서부터 시작되었는데, 그 용도가 넓어지고 향기 상품도 대중화되었다.
이 마케팅은 1990년대 영국의 마케팅 분야에서 향기를 이용한 마케팅이 이론적으로 논의되기 시작하여 실제 제품화한 것은 일본이다. 1949년 일본의 한 비누회사가 제품 특성을 나타내는 향료를 잉크에 섞어 인쇄하거나 극소형 향료 캡슐을 종이에 바르는 방법으로 신문에 냄새광고를 게재한 것이 세계 최초이다.
이 마케팅 기법에는 제품에서 직접 향기가 나게 하는 직접 향기마케팅과 향기를 이용하여 향기의 효과를 볼 수 있는 간접 향기마케팅이 있다. 직접 향기마케팅은 제품에서 향기가 직접 나오는 샴푸·의류 등을 통해서 제품 자체의 품질유지, 고가정책, 향기요법 등의 효과를 발휘한다. 예를 들면, 향기가 나는 와이셔츠, 중고자동차에 가죽 향을 뿌려 새 차를 사는 듯한 만족감을 주어 매출 증대로 이어지게 하는 것이다.
간접 향기마케팅은 주로 공간을 이용한 향기마케팅이다. 일반 업소 및 가정에 향기를 품어주어 향기가 가진 여러 기능의 효과를 볼 수 있다. 예를 들어, 숲속 향이 나는 노래방은 마치 산속 느낌을 주어 고객들에게 신선한 실내분위기를 연출할 수 있고, 고객확보에도 도움을 준다. 또한, 가구점에 소나무 향을, 빵집에 커피 향을 내어 구매 의욕을 자극한다.

헤게모니hegemony 어떠한 일을 주도하거나 주동할 수 있는 권력이나 지위 또는 주도권을 말한다. 가장 일반적인 의미에서는 한 집단이 다른 집단을 지배하는 것을 이르는 말.
20세기가 시작된 이래 특히 미국과 같은 초강대국의 활동과 관련하여 이 용어는 정치적 지배라는 뜻을 가지게 되었다. 한편으로는 국가의 지도층이 다양한 사회계층을 지배하는 주도권이란 뜻으로도 쓰인다. 이탈리아 공산당의 창설자인 안토니오 그람시는 헤게모니를 지배계급이 노동자계급을 통제하고 관리하는 의미로 처음으로 사용했다. 즉, 지배계급이 단지 힘으로서가 아니라 제도, 사회관계, 의식화 등을 통해 노동자 계급의 동의를 이끌어내 자신들의 지배를 유지하는 수단이 바로 헤게모니이다.

헨리 구빈법 Henrician Poor Law 1536년 헨리 8세의 치세에 제정된 영국의 법률로서, 주요 목적은 국가가 신체 건강한 빈민을 다루는 방법을 조직화하려는 것이었다. 공식적인 명칭은 「건강한 부랑인과 거지의 처벌을 위한 법률」이며, 그러한 목적의 세금을 징수할 수 있는 지방 관리에게 빈민을 보호할 책임을 맡겼다. 관리는 실업자들에게 일자리를 마련해주고 장애인들의 구걸을 제한하였다. 노동능력이 있는 사람들의 구걸에 대한 처벌로 낙인을 찍고 노예로 삼거나, 그들의 자녀를 떼어놓으며, 반복적인 위반 시에는 사형에 처하였다.

현금부조의 원칙the principle of cash support 현금급여의 원칙이라고도 불린다. 공공부조의 급여지급 방법에 있어서 의료급여 등의 현물급여 외에 금전에 의해 급여를 제공하는 것을 현금부조의 원칙이라고 한다.
이러한 현금급여의 장점으로는 급여를 받는 사(수급자)의 신분을 노출시키지 않아 낙인감을 제거 또는 감소시킬 수 있다는 점과 수급자로 하여금 선택의 자유를 제공할 수 있다는 점, 그리고 급여의 제공에 있어서 행정상의 절차가 간편하다는 점 등이 있다.

현실치료reality therapy 글래서(William Glasser)가 개발한 심리사회적 및 행동개입의 한 형태. 이 치료법은 클라이언트가 사랑과 인격에 근거하여 성공적 자아정체감(자신을 긍정적으로 인정하는)을 발전시키는 데 도움을 주는 치료방법이다. 현실치료자들은 클라이언트의 감정보다는 행동에, 과거보다는 현재와 미래에 초점을 둔다. 이들은 문제에 대해 책임 있는 행동과 대안적 해결을 강구하도록 격려한다. 이들은 클라이언트의 변명(excuses)을 용납하지 않으며, 동정도 하지 않으며, '왜'라는 질문도 거의 하지 않는다. 이 현실치료는 특히 수용시설(institutional settings)에서 쓰일 때 긍정적 결과(positive results)를 낳는다고 보고되며, 또한 만성적 정신분열증 환자나 비행자로 낙인이 찍힌 사람들을 치료하는 데 개별 및 집단 사회사업에서 광범위하게 사용되어 왔다.

협상negotiation 지역사회 조직과 사회사업의 여러 형태에서, 몇 가지 문제에 반대한 사람들과 함께 명확하고 공정한 의사소통을 통하여, 거래 또는 타협을 하고 상호수용할 수 있는 결정에 도달하도록 조정하는 과정을 말한다.

호스피스 보호hospice care 말기의 환자들을 위해 병원이 아닌 가정과 같은 시설에서 건강, 가정조성자, 사회봉사를 제공하는 것.

혼합가족blended family 분리된 가족이 결혼이나 다른 상황으로 결합됨으로써 형성되어 성원들이 함께 거주하는 전통적인 집단을 말한다. 몇몇 가족치료자들은 이 용어를 가족관계에서 자주적인 역할을 수행하지 못하거나 그들 자신을 명확히 하지 못하는 가족집단에 적용한다.

혼합경제mixed economy 공공적이고 비영리적이며, 독점적인 조직들의 참여를 통해 자금에 대한 서비스와 이전이 이루어지는 사회나 환경을 말한다.

화해conciliation 둘 또는 그 이상의 단체가 서로의 차이점을 최소화하거나 없애려는 중재 과정. 여기에서 사회복지사의 역할은 대개 자문 및 중재이다.

확산이론diffusion theory 한 국가의 사회복지정책이 다른 나라에 영향을 미친다는 것에 초점을 두고 사회복지정책의 발달이 국가 간의 의사소통이나 영향력 교류에 의해 이루어진다고 보는 이론 사회복지정책의 도입을 각 국가들은 모방과정의 결과로 인식하는데, 선진국에서 후진국으로 확산되는 위계적 확산과 인접 주변국을 중심으로 점차적으로 확산되는 공간적 확산의 두 가지 유형이 있다.
사회복지정책의 발달을 국내적인 요인을 갖고 설명하려는 것에서 국제적인 관계와 범위로 영역을 넓혀 설명함으로써 설득력을 인정받고 있는데 교통·통신의 발달과 인터넷 등으로 인하여 확산이론의 설득력이 높아졌다. 그러나 국제적인 환경변수로 구체적인 사회복지정책 과정을 설명하는 것이 부족하다. 선진국에서 후진국으로 확산되어 간다는 위계적 확산에 대해서는 후진국가에서 선진국가로 역 확산되는 경우가 있다는 지적이 있다.

환각hallucination 실제로 존재하지 않는 몇 가지 대상 또는 현상에 대한 상상된 인식. 정신병(psychosis) 증상의 일종인 환각은 존재하지 않는 음성을 듣거나(청각 환상), 냄새를 맡거나(후각 환상), 맛을 보거나(미각 환상), 만져보는(촉각 환상) 것 등이 있다.

환경치료milieu therapy 보통 시설에서 생활하는 사회적·정신적 부적응자들을 위한 치료와 재활의 한 형태. 치료는 전문적인 치료자와 함께 하는 개별적인 시간에만 국한되는 것이 아니라 시설과 같은 폐쇄된 장소에서도 이루어지는데, 이것을 '치료적 공동체'라고 부른다. 시설에서 집단면담에 참석하며, 하루 종일 서로에게 사회적·정서적 지지를 제공해야 한다. 모든 환경은 치료과정에서 중요한 것으로 인식된다.

환기ventilation 사회복지사와 클라이언트의 치료관계에서 클라이언트가 문제 상황을 서술하는 동안 그의 감정을 표현하도록 하는 과정. 심리, 사회학자에 의하면, 이것은 개인에게 내적인 스트레스와 갈등을 형성하거나 유발시키는 감정을 완화하거나 없애준다. 이것은 또한 정화(catharsis)라고도 불린다.

환류feedback 행동을 취한 당사자에게 행동의 결과에 대한 정보를 주는 것. 이것은 행위의 효과에 대한 보다 객관적인 평가를 하게 해준다. 또한 이것은 성공률을 높이기 위해서 진행되고 있는 행동을 수정하게 한다. 사회사업행정에서 환류는 흔히 지도감독, 인사평가, 클라이언트 보고서, 그리고 사회복지사가 좋은 일을 할 때 대상자가 바람직한 것을 성취하도록 돕거나 그들에게 긍정적인 지표를 주는 객관적인 산출 측정 속에서 사용된다.

환자patients 의사와 보건진료 요원의 보호와 치료를 받는 사람들. 사회복지사는 그들이 돌보고 있는 사람들을 일컬을 때 클라이언트(client)라는 용어를 사용한다. 그러나 보건진료기관에 고용된 사회복지사(예: 의료사회복지사)들은 '환자'라는 용어를 더 흔하게 사용한다.

활동 집단activity group 특별히 치료목적으로 계획된 것일 수도 있고, 그렇지 않을 수도 있지만, 참가자들이 상호 관심을 갖고 있는 프로그램에 참여하는 집단참여 형태. 회원들은 민요 부르기, 요리 만들기, 목수일 또는 수공업일 등 다양한 활동에 참여한다. 역사적으로 활동 집단은 초기의 사회집단 기관(social group center), 특히 인보관(settlement house)과 청소년 서비스센터(youth service centers)에 널리 퍼져 있었다. 활동 집단은 원래 치료를 위한 것이 아니었지만, 사회적 기술(social skill)을 배우고, 민주적 결정을 내리고, 효과적인 상호관계 능력을 발전시키기 위한 수단으로 사용되었다. 최근에는 요양원, 정신병원, 레크리에이션 센터에서 활동 집단을 찾아볼 수 있다.

황혼이혼december divorce 결혼 생활을 20년 이상 결혼생활을 한 부부들의 이혼을 말함. 은퇴시기에 몰린 베이비붐 세대(45~65년생)들에게 급증하는 이혼 추세에 따라나온 신조어.

회귀분석regression analysis 통계학에서 관찰된 연속형 변수들에 대해 독립변수와 종속변수 사이의 인과관계에 따른 수학적 모델인 선형적 관계식을 구하여 어떤 독립변수가 주어졌을 때 이에 따른 종속변수를 예측한다. 또한 이 수학적 모델이 얼마나 잘 설명하고 있는지를 판별하기 위한 적합도를 측정하는 분석 방법이다. 1개의 종속변수와 1개의 독립변수 사이의 관계를 분석할 경우를 단순회귀분석(simple regression analysis), 1개의 종속변수와 여러 개의 독립변수 사이의 관계를 규명하고자 할 경우를 다중회귀분석(multiple regression analysis)이라고 한다. 회귀분석은 시간에 따라 변화하는 데이터나 어떤 영향, 가설적 실험, 인과관계의 모델링 등의 통계적 예측에 이용될 수 있다. 그러나 많은 경우 가정이 맞는지 아닌지 적절하게 밝혀지지 않은 채로 이용되어 그 결과가 오용되는 경우도 있다. 특히 통계소프트웨어의 발달로 분석이 용이해져서 결과를 쉽게 얻을 수 있지만, 적절한 분석방법의 선택이었는지 또한 정확한 정보분석인지 판단하는 것은 연구자에 달려 있다.

회상치료reminiscence therapy 회상치료는 대화를 통해 과거에 대한 기억을 자연스럽게 돌이켜 볼 수 있도록 돕고 이를 통해 기억력 향상을 도모하고, 과거의 해결되지 않는 감정을 대화를 통해 표출하고 해석할 수 있도록 유도하며, 환류를 주고받으면서 자기 자신과 타인에 대해 보다 잘 이해할 수 있도록 돕는 활동을 말한다.

회피avoidance ① 행동수정(behavior modification) 절차에서, 혐오스런 사건의 발생을 연기하거나 회피하려는 개인의 반응 ② 정신역학

(psychodynamic) 이론에서 거부(denial)와 방어기제(defense mechanism)를 말하는 것으로 어떤 상황을 피하려는 것을 말한다.

효과efficacy 요구된 목표나 계획된 결과가 성취되는 정도를 말한다. 사회사업에서 합리적 기간 내에 클라이언트가 부여된 개입 목표를 달성하도록 돕는 효력이다.

효용이론utility theory 경제학에서 한 사람이 상품의 소비를 통해 만족(효용)을 얻는다는 개념. 한 개인이 상품을 소비해 가능한 한 최고로 만족스러운 수준을 얻기 위해서 소비의 우선 사항들을 설정하는 데 노력한다는 것이다. 이 이론은 주어진 비용과 시간단위에 대한 만족의 수준이 높을수록 그 특정 항목을 더욱 원하게 된다고 주장한다.

후광효과halo effect 평가하고자 하는 특성이 둘 이상일 때 어느 하나에서 받은 성향을 의미하며, 관용오류는 추천서를 쓰는 사람의 경우처럼 대상의 좋은 점을 과장해서 평가하는 경향을 의미하고, 대조오류는 학력이 낮은 사람이 고학력과 관련된 사항에 대해 부정적 또는 긍정적 경향을 보이는 것과 같이 응답자가 자신이 특성과 대조되는 사항의 평가에 부정 또는 긍정적인 영향을 미치는 경향을 의미한다.

휴먼서비스human services 사람들의 발전과 복지를 향상시키기 위해 고안된 프로그램과 활동. 이것은 자신들의 욕구를 충족시킬 수 없는 사람들에게 경제적, 사회적, 원조를 제공하는 것을 말한다. '휴먼 서비스'라는 용어는 대개 '사회봉사'(social services)나 '복지서비스'(welfare services)와 동의어로 사용되며, 사람들을 위한 프로그램을 계획, 조직, 계발, 관리하는 것과 사람들에게 직접적인 사회봉사를 제공하는 것을 뜻한다. 이 용어는 미국 보건 및 인간 봉사성(U. S. Department of Health and Human Services, HHS)이 미국 보건교육복지성(U. S. Department of Health, Education, and Welfare)을 대신하여 수립되어 1979년에 더 광범위하게 사용되었다. 그것은 '복지'라는 용어가 부정적인 의미를 함축한다는 것과 조직이 새로운 명칭을 가짐으로써 더 많은 영향력을 갖게 될 것임을 말해주었다. '사회복지서비스'(social welfare services)라는 용어 대신에 '휴먼서비스'(human services(human resources)라는 용어를 사용하는 것은 서비스 활동의 장에서 적절한 사회복지사에 다른 전문기 들을 추가하려는 하나의 추세이기도 하다.

휴식서비스respite service 부양자의 과중한 역할부담을 경감하기 위한 보안적 가족서비스.

희망hope 자신이 바라는 어떠한 상황이 벌어질 것이라는 기대나 예측을 의미한다. 주로 실현 시간이 불명확하다. 희망은 인류 역사상 많은 문학과 예술의 소재가 되어 왔으며 영화 등의 주요 테마이기도 하다. 순 한국어로 바람이라고 하며, 한국인 사이에서 흔히 '바램'이라고 잘못 언급하기도 한다.

희망복지지원단hope welfare support group 복합적 욕구를 가진 대상자에게 통합사례관리를 제공하고, 지역 내 자원 및 방문형 서비스 사업 등을 총괄 관리함으로써 지역단위 통합서비스 제공의 중추적 역할을 수행하는 전담조직. 민관협력을 통한 지역단위 통합적 서비스 제공 체계를 구축·운영함으로써 맞춤형 서비스 제공 및 지역주민의 복지 체감도 향상. 기초수급자 및 차상위 계층 등 빈곤층의 탈빈곤·빈곤예방을 주요 목표로 하되, 전체 지역주민의 다양한 복지수요에도 능동적으로 대응하는 업무 수행체계이다.

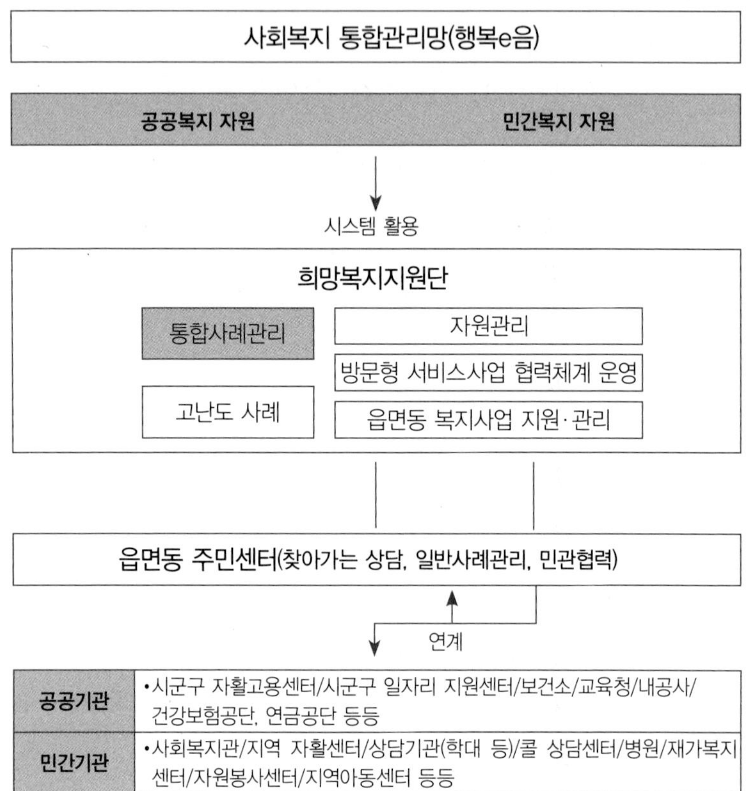

① 복합적인 욕구를 가진 사례관리 대상자 의뢰(주민센터→희망복지지원단)

② 희망복지지원단: 심층욕구 조사, 통합사례관리 회의 실시 및 종합서비스 제공계획 수립, 모니터링

※ 읍면동 주민센터와 방문형 서비스 체계화 등을 통한 사후관리

지원 체계 연계협력

③ 민관협력: 지역사회복지 협의체를 중심으로 공공 및 민간 협력강화를 통한 지역단위 통합서비스 제공체계 구축

④ 시스템: 사회복지통합관리망(행복e음), 복지자원 관리시스템을 통한 대상자 통합관리

희생양scapegoat 불공정한 비판이나 갈등의 대상(목표)이 되는 가족이나 집단의 성원.

히스테리hysteria '자궁'이라는 뜻의 그리스어(hystera)에서 유래. 광범위하고 다양한 감각·운동의 장애를 일으키는 정신장애의 일종. 전통적으로 정신신경증으로 분류되었으며, 아직 유기적·구조적 병인(病因)은 밝혀지지 않았다. 여성에게 흔히 나타나므로 자궁의 이상이 원인이라고 생각한 데서 붙여진 말이다. 히스테리는 대부분 청년기에 나타나지만 어린이와 노인에게서도 나타날 수 있다. 엄밀한 의미에서의 히스테리는 세상일에 밝은 사람들보다는 정신적으로 단순하고 순박한 사람들에게서 많이 나타나는 것으로 보인다. 또 이 증상은 지적 수준이 낮은 사람에게서 많이 나타나는 경향이 있다. 최근 여러 지역에서 히스테리 발병률이 낮아지고 있다.

사회복지사 윤리강령

전 문

사회복지사는 인본주의·평등주의 사상에 기초하여, 모든 인간의 존엄성과 가치를 존중하고 천부의 자유권과 생존권의 보장활동에 헌신한다. 특히 사회적·경제적 약자들의 편에 서서 사회정의와 평등·자유와 민주주의 가치를 실현하는 데 앞장선다. 또한 도움을 필요로 하는 사람들의 사회적 지위와 기능을 향상시키기 위해 저들과 함께 일하며, 사회제도 개선과 관련된 제반 활동에 주도적으로 참여한다. 사회복지사는 개인의 주체성과 자기결정권을 보장하는 데 최선을 다하고, 어떠한 여건에서도 개인이 부당하게 희생되는 일이 없도록 한다. 이러한 사명을 실천하기 위하여 전문적 지식과 기술을 개발하고, 사회적 가치를 실현하는 전문가로서의 능력과 품위를 유지하기 위해 노력한다. 이에 우리는 클라이언트, 동료, 기관 그리고, 지역사회 및 전체사회와 관련된 사회복지사의 행위와 활동을 판단·평가하며 인도하는 윤리기준을 다음과 같이 선언하고 이를 준수할 것을 다짐한다.

윤리기준

■ 사회복지사의 기본적 윤리기준

1. 전문가로서의 자세

1) 사회복지사는 전문가로서의 품위와 자질을 유지하고, 자신이 맡고 있는 업무에 대해 책임을 진다.
2) 사회복지사는 클라이언트의 종교, 인종, 성, 연령, 국적, 결혼상태, 성 취향, 경제적 지위, 정치적 신념, 정신, 신체적 장애, 기타 개인적 선호, 특징, 조건, 지위를 이유로 차별 대우를 하지 않는다.
3) 사회복지사는 전문가로서 성실하고 공정하게 업무를 수행하며, 이 과정에서 어떠한 부당한 압력에도 타협하지 않는다.
4) 사회복지사는 사회정의 실현과 클라이언트의 복지 증진에 헌신하며, 이를 위한 환경 조성을 국가와 사회에 요구해야 한다.
5) 사회복지사는 전문적 가치와 판단에 따라 업무를 수행함에 있어, 기관 내외로부터 부당한 간섭이나 압력을 받지 않는다.
6) 사회복지사는 자신의 이익을 위해 사회복지 전문직의 가치와 권위를 훼손해서는 안 된다.
7) 사회복지사는 한국사회복지사협회 등 전문가단체 활동에 적극 참여하여, 사회정의 실현과 사회복지사의 권익옹호를 위해 노력해야 한다.

2. 전문성 개발을 위한 노력

1) 사회복지사는 클라이언트에게 최상의 서비스를 제공하기 위해, 지식과 기술을 개발하는 데 최선을 다하며 이를 활용하고 전파할 책임이 있다.
2) 클라이언트를 대상으로 연구하는 사회복지사는 저들의 권리를 보장하기 위해, 자발적이고 고지된 동의를 얻어야 한다.
3) 연구과정에서 얻은 정보는 비밀보장의 원칙에서 다루어져야 하고, 이 과정에서 클라이언트는 신체적, 정신적 불편이나 위험·위해 등으로부터 보호되어야 한다.

4) 사회복지사는 전문성을 개발하기 위해 노력하되, 이를 이유로 서비스의 제공을 소홀히 해서는 안 된다.
5) 사회복지사는 한국사회복지사협회 등이 실시하는 제반교육에 적극 참여하여야 한다.

3. 경제적 이득에 대한 태도

1) 사회복지사는 클라이언트의 지불능력에 상관없이 서비스를 제공해야 하며, 이를 이유로 차별대우를 해서는 안 된다.
2) 사회복지사는 필요한 경우에 제공된 서비스에 대해, 공정하고 합리적으로 이용료를 책정해야 한다.
3) 사회복지사는 업무와 관련하여 정당하지 않은 방법으로 경제적 이득을 취하여서는 안 된다.

■ 사회복지사의 클라이언트에 대한 윤리기준

1. 클라이언트와의 관계

1) 사회복지사는 클라이언트의 권익옹호를 최우선의 가치로 삼고 행동한다.
2) 사회복지사는 클라이언트에 대하여 인간으로서의 존엄성을 존중해야 하며, 전문적 기술과 능력을 최대한 발휘한다.
3) 사회복지사는 클라이언트가 자기결정권을 최대한 행사할 수 있도록 도와야 하며, 저들의 이익을 최대한 대변해야 한다.
4) 사회복지사는 클라이언트의 사생활을 존중하고 보호하며, 직무 수행과정에서 얻은 정보에 대해 철저하게 비밀을 유지해야 한다.
5) 사회복지사는 클라이언트가 받는 서비스의 범위와 내용에 대해, 정확하고 충분한 정보를 제공함으로써 알 권리를 인정하고 존중해야 한다.
6) 사회복지사는 문서, 사진, 컴퓨터 파일 등의 형태로 된 클라이언트의 정보에 대해 비밀보장의 한계·정보를 얻어야 하는 목적 및 활용에 대해 구체적으로 알려야 하며, 정보 공개 시에는 동의를 얻어야 한다.
7) 사회복지사는 개인적 이익을 위해 클라이언트와의 전문적 관계를 이용

하여서는 안 된다.

8) 사회복지사는 어떠한 상황에서도 클라이언트와 부적절한 성적 관계를 가져서는 안 된다.
9) 사회복지사는 사회복지 증진을 위한 환경조성에 클라이언트를 동반자로 인정하고 함께 일해야 한다.

2. 동료의 클라이언트와의 관계

1) 사회복지사는 적법하고도 적절한 논의 없이 동료 혹은 다른 기관의 클라이언트와 전문적 관계를 맺어서는 안 된다.
2) 사회복지사는 긴급한 사정으로 인해 동료의 클라이언트를 맡게 된 경우, 자신의 의뢰인처럼 관심을 갖고 서비스를 제공한다.

■ 사회복지사의 동료에 대한 윤리기준

1. 동 료

1) 사회복지사는 존중과 신뢰로서 동료를 대하며, 전문가로서의 지위와 인격을 훼손하는 언행을 하지 않는다.
2) 사회복지사는 사회복지 전문직의 이익과 권익을 증진시키기 위해 동료와 협력해야 한다.
3) 사회복지사는 동료의 윤리적이고 전문적인 행위를 촉진시켜야 하며, 이에 반하는 경우에는 제반 법률규정이나 윤리기준에 따라 대처해야 한다.
4) 사회복지사가 전문적인 판단과 실천이 미흡하여 문제를 야기시켰을 때에는, 적절한 조치를 취하여 클라이언트의 이익을 보호해야 한다.
5) 사회복지사는 전문직 내 다른 구성원이 행한 비윤리적 행위에 대해, 제반 법률규정이나 윤리기준에 따라 조치를 취해야 한다.
6) 사회복지사는 동료 및 타전문직 동료의 직무 가치와 내용을 인정·이해하며, 상호 간에 민주적인 직무관계를 이루도록 노력해야 한다.

2. 수퍼바이저

1) 수퍼바이저는 개인적인 이익 추구를 위해 자신의 지위를 이용해서는 안 된다.
2) 수퍼바이저는 전문적 기준에 의해 공정하게 책임을 수행하며, 사회복지사, 수련생 및 실습생에 대한 평가는 저들과 공유해야 한다.
3) 사회복지사는 수퍼바이저의 전문적 지도와 조언을 존중해야 하며, 수퍼바이저는 사회복지사의 전문적 업무수행을 도와야 한다.
4) 수퍼바이저는 사회복지사, 수련생 및 실습생에 대해 인격적·성적으로 수치심을 주는 행위를 해서는 안 된다.

■ 사회복지사의 사회에 대한 윤리기준

1) 사회복지사는 인권존중과 인간평등을 위해 헌신해야 하며, 사회적 약자를 옹호하고 대변하는 일을 주도해야 한다.
2) 사회복지사는 필요한 사회서비스를 개발하기 위한 사회정책의 수립, 발전, 입법, 집행에 적극적으로 참여하고 지원해야 한다.
3) 사회복지사는 사회환경을 개선하고 사회정의를 증진시키기 위한 사회정책의 수립, 발전, 입법, 집행을 요구하고 옹호해야 한다.
4) 사회복지사는 자신이 일하는 지역사회의 문제를 이해하고, 그것을 해결하는 일에 적극적으로 참여해야 한다.

■ 사회복지사의 기관에 대한 윤리기준

1) 사회복지사는 기관의 정책과 사업 목표의 달성, 서비스의 효율성과 효과성의 증진을 위해 노력함으로써, 클라이언트에게 이익이 되도록 해야 한다.
2) 사회복지사는 기관의 부당한 정책이나 요구에 대하여, 전문직의 가치와 지식을 근거로 이에 대응하고 즉시 사회복지 윤리위원회에 보고해야 한다.
3) 사회복지사는 소속기관 활동에 적극 참여함으로써, 기관의 성장발전을

위해 노력해야 한다.

■ 사회복지윤리위원회의 구성과 운영

1) 한국사회복지사협회는 사회복지윤리위원회를 구성하여, 사회복지윤리실천의 질적인 향상을 도모하여야 한다.
2) 사회복지윤리위원회는 윤리강령을 위배하거나 침해하는 행위를 접수받아, 공식적인 절차를 통해 대처하여야 한다.
3) 사회복지사는 한국사회복지사협회의 윤리적 권고와 결정을 존중하여야 한다.

■ 사회복지사 선서

나는 모든 사람이 인간다운 삶을 누릴 수 있도록,
인간존엄성과 사회정의의 신념을 바탕으로,
개인, 가족, 집단, 조직, 지역사회, 전체 사회와 함께한다.
나는 언제나 소외되고 고통받는 사람들의 편에 서서,
저들의 인권과 권익을 지키며, 사회의 불의와 부정을 거부하고,
개인이익보다 공공이익을 앞세운다.
나는 사회복지사 윤리강령을 준수함으로써,
도덕성과 책임성을 갖춘 사회복지사로 헌신한다.
나는 나의 자유의지에 따라 명예를 걸고 이를 엄숙하게 선서합니다.

참고문헌

김경빈(1994). 청소년 약물남용의 사회경제적 영향연구. 서울: 문화체육부.

김채원 외(1996). 정신분열증. 서울: 중앙문화진수출판사.

김혜련·신혜섭(2008). 정신건강론. 서울: 학지사.

기독간호대학 산학협력단·광주동구 노인종합복지관(2007). 치매예방교실 운영을 위한 인지재활활동의 실제. 광주: 미디어.

박용순(2007). 지역사회 복지론. 서울: 학지사.

박지영(1998). 알코올중독 노인의 특성에 관한 연구. 이화여자대학교 석사논문.

보건복지부(1999). 보건복지백서. 보건복지부.

서윤·강병연·박연희·서강훈·심미연·오복희·유명원·이원식(2007). 사회복지학의 이해. 서울: 학지사.

양정남·최선령(2009). 사회복지실천론. 경기: 양서원.

원석조(2006). 사회복지정책론. 경기: 공동체.

이해영(2009). 노인복지론. 서울: 창지사.

이영호(2008). 정신건강론. 경기: 공동체.

이윤로(2000). 정신보건 사회복지론. 서울: 학지사.

______(2001). 정신보건 사회복지론. 서울: 학지사.

______(2005). 정신보건과 사회복지. 서울: 창지사.

이인정·최해경(1998). 인간행동과 사회환경. 경기: 나남출판.

1급사회복지사 시험연구회(2008). 1급사회복지사 기본서 사회복지 정책론. 경기: 나눔의 집.

장인협(1999). 사회복지실천론. 서울대학교 출판부.

정순둘(2006). 사례관리 실천의 이해. 서울: 학지사.

정옥분(역)(1992). 인간발달 II-청년기, 성인기, 노인기. 경기: 교육과학사.

조흥식·김진수·홍경준(2004). 산업복지론. 경기: 나남출판.

채구묵(2005). 사회복지조사방법론. 경기: 양서원.

한국임상사회사업학회(2004). 노인복지론. 경기: 양서원.

홍강의·이영식 역(1998). 인간발달의 통합적 이해. 이화여자대학교 출판부.

홍봉선(2004). 교정복지론. 서울: 현학사.

Anne Minahan(1973). Social Work Practice: Model and Method, Itasca. III: F. E. Peacock Publishers. p. 113

Anthony, W. A., Cohen, M. Farkas, M.(1988). The chonically mentally ill case management. *Community Mental Health Journal. 24*(3).

Barker, R. L.(1987). *The social work dictionary*. Silver Spring, MA: NASW. 중앙사회복지연구회 역(1997). 서울: 이론과 실천.

Beck, A. T.(1976). *Cognitive therapy and the emotional disorders*. NY: International Universities Press.

Becvar, D. S., & Becvar, R. J.(1993). *Family Therapy: A systemic integration*.(2nd ed.). Boston, MA: Allyn & Bacon.

Berg, I. K. & Miller, S. D.(1992). *Working with problem drinker-A solution focused approach*. 가족치료연구모임 역(1993). 해결중심적 단기가족치료. 서울: 하나의학사.

Blumer, H.(1967). *Sociology and modern system theory*. NY: Prentice Hall.

Borden, W.(1992). Narrative perspectives in psycho-social intervention following adverse life events. *Social Work*.

Bowen, M.(1976). Theory in the practice of psychotherapy. In Guerin, P. J.(ed.), *Family therapy: Theory and practice*. NY: Gardner.

Bowker, L. H.(1982). *Corrections: The science and the art*. NY: Macmillan Publishing Co.

Brown, & Levitt, J.(1979). A Methodology for Problem-system identification. *Social Casework. 60.*

Byrne, J. M.(1990). The Future of Intensive Probation Supervision and New Intermediate Sanctions. *Crime & delinquency. 36*(1). CA: Sage Publishing.

Carel B. Germain(1979). *Social Work Practice: People and environments.* NY: Columbia University Press. p. 5.

Carter, E. & McGoldrick, M.(1980). *The changing family life cycle: A frame work for family therapy.* NY: Gardner Press.

Compton, B. R. & Galaway, B.(1999). Social Work Processes.(6th ed). Pacific Grove, CA: Brooks/Cole Publishing Company.

Cowger, C. D.(1992). Assesment of client strengths. In Saleeby, D.(1992). *The Strength perspectives on social work practice.* NY: Longman.

Darvil, G. & Munday, B.(1984). *Volunteers in the personal social services.* NY: Tavistock.

Dorsey Press(1984). *Social Work Records*, Homewood, Ⅲ.

Dorfman, R. A.(1991). *Paradigms of clinical social work.* 임상사회사업연구회 역. 임상사회사업기술론, 서울: 홍익제.

Egan, G.(1975). *The skilled helper.* Monterey, CA: Brooks/Cole Publishing Company.

Festinger, L.(1950). Informal social communication. *Psychological Review. 57.*

Flexner. A.(1915). Is social work profession? In Proceedings of the national conference of charities and correction. New York: National Conference of Charities and Correction.

Francis J. Turner(1978). *Psychosocial therapy: A social work perspective.* NY: Free Press.

Francis J. Turner(1978). *Social Work Practice: People and Environments.* NY: Columbia University Press.

Garvin, C. D.(1981). *Contemporary group work.* Englewood Cliffs, NJ: Prentice-Hall, Inc.

____________.(1981). *Contemporary group work*. 정진영 외 역(1988). 현대집단사회사업. 서울: 학문사.

Gerhart, U. C.(1983). Technological Advances. In Rosenblatt, A. & Waldfogel, D.(eds.). *Handbook of clinical social work*. San Francisco: Jossey-Bass.

____________.(1990). *Caring for the chronic mentally ill*. Itasca, IL: Peacock.

Germain, C. B.(1979). Ecology and social work. In Germain, C.(ed.). *Social work practice: People and environments*. New York: Columbia University Press.

Germain, C. B. & Gitterman, A.(1980;1996). *The life model of social work practice*. NY: Columbia University Press.

Glick, I. & Kessler, D.(1980). *Martial and family therapy*. NY: Grune and Stratton.

Goldenberg, I. & Goldenberg, H.(1980). *Family therapy: An overview*. Monterey. CA: Brooks/Cole Publishing Company. 장혁표, 제석봉, 김정택 역(1992). 가족치료. 서울: 중앙적성출판사.

Grinnell, R., & Kyte, N.(1974). Modifying the environment. *Social Work. 19*.

Guerin, P. J.(1976). *Family therapy: Theory and Practice*. NY: Gardner Press.

Hagedorn, H. et al.(1976). *A working manual of simple program evaluation techniques for community mental health centers*. Washington D. C.: U. S. Government Printing Office.

Hartman, A. & Laird, J.(1983). *Family centered social work practice*. NY: The Free Press.

Hepworth, D. H. & Larsen, J. A.(1990). *Direct social work practice: Theory and skills*. Belmont, CA: Wadsworth Publishing Company.

Hepworth, D. J., Rooney, R. H. & Larsen, J. A.(2002). *Direct social work practice: Theory and skills*.(6th ed.). Pacific Grove, CA: Brooks/Cole Publishing Co.

Jackson, D. D.(1965). Family rules: the martial quid pro quo. *Archives of General Psychiatry. 12*.

Jones, M. & Biesecker, J.(1980). *Goal planning in children and youth services*. Millersville, PA: Training Resources in Permanent Planning Projects.

Kadusin, A.(1983). *The social work interview*. NY: Columbia University Press. 문인숙, 김만두 역(1995). 사회사업면접의 기법. 서울: 홍익제.

Karls, J. M. & Wandrei, K. E.(Eds.)(1994). *Person-in-environment system: The PIE classification system for social functioning problems*. Washington, D. C.: NASW Press.

Lee, J.(1994). *The empowerment approach to social work practice*. NY: Columbia University Press.

Lowenberg, F. M. & Dolgoff, R.(1996). *Ethical decisions for social work practice*. 서미경, 김영란, 박미은 역(2000). 사회복지실천윤리. 서울: 양서원.

Maguire, L.(2002). *Clinical social work: Beyond generalist practice with individuals, groups, and families*. Pacific Grove, CA: Brooks/Cole Publishing Co.

McMahon, M.(1996). *The general method of social work practice: A generalist perspective*.(3rd ed.). Boston: Allyn and Bacon. 오창순, 윤경아, 김근식 역. (2001). 사회복지실천론: 통합적 관점. 서울: 아시아미디어리서치.

Miller, H.(1968). Value Dilemmas in social casework. *Social Work*. *13*(1).

Miller, J. G.(1978). *Living systems*. New York: McGraw-Hill.

Miller, S. D., & Berg, I. K.(1995). *The miracle method: A radically new approach to problem drinking*. NY: Norton.

Minahan, A.(1981). Introduction to special issues: Purposes and objectives of social work revisited. *Social Work*.

Minuchin, S.(1974). *Families & family therapy. Cambridge*. MA: Harvard University Press. 김종옥 역(1990). 가족과 가족치료, 서울: 법문사.

Moxley, D.P.(1989). *The practice of case management*. Beverly Hills, CA: Sage. 김만두 역(1993). 사례관리 실천론. 서울: 홍익제.

National Association of Social Workers.(1971). *Encyclopedia of social work*. NY: NASW Press.

____________,(1973). *Standards for social service manpower.* Washington D. C.: NASW Press.

Neale, N. K.(1983). Private practice. in Rosenblatt, A. & Waldsfogel, D.(1995)(Eds.). *Handbook of clinical social work.* San Francisco: Jossey-Bass.

Nichols, W. C. & Everlett, C. A.(1986). *Systemic family therapy: An integrative approach.* NY: Guilford Press.

Olmsted, M.(1959). *The small group.* NY: Random House.

Parloff, M.(1961). Therapist-patient relationships and outcome of psychotherapy. *Journal of Consulting Psychology.*

Perlman, H. H.(1957). *Social casework: A problem-solving process.* Chicago: the University Chicago Press.

Sarason, I., Levine, H., Basham, R. & Sarason, B.(1983). Assessing social support: The social support questionnaire. *Journal of Personality and Social Psychology. 44.*

Sarason, B. R., Sarason, I. G., & Pierce, G. R.(Eds.).(1990). *Social support: An interactional view.* NY: John Wiley & Sons.

Sarri, R. & Galinsky, M.(1974). A conceptual framework for group development, In Glasser, P., Sarri, R. & Vinter, R.(Eds.). *Individual change through small groups.* NY: Macmillan Publishing Co.

Schwartz, W.(1961). *The social worker in the group.* in The Social Welfare Forum. NY: Columbia University Press.

Sheafor, B. W., Horejsi, C. R. & Horejsi, G. A.(1997). *Techniques and guidelines for social work practice.* Allyn & Bacon. 서울대학교 사회복지실천연구회 역(1998). 서울: 나남출판.

Sheila Kamerman(1983). *Social Work, 28.*

Skidmore, R. A., Thackeray, M. G., Farley O. W., Smith, L. L. & Boyle, (2000). *Introduction to social work.*(8th ed.). London: Allyn & Bacon.

Smith, D. H.(1981). *Participation in social and political activities.* San Francisco: Jossey-Bass publisher.

Toseland, R. W., & Rivas, R. F.(1984;1995). *An introduction to group work practice*. Needham Heights, MA: Allyn & Bacon.

Trecker, H.(1972). *Social group work: Principles and practices*. NY: Association Press.

Turner, F.(1986). *Social work treatment: Interlocking theoretical approach*.(3rd ed.). New York: The Free Press.

Wilson, G. L. & Hanna, M. S.(1993). *Group in context*. NY: McGraw-Hill.

Working statement on the purpose of social work (1981). *Social Work*. *26*(1).

Zastrow, C.(1995). *The practice of social work*.(5th ed.). Pacific Grove, CA: Brooks/Cole Publishing Co.

■ 서강훈

성균관대학교 사회복지대학원졸업(석사)
원광대학교 일반대학원 사회복지과졸업(박사)
조선이공대학교 사회복지학과 교수(현)

[주요저서]

- 「노인복지론」(창지사. 2018. 7)
- 「장애인복지론」(창지사. 2017. 2)
- 「노인복지정책과 사회보장제도」(한국학술정보(주). 2013. 9)
- 「사회보장론」(도서출판 파란마음. 2010. 8)
- 「노인복지론」(도서출판 파란마음. 2010, 8)
- 「사회복지정책론」(한국학술정보(주). 2010. 8)
- 「노인장기요양보험제도」(광인문화사. 2009. 9)
- 「자원봉사 이론과 실제」(광인문화사. 2009. 9)
- 「고령사회 실버타운이 해답이다」(한국학술정보(주). 2009. 8)
- 「사회복지용어사전」(이담book. 2009. 8)
- 「사회복지학의 이해」(학지사. 2005. 3)

외 다수

사회복지 용어사전

초판 1쇄 인쇄 2019년 6월 14일
초판 1쇄 발행 2019년 6월 21일

지 은 이 | 서강훈
펴 낸 이 | 김기섭
책임편집 | 이윤미
펴 낸 곳 | 창지사 www.changjisa.com
08589 서울시 금천구 가산디지털 1로 83 파트너스타워1차 9층
전화 (02) 719-2211~3
팩스 (02) 701-9386
등 록 | 1977년 4월 28일·제1-421호

ISBN 978-89-426-1218-5 (93330)

값 24,000원

「이 도서의 국립중앙도서관 출판예정도서목록(CIP)은 서지정보유통지원시스템 홈페이지 (http://seoji.nl.go.kr)와 국가자료공동목록시스템(http://www.nl.go.kr/kolisnet)에서 이용하실 수 있습니다.(CIP제어번호: 2019023898)